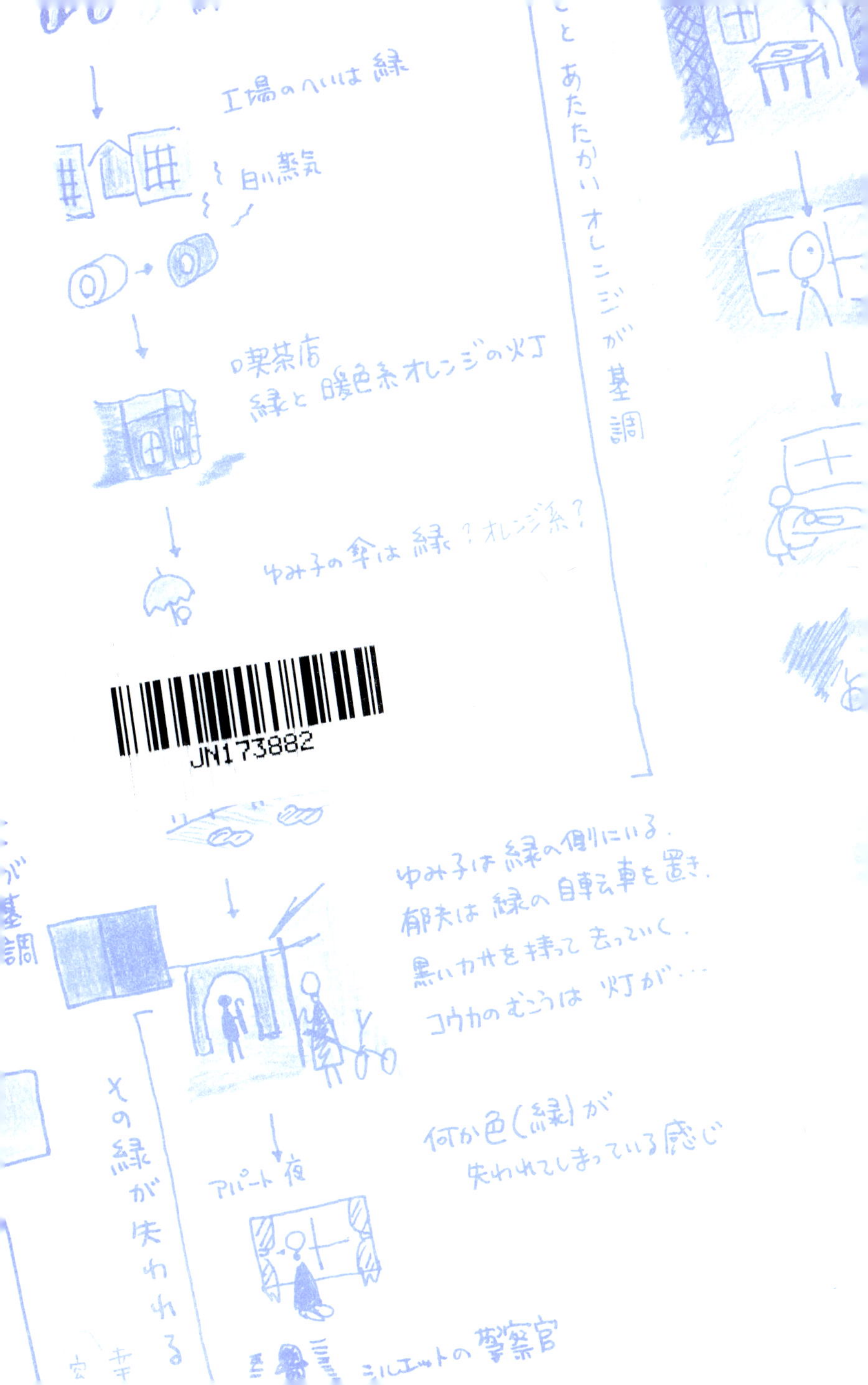
工場のへいは緑
白い蒸気
喫茶店
緑と暖色系オレンジの灯
ゆみ子の傘は緑?オレンジ系?
…とあたたかいオレンジが基調
ゆみ子は緑の側にいる。
郁夫は緑の自転車を置き、
黒いカサを持って去っていく。
コウカのむこうは灯が…
…が基調
何か色(緑)が
失われてしまっている感じ
アパート夜
その緑が失われる
シルエットの警察官

映画を撮りながら考えたこと

是枝裕和

あとがきのようなまえがき

自分の作品について語ることは、あまり好きではないし、得意でもない。できれば避けて通りたいと思っていたのに、誘われて、ついついこんな本を出版することになってしまった。別にここに文句を連ねるつもりはない。あくまで感謝の気持ちを込めて今、この「まえがき」を書いていることは、最初にお断りしておく。

避けて通りたいと思っていた理由はいくつかある。そのもっとも大きな理由は、テレビと映画の語るに足る歴史というものがすでに終わったあとに、ものをつくり始めているという自覚が、僕自身のなかに色濃くあったからである。

テレビに関して言えば、僕が二十七年間という長きにわたって在籍したテレビマンユニオンの創立メンバーたちが、六〇年代にTBSを舞台につくっていた番組群への憧れが強い。テレビそのものを問うような、そんな果敢《かかん》な実験の時代がすっかり終わった八〇年代に、僕は遅れてテレビにやってきた。

だからこそ興味深そうに僕の話に耳を傾けてくれるライターの堀さんやミシマ社の三島さん、星野さんを前にして、僕のようなつくり手が経験していない歴史と、その歴史のあい、とを語ることに、はたして意味があるのだろうか？　と戸惑い、申し訳なく思うことが多かった。

　ただし、今こうしてテレビマンユニオンを離れてみて、制作者としての自分のＤＮＡに深く刻まれている「テレビ」について語ること、自分の出自とそこに刻まれた名前への愛を語ることは、少なくとも僕にとっては必要かもしれないと思い直したわけである。次に進むために。

　映画に関しては、さらに躊躇《ちゅうちょ》があったし、今も、ある。それは他人から指摘されるまでもなく、僕自身が生粋《きっすい》の映画人ではないという自覚があるからにほかならない。

　僕が語っている映画言語は、間違いなく映画を母国語とするネイティヴなつくり手のそれとは違って、テレビ訛《なま》りのある「ブロークン」な言葉である。育ててもらった恩義も含めて「テレビ人」であることは素直に受け入れられるし、その置かれている状況に責任も感じているから、請われれば発言もする。しかし、映画に対してはどこか遠慮があった。

　だからここに語り記していくことは、映画監督としてではなく、テレビディレクターである自分が自作を通して行う現在の映画づくりや映画祭についての、内側からのルポルタージュにしようと当初は思っていた。

　そのような目論見《もくろみ》は、思った以上に成功したのではないかと自負している。

そしてもうひとつ。幸いにも二十年、多くの映画祭に参加しながら自分のなかで認識に大きな変化があったのは、「歴史は終わっていない」ということだった。映画は百年の歴史をその大河にたたえながら悠々と僕の前を流れていた。河は涸《か》れてなどいなかったし、おそらくこれからもかたちを変えながら流れていくだろう。

「すべての映画は撮られてしまった」というような言説がまことしやかに語られていた八〇年代に青春期を送った人間にとっては、今自分がつくっているものがはたして本当に映画なのか？　という疑いが常にある。しかし、そんな「うしろめたさ」も、そして血のつながりも越えて、素直にその河の一滴になりたいと僕は思ったのだ。この本を通して、僕が感じているその畏怖《いふ》と憧憬《しょうけい》が少しでも読者に伝われば、それはそれで意味のないことではないだろう、と今思っている。

是枝裕和《これえだひろかず》

目次

目次

是枝裕和 Biography & Filmography

1962 ＊ 6月6日、東京都練馬区に生まれる

1971 ＊ 東京都清瀬市に転居

1987 ＊ 早稲田大学卒業後、テレビマンユニオンに参加

1989 ＊ ディレクターデビュー
『地球ZIG ZAG』（TBS）で

1991 ＊ 『しかし…～福祉切り捨ての時代に～』
『もう一つの教育～伊那小学校春組の記録～』
（以上フジテレビ）放送

1992 ＊ 『公害はどこへ行った…』
『日本人になりたかった…』
（以上フジテレビ）放送
『繁栄の時代を支えて――ドキュメント
被差別部落』（部落解放研究所）

著作『しかし…――ある福祉高級官僚 死への軌跡』
（あけび書房）

1993 ＊ 『侯孝賢とエドワード・ヤン』（フジテレビ）、
『心象スケッチ ～それぞれの宮沢賢治～』
（テレビ東京）放送

1994 ＊ 『彼のいない八月が』（フジテレビ）放送

1995 ＊ 『ドキュメンタリーの定義』（フジテレビ）放送
初監督作『幻の光』
9月ヴェネツィア国際映画祭上映、12月公開

1996 ＊ 『記憶が失われた時』（NHK）放送

1998 ＊ 『ワンダフルライフ』
9月トロント国際映画祭上映、翌年4月公開

2001
*
『DISTANCE』
5月カンヌ国際映画祭上映、同月公開

2002
*
『歩くような速さで』(日本テレビ)放送

2004
*
『誰も知らない』
5月カンヌ国際映画祭上映、8月公開

2005
*
『忘却』(フジテレビ)放送

2006
*
『花よりもなほ』6月公開、
9月トロント国際映画祭上映

2007
*
『わたしが子どもだったころ 谷川俊太郎篇』
(NHK ハイビジョン)放送

2008
*
『あの時だったかもしれない
〜テレビにとって「私」とは何か〜』(TBS)放送
『歩いても 歩いても』6月公開
ドキュメンタリー映画『大丈夫であるように
〜Cocco 終らない旅〜』12月公開

2009
*
『空気人形』
5月カンヌ国際映画祭上映、9月公開

2010
*
『悪いのはみんな萩本欽一である』(フジテレビ)、
ドラマ『後の日』(NHK ハイビジョン)放送

2011
*
『奇跡』6月公開

2012
*
連続ドラマ『ゴーイング マイ ホーム』
(関西テレビ)放送

2013
*
『そして父になる』
5月カンヌ国際映画祭上映、9月公開

2014
*
テレビマンユニオンから独立、
制作者集団「分福」立ち上げ

2015
*
『海街 diary』
5月カンヌ国際映画祭上映、6月公開

2016
*
『海よりもまだ深く』
5月カンヌ国際映画祭上映、同月公開

第1章
絵コンテで
つくったデビュー作
1995-1998

『幻の光』1995

『ワンダフルライフ』1998

本当は
オリジナルで
デビューしたかった

幻の光

1995

キャスティングはいつも直感

[*1]宮本輝さんの同名小説を映画化した初監督作『[*2]幻の光』には、ちょっと複雑な思い出があります。

一九九二年のいつごろだったか、当時僕が所属していた[*3]テレビマンユニオンのプロデューサー・[*4]合津直枝《ごうづなおえ》さんから「この作品の映像化に興味ない？　あなたが昨年撮ったドキュメンタリーともリンクするのだけど」と言われたのが始まりでした。

ドキュメンタリーとは、フジテレビの「[*5]NONFIX《ノンフィックス》」で放送された『しかし… ～福祉切り捨ての時代に～』のことです。福祉という社会的なテーマを入り口にしながら、僕の関心は、夫を自殺で亡くした奥さんの喪《も》の作業（グリーフワーク）にありました。それが『幻の光』で描かれている設定やテーマと似ていたのです。僕は宮本輝作品なら『幻の光』よりむしろ『錦《きん》繍《しゅう》』[*6]や『星々の悲しみ』[*7]が好きだったのですが、『錦繍』は演出家の鶴橋康夫さんが映像権を持っているという話を耳にしていました。

合津さんとはそれ以前、関西テレビの深夜の「ドラマダス」というドラマ枠で『4月4日に生まれて』というドラマを一緒に制作していました。新人の監督に月曜日から金曜日までの深夜一〇分のドラマを撮らせるという番組で、制作費は一〇〇〇万円。四日間で一〇分×五話分を撮るというかなりのハードスケジュールですが、経験のない若手ディレクターには良い登竜門であり、岩井俊二[*8]さんや黒沢清[*9]さんも一、二本ここでドラマを撮っているはずです。僕が合津さんと撮ったドラマは自分で脚本も書いていないし、自分の演出も未熟でしたが、のちに『幻の光』でカメラマンをお願いすることになる中堀正夫[*10]さんとの出会いは大きかったです。

実は僕はオリジナル作品――『誰も知らない』の原型となる『素晴らしい日曜日』――で監督デビューするつもりでした。詳細は後述しますが、実際にツテを辿って、放送局のディレクターや制作会社のプロデューサーに脚本を見ていただいたこともあります。しかし、なかなか実現へのステップを進めなかった。それで、このタイミングでの『幻の光』の話は運命的なものも感じましたし、良い機会なんじゃないかと、やらせてもらうことにしたのです。

当初、『幻の光』はテレビドラマの予定だったと思います。でも新人の脚本家が書いたという第一稿を読んですぐに、これはテレビより映画のほうを志向していると感じた。光と影の描写へのこだわりが、たぶんそう感じたいちばんの要因だったと思います。それで合津さんに「どうせなら映画にしませんか？」と持ちかけ、原作どおりに子ども時代からスタートして女性のモノローグで語られていた脚本を、もう少しテーマが浮き彫りになるように、脚本家と一緒に修正していきました。

　そうしてできあがった最終稿を知人のプロデューサーに見せたところ、「このままでは三億円かかるから無理だよ」と言われて、愕然《がくぜん》としました。この脚本ならセットがいくつ必要なのか、ロケにどれくらいの日数や資金がかかるのかまったくわからなかった僕たちは、プロから見たらかなり大胆な構想を考えていたのです。僕たちは改稿を重ねて、主人公の少女時代をカットして、なんとか一億円以内で撮影できる脚本に仕上げました。

　そんな折、事態が急変します。

　合津さんはある女優のマネージャーも兼任しており、主演はその女優さんの予定でしたが、映画化の資金が集まらないうちにふたりが離

©1995 テレビマンユニオン

『幻の光』

一九九五年十二月九日公開【配給】シネカノン、テレビマンユニオン【製作】テレビマンユニオン／一一〇分【あらすじ】祖母の失踪、夫の原因不明の自殺……。心に喪失を抱えたゆみ子は、奥能登の小さな村に住む男性と再婚し、新しい家族に囲まれて平穏な日々を送っていたが、やがて前夫の死の影に次第に引き寄せられていく。【原作】宮本輝【受賞】ヴェネツィア国際映画祭 金のオゼッラ賞、バンクーバー国際映画祭 グランプリ ほか【出演】江角マキコ、浅野忠信、内藤剛志　ほか【撮影】中堀正夫【照明】丸山文雄【美術】部谷京子【脚本】荻田芳久【企画・プロデューサー】合津直枝【衣裳】北村道子【音楽】陳明章

れることになり、キャスティングが白紙に戻ったのです。だったらこの際だから新人の女優でいこうということで、脚本以外はゼロからのスタートになりました。

僕は時間ができると映画に使えそうな場所をカメラ持参で探し歩きました。原作は関西設定だったのですが、予算節約のために東京でロケ場所を探すことになりました。雑司ヶ谷や根津といった下町など、単純な古さだけではなく、建物が地面から生えたような存在感のある町並を歩きながら、映画のシーンを想像するのは楽しい時間でした。浅野忠信さんが働いている荒川区三河島の工場や、江角マキコさんが夢に見る子ども時代に住んでいた川崎の国道《こくどう》駅は、そうやって見つけた場所です。映画の後半の舞台となる能登では、輪島から車で三十分の鵜入《うにゅう》という画的にも美しい港村を見つけ、運良く廃屋を一軒借りられることになりました。

江角マキコさんに最初に会ったのは一九九四年九月のことです。

合津さんが写真家の篠山紀信《しのやまきしん》さんにこの映画の相談をし、「誰か新人でいいコいないかな?」と訊くと、篠山さんは江角さんのモノクロ写真を一枚出してきたそうです。その写真を見た僕は、篠山さんの事務所で江角さんとの顔合わせをセッティングしてもらいました。そこで江角さんの亡くなったお父さんのお話などを三十分ほどして事務所を出たときにはもう、主人公は彼女に決めていました。キャスティングというのは言葉にできる理由は後づけで、「このコでいこう!」という覚悟ができるかどうか。覚悟さえできれば、僕の経験上だいたいなんとかなります。

三十二歳、怖いもの知らず

ちょうど同じころ、*11侯孝賢《ホウシャオシエン》監督とも会っています。

侯監督とは『*12侯孝賢とエドワード・ヤン』というテレビドキュメンタリーを撮らせてもらった関係で親しくさせていただいており、東京に来るたびに声をかけていただき、お会いしていました。「今度映画を初監督するのですが、侯さんの*13『恋恋風塵《れんれんふうじん》』の音楽を担当した*14陳明章《チエンミンジャン》を紹介してくれませんか」とあつかましいお願いをしたところ、こころよく連絡先を教えてくれました。そのとき、「そういう物語なら*15ヴェネツィア（国際映画祭）がいいよ」と侯監督に言われ、僕はまだ撮ってもいない映画をヴェネツィアに持っていこうと決めました。

主な撮影期間は一九九四年十二月から翌年一月までです。実景だけはその年の夏、先に撮りにいったと思います。撮影と編集の最中に、*16阪神・淡路大震災とオウムによる*17地下鉄サリン事件が起こりました。このふたつの大きなカタストロフの体験は、のちに僕がつくることになる映画に少なからず影響を及ぼすことになりました。

さて、実は主演が江角さんに決まったあとも、一億円の資金集めは難航していました。そん

『幻の光』撮影時の著者

なタイミングでテレビマンユニオンが「創立二十五周年記念企画」を社内募集しており、映画製作を提案したところ、社長の重延《しげのぶ》浩さんがこの提案に乗ってくれて、五〇〇〇万円を出資してくれることになりました。

しかし残りの五〇〇〇万円がなかなか集まらない。東宝にも松竹にもフジテレビにも企画を持っていったけれどすべて断られ、いまでは考えられないですが、劇場も配給会社も決まらないまま、見切り発車で撮影をスタートさせてしまいました。当時の僕たちは「できあがりを観たら絶対にみんなが手を挙げて買いにくる」と信じて疑わなかったのです。だから五〇〇〇万円は支払いを待ってもらうことにして、一億円かけて撮ってしまった。

そして自信満々で試写を始めたのですが、「無名の新人監督」「無名の新人女優」「人の死ぬ暗い話」という三重苦みたいなこの映画を、配給したり資金援助してくれる人は現れませんでした。僕は初めて「これはヤバいかもしれない。このままお蔵入りになったら、五〇〇〇万円どうしよう……」と焦りはじめました。たぶんプロデューサーは僕以上に内心不安だったと思います。

しかし、奇跡的に、映画は三つの幸運に恵まれました。まず試写に来たTBSのプロデューサー遠藤環さんが、江角さんをとても気に入って、東芝日曜劇場のドラマ『輝け隣太郎』に抜擢しました。

次に東京テアトルのプロデューサーが気に入ってくれて、「うちで上映してもいいんだけど、実はもうすぐ渋谷にシネ・アミューズという劇場ができる。その劇場を共同運営をしている映画会社シネカノンの社長[*18]李《リ》鳳宇《ボンウ》さんが気に入ってくれたら、うちでやるよりも映画にとってはいいはずだから、彼に観せたらどうだろうか」と李さんを紹介してくれたのです。調布の東京現像所まで試写を観に来てくれた李さんは上映が終わってすぐに「十二月に劇場が開くので、その一本目にこけらおとしで上映したい」と言ってくれました。

確かその直後に、ヴェネツィア国際映画祭コンペティション部門への出品が決定したのだと思います。映画にとって非常にいい風が吹きはじめました。

でもその一方で僕は生意気にも当然の結果だと思っていました。

ヴェネツィアが決まったときに周りが泣いて喜んでも、僕のなかでは既定路線というか、そこまでは行くだろうという根拠のない自信にあふれていました。「これを公開さえすれば、次は自分のオリジナル企画で本当のデビューができる」とすら考えていたのです。

三十二歳、後先を考えない怖いもの知らず。若気の至りとはいえ、経験がないというのは本当に恐ろしい。初監督作で一歩間違えば二本目は確実にないわけで、「運がよかっただけ」と言われても仕方なかったかもしれません。

自分自身が絵コンテにしばられていた

『幻の光』は、監督としては非常に反省の多い作品です（「失敗した」という話を[*19]周防《すお》正行《まさゆき》監督にしたら「監督は、失敗したと思ってもその映画に関わってくれたスタッフやキャストのことを考えて、十年間はその言葉を口にすべきじゃない」と優しくたしなめられたのですが、もう二十年経ったから時効かな）。

僕はそれまで数本のテレビドキュメンタリーと短い深夜のドラマを撮ったことしかありませんでした。特にドキュメンタリーと映画では現場にいる人間の数が圧倒的に違う。ドキュメンタリーのクルーは四〜五人。下手したら一人というときもあります。

『幻の光』は非常に小さな映画でしたが、それでも四〇人ほどのスタッフが撮影現場にいました。大きな映画なら軽く一〇〇人を超えます。映画の人件費は役者のギャランティだけではなく、スタッフの人件費もとても大きい。インディーズですら一日撮ると三〇〇万円かかると言われている世界です。

とにかくその四〇人という数は僕にはとても多くて、すべてに目を行き届かせるのが難しかった。撮影部や照明部の技術が圧倒的に高かったので、そこは全面的に信頼していたのですが、撮影現場で起きたおもしろいものを拾って作品に活かしていくような、自分のそれまでテレビで培ったはずのフットワークの軽さが出せないことに多少イライラしていました（もちろんそれは自分の能力の問題です）。

また『幻の光』は原作があるので台詞《せりふ》を勝手に直せない。確か、同じ時期に能登の漁師を取材したテレビドキュメンタリーを見て、そこに登場していたおばあちゃんがあまりに魅力的だったので、映画の中の「とめの」という役にどうだろうか、とプロデューサーに相談したのですが、やはりそこまで大胆な判断はできませんでした。そういう融通の利かなさ、対原作との不自由さも、僕には辛いことでした。

しかし何よりいちばん辛かったのが、自分でがちがちに決め込んで描いた三〇〇枚の絵[*20]コンテに自分自身がしばられていたことです。

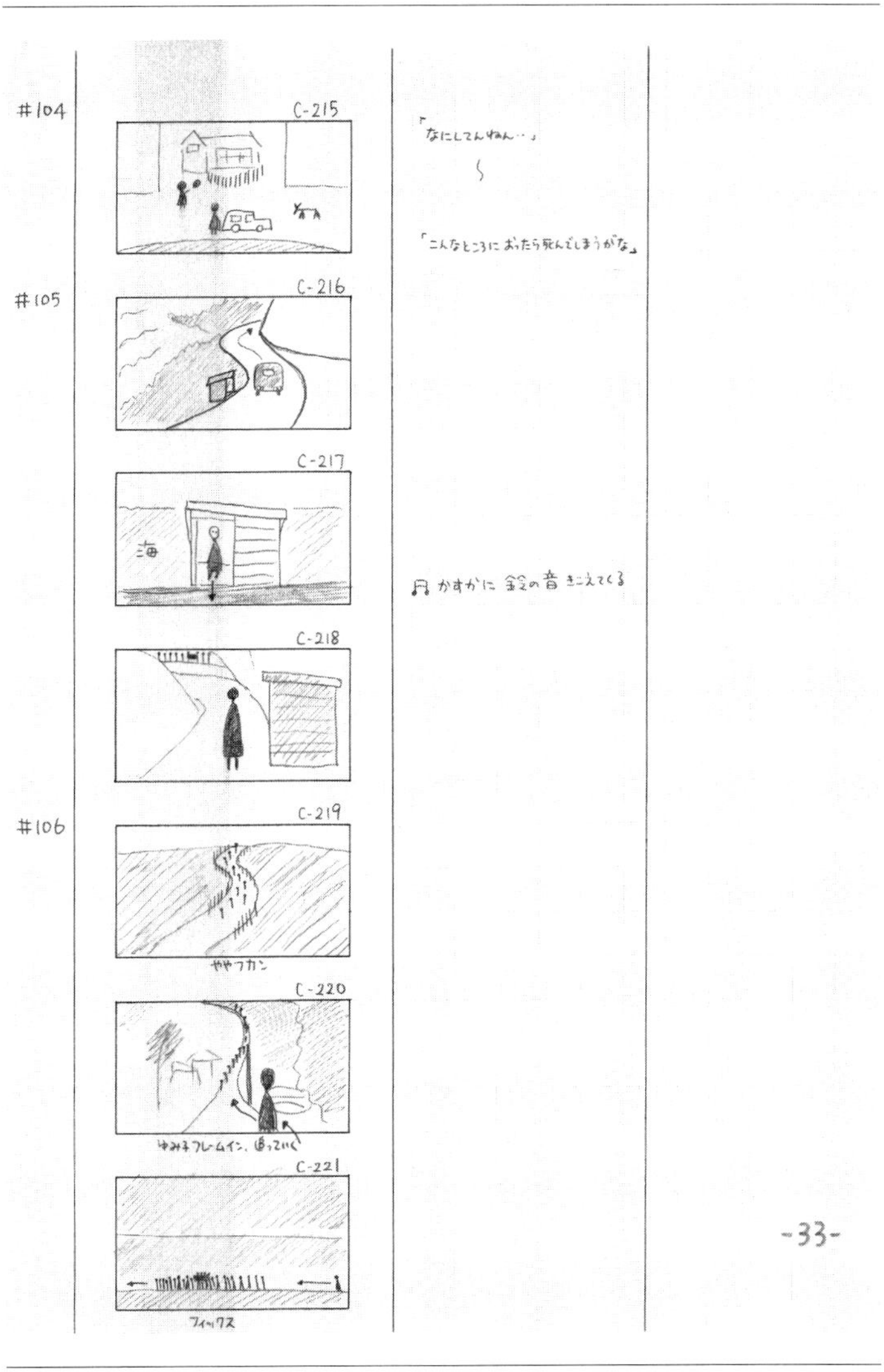

『幻の光』葬列シーンの絵コンテ

コンテにしばられているとわかっていたら、コンテを捨てればよかったのですが、当時の僕にはそれすらわからなかった。周りはベテランぞろい、僕だけ初めての現場で、不安も大きかったのだと思います。能力のあるスタッフに助けられてなんとかゴールまで辿り着きましたが、たぶん現場で起きたおもしろいことを映画の中にはあまりすくいとれなかったと思います。港町にいたムクという名前の野良犬くらいでしょうか。コンテにないのに映画に登場しているのは。

自分が「コンテにしばられていた」ことは、侯監督から指摘されて気がつきました。

「テクニックは素晴らしい。ただ君は撮影する前に全部コンテを描いただろう」

東京国際映画祭[*21]で来日されていた侯監督に会ったときにそう言いあてられ、「描きました。自信がなかったので」と答えると、侯監督にこう言われたのです。

「どこにカメラを置くかは、その人間の芝居を現場で見つめてから、初めて決まるものなんじゃないか。君はドキュメンタリーをやっていたからわかるだろう?」

もちろん通訳をはさんでのやりとりだったのでそこまできつい言い方ではなかったはずですが、僕の記憶では「そんなこともわからないのか」というニュアンスでした。ショックでした。目の前の人間や事象との関係のなかで、撮るものが多様に変化していくドキュメンタリーのおもしろさを実感していたはずなのに、しかもそのドキュメンタリーという遠回りを経てやっと映画に辿り着いたのに、その経験を活かせなかったなんて……。

侯監督の言葉は、どんな映画評よりも深く心に刺さり、次回作の方向を決める一言になりました。

戦略を持たないと映画祭は闘えない

『幻の光』で学べたことはもうひとつあります。

ヴェネツィア国際映画祭のコンペティション部門での上映が決まり、僕は初めて国際映画祭に参加することになりました。

ヴェネツィアはカンヌ国際映画祭[*22]に比べるとビジネス的要素の薄い、離れ小島でやるのどかなお祭り的な映画祭で、とてもほのぼのしています。でもそのほのぼのした映画祭にも、もちろんビジネスの萌芽《ほうが》があります。

その年に金獅子賞《きんじし》（グランプリ）を受賞したのはトラン・アン・ユン監督[*23]作『シクロ』[*24]でした。

トランは僕と同い齢で、『シクロ』が長編二作目でしたが、ヴェネツィアの前にパリで試写会を行い、記者に批評を書かせて前評判をあげ、さらにイタリアの配給会社も決めてから、ヴェネツィアに乗り込んでいた。プロのパブリシスト[*25]もセールスエージェントもついて、今後

『シクロ』をどのように世界展開していくのか、そのスタートとしてヴェネツィアを捉えていたのです。

のちに僕の海外セールスエージェントになるセルロイド・ドリームスという会社の社長さんは僕にこう言いました。

「映画祭というのは監督ひとりで参加しても意味がない。ビジネスパートナーと一緒に組織戦を闘う場所なのよ」

そのころの日本はというと、海外の映画祭に出品し、何か賞にひっかかれば上出来で、受賞は逃しても日本に戻ってきて凱旋《がいせん》興行、というように、国内興行を盛り上げるために映画祭に参加していました（いまもかなりそれに近いですが）。だから映画祭はゴールかせいぜい折り返し地点。これはたいへんに内向きな発想です。僕も当時は似たようなもので、「新人監督で新人女優の映画だから、ヴェネツィアで賞でも取らないと日本では観てもらえない」と思っていた。だから「ゴールではなくスタート」という考え方には衝撃を受けました。

『幻の光』は幸運にもヴェネツィア国際映画祭で「金のオゼッラ賞」を受賞。トロント国際映画祭[26]、バンクーバー国際映画祭[27]にも招かれることになりました。僕は「映画祭」について勉強の一年にしようと決心しました。一本の映画が映画祭に招かれるのにとことんつきあって、どこに優秀なパブリシストがいて、どのエージェントに任せるとどう広がっていくかを、テレビディレクターの眼でじっくり見極め、考える機会にしたのです。

映画祭は世界に三六五以上(一日ひとつ以上!)あると言われ、良いビジネス展開が望めるメインの映画祭はそのうち三〇ほどです。僕はその一年で一六の映画祭(先の三つに加え、シカゴ、ベルリン、ロッテルダム、イスタンブール、香港、ナント、テサロニキ、ロンドン、台湾、シッチェス、山形、ニューヨーク、サンフランシスコ等)を回りました。その間に小さい会社ですが北米の配給会社が決まったのは嬉しかったですし、映画祭を通して海外の監督だけでなく、橋口亮輔[*28]さん、篠崎誠[*29]さん、河瀬直美[*30]さんに出会って同時代の監督たちと親交を深めることができたのも、大きな励みになりました。

この年に参加した映画祭のなかでいちばん忘れられないのが、ナント三大陸映画祭[*31]でのティーチイン[*32]です。

上映後に三十分の予定でティーチインを行ったのですが、一時間オーバーしても終わらずに劇場を出てカフェに移動し、集まったお客さんとまた一時間半くらい話しつづけました(みんななんと熱心なことか!)。その際、年配の女性から「この映画はいろんなものが二度繰り返されています。自転車も二度。鈴も二度。いろんなものが反復され、リズムが生まれている。そしてこの映画は夢から始まっているから、私の解釈だと夢で終わるはず。とすると、ラストシーンはどこから夢なのですか?」と訊かれました。

彼女の言葉を通訳してもらっている間に、別の観客が「私は海辺からが夢だと思う」と話しはじめ、また他の観客が「私はバス停だと思う」と発言する。僕が「坂を上っていくあたりが夢だと思っているんだけど……」と答えようとしたら、「監督はまだ黙ってて」と口を挟むのを制されてしまいました。そうやって観客同士の間でいろいろな意見が飛び交ったのです。

それは成熟した観客の姿でした。彼らの通訳を聞いているだけで満足するほど会場の熱気は鮮烈だった。それはフランス人だからなのか、映画が曖昧《あいまい》だったからなのか、もしかすると両方なのかもしれませんが、とても素晴らしい経験でした。

こんな豊かな時間を持てたらと考えて、以来日本でもずっと劇場での上映後のティーチインをつづけています。

『ワンダフルライフ』

1998

メイキングで撮った映像に「生成」があった

『幻の光』は〝日本の現代劇〟を撮ったつもりの僕の思惑とは遠く離れ、海外の映画祭、特にヨーロッパの日本映画ファンにはアジアのエキゾチズム、日本的な美と結びつけて受け入れられてしまいました。ティーチインで「この映画と禅の思想のつながりは?」「風景ショットが三カット並んでいたが俳句と関係あるのか?」などと訊かれ、苦笑したこともありました。彼らが西欧の自分たちとは違う死生観や東洋的な価値観を読み取ってしまうスキが、『幻の光』には確かにあったのだと思います。

また、「この映画はキャリアの最後に撮る映画だよね」と言われたり、会ったときに「ずいぶん若いんだね。六十歳くらいかと思っていた」と驚く人も多かったです。もちろん「こんなに老成したものを若いあなたが撮るなんて！」という賞賛が込められていたのだとは思いますが、これは正直悔しかった。

それで、二作目はヨーロッパ人の求めている「ザ・日本映画」とは正反対のものをつくってやろうという、非常にひねくれたことを考えました。死んだ男が閻魔《えんま》大王相手に自分の人生を語る『[*33]天国は待ってくれる』というとても都会的で洗練された[*34]エルンスト・ルビッチ監督のコメディがあるのですが、その映画をイメージして、天国の入り口を舞台にした、日本的情緒とは無縁の作品をつくろうと考えたのです。

それが『ワンダフルライフ』です。

この作品はテレビマンユニオンに所属して二年目に、第二八回テレビシナリオコンクールで奨励賞をもらった脚本が元になっています。

実は当時、僕はテレビマンユニオンに出社拒否をしていて、自宅で悶々《もんもん》としていたときにこの脚本を書き上げました。応募して数カ月後、ずっと好きだった女の子が結婚するという話を耳にし、あまりのショックにまたもや悶々と過ごしていたところ、翌朝に電報で受賞の報《しら》せが舞い込んだのです。僕は「神様はひとつ落として、ひとつ救う

©1998『ワンダフルライフ』製作委員会

『ワンダフルライフ』

一九九九年四月十七日公開【配給】テレビマンユニオン【製作】テレビマンユニオン、エンジンフィルム／一一八分【あらすじ】死んだ人が天国へと辿り着くまでの七日間にもっとも大切な思い出をひとつ選ぶ。その思い出は〝その場所〟の職員の手により撮影され、最終日に上映会が開かれる。今日もまた二二人の老若男女が天国の入り口にやってきて……。【受賞】ナント三大陸映画祭 グランプリ、サン・セバスティアン国際映画祭 国際映画批評家連盟賞 など【出演】ARATA（現・井浦新）、小田エリカ、寺島進、内藤剛志、谷啓 ほか【撮影】山崎裕【照明】佐藤譲【美術】磯見

俊裕、郡司英雄【衣裳】山本康一郎【音楽】笠松泰洋【企画】安田匡裕【プロデューサー】佐藤志保

んだな」と本気で思いました。いわば、失恋と引き換えに僕に道を与えてくれたのだ、と。

『ワンダフルライフ』でまず考えたのが、『幻の光』の反省を踏まえた撮影方法です。

僕はそれまでに何本かドキュメンタリーを撮ったことで、「撮って、編集して、考えて、また撮る」、つまり「自分の思考のプロセスが作品に内包されていく」というドキュメンタリーの制作のあり方に非常に魅了されていました。

元TBSのプロデューサー、ディレクターでありテレビマンユニオンの設立者でもある萩元晴彦[35]、村木良彦[36]、今野《こんの》勉《つとむ》[37]の三人が共同執筆した、『お前はただの現在にすぎない――テレビになにが可能か』[38]という一九六〇年代のテレビについて書かれた著作があります。大学時代に読んで衝撃を受けた本なのですが、そのなかで彼らは、テレビをクラシックではなくジャズに譬《たと》えています。

> テレビジョンはジャズです。ではジャズとは、と聞かれたら、そう、R・ヒューズの言葉を贈りましょう。
> 「ジャズは円周です。あなた自身がその真中の点です。ジャズは作曲された音楽ではな

く、拍子とリズムのある限り、感ずるままに、進むに連れて作曲しながらの即興演奏《インプロヴィゼーション》――とても幸福な、時には悲しい、演奏する行為です」。

テレビジョンもそうです。送り手と受け手があるのではなく、全員が送り手と受け手なのです。既に書かれている脚本を再現することではなく、たえまなくやって来る現在《いま》に、みんなが、それぞれの存在で参加するジャム・セッションです。テレビジョンに、〝既に〟はありません。いつも〝現在《いま》〟です。いつも、いつも現在《いま》のテレビジョン。だからテレビジョンはジャズなのです。


――「V章 テレビジョンはジャズである」より

楽譜があるのではなく、その場を共有した人間たちによってその場で生み出されているもの、つまり繰り返しのきかないもの、それがテレビの特性だと彼らは考えていました。それから二十五年の歳月が流れて、かなり保守化したテレビの制作現場においても、テレビドキュメンタリーには彼らが言うところの「ジャズ」的要素がまだかろうじて残っているのではないか、と何作か撮った僕は感じていたわけです。

『幻の光』は、演出に関してだけ言えば、絵コンテの再現に終わってしまった。だったら、次回作ではドキュメンタリーのように、いまそこに生成されていくものにカメラを向けていこうと思いました。それが映画でも成立するのであれば、自分が撮る前にはもっとも批判していた、「演劇を撮影した映画」といちばん遠いものになるのではないか、と考えたのです。

人にとって思い出とは何か？

『ワンダフルライフ』のテーマのひとつは、「人にとって思い出とは何か？」という問いです。死者たちは初めて辿り着く施設で、職員から「あなたの人生を振り返って、大切な思い出をひとつだけ選んでください」と言われます。選ばれた思い出のシーンは、職員の手によって映画化され、死者たちはそれを観ながら、思い出とともに天国へと旅立つことになる。

僕は六〇分のテレビドラマから一二〇分の映画に脚本を練り直したとき、この施設に集まってきた死者たちがどのような〝思い出〟を選ぶのか、一般の人々にリサーチしようと思いました。自らの子ども時代や青春時代を思い返すとなると、年配の方々にとっては関東大震災や第二次世界大戦、東京オリンピックなども思い出の時間になるかもしれない。そうなれば、今世紀の日本史的な側面も描けるのではないだろうか、と考えたからです。

リサーチには将来テレビや映像の仕事をしたいという学生を数人アルバイトで雇い、ビデオカメラを持たせて街でインタビューをしてもらいました。毎週土曜日にはその撮った映像を持ち寄って報告会をしたのですが、集めた映像は最終的に六〇〇人ほどにもなりました。

途中までは、あくまで脚本を書くためのリサーチでした。しかし、学生が集めた映像は思いのほかおもしろく、これはそのまま本人を撮ったほうが、当初の趣旨に近付けるのではないかと思い直しました。そこでカメラマンも思い切ってドキュメンタリー畑の山崎裕《やまざきゆたか》*39さんにお願いし、絵コンテは一切描かずに、一般の人が思い出を語りやすい状況を僕がつくって山崎さんにそれを自由に撮ってもらう、という方針にしました。

つまり、ドキュメンタリーとかフィクションとかジャンルを分けずに、ひとつの方法論として解釈し、目の前にいる人は役者であろうが一般の人であろうが同じアプローチの仕方をしよう、というルールを決めたのです。

さて、実際の出演交渉を始めると、出演できないという方がおふたりいらっしゃいました。ひとりは「この間話した話は嘘だから、出られない」というおじいさん。若い女の子が自分の話を聞きに来たので、話を盛ってしまったらしい。とても人間味のある素敵なエピソードでした。

もうひとりはおばあさんで、確か、「人前で語るような人生ではない」といった理由だったかと思います。残念ですが諦《あきら》めました。その女性の代わりに出演していただいたのが、大好きだったお兄さんの前で「赤い靴」の踊りを踊った話をしてくれた多々羅《たたら》君子さんという女性です。結果的には一般の出演者のなかでもっとも印象深い登場人物になりました。

思い出の再現シーンの撮影には、いろんな楽しい思い出があります。

たとえば「パイロットを目指してセスナで飛行訓練をした思い出」を選んだ会社員が、美術部が用意した飛行機を見るやいなや「これはセスナじゃない」と言ったのです。翼《つばさ》の位置が違うと。「翼が下だったら僕が見た雲は見えない」「これで思い出せって言われても……」とのことで、美術部は翼を上に取りつけ直さなければいけなくなったのですが、そんなトラブルさえもワクワクしました。

でも僕以上におもしろがっていたのが、撮影の山崎さんです。

当初僕は、一般の方々が自分の思い出について「こうだったかな」「ああだったかしら」とスタッフとやりとりしているシーンを映画に使うつもりはなかった。僕は何度か「メイキングはアリバイ的に使うだけだから、ちょっとだけあればいいんですよ」と言ったのですが、山崎さんは僕がちょっと撮影現場を離れたときにもカメラを回していたみたいで、プロデューサーが「もうフィルムがないですよ」と注意すると、「じゃあビデオでもいいから回す」と、撮ることをやめませんでした。

しかし、その映像は僕にとって〝発見〟でした。編集をスタートしてみると、上映用に撮った再現フィルムよりも、一般の人が思い出を語り、再現の場に立ち合って悩むメイキングで撮った映像のほうが、生々しくてリアルだった。つまり「再現」ではなく「生成」であった。それで、方針を変えて、メイキングの映像を映画に残して、完成品のほうは作品には入れずに構成することにしました。

ドキュメンタリーのカメラマンである山崎さんにとっては、現場でおもしろいと感じたものにカメラを向けるのは普通のことなのかもしれませんが、脚本から外れようが監督から望まれなかろうが、撮りたいものは撮るのだ、という姿勢は驚きでした。でも、本来カメラというのはそうあるべきなのではないか、と僕はこのとき感じました。

リアルといえば、撮影時には音にも注意を払いました。というのも、『幻の光』を観た篠崎誠さんから音についていくつか指摘されたことが頭に残っていたからです。

ひとつ目は『幻の光』の冒頭、夢のなかでおばあさんを追って坂道を上っていく少女のシーン。足音が遠ざかるべきところで、だんだんと近づいてくる、ということは坂の上でいちばん声が拾えるようにマイクを置いてある、とわかったそうです。録音部というのは録れないことがいちばん怖いので、できるだけワイヤレスマイクを併用します。このシーンの場合は、橋の上に置いたマイクの音とワイヤレスを併《あわ》せて使ったのですが（それが録音部の常識でもある）、遠ざかっていく人物のアクションと近付いてくる音の距離感がずれていた。

ふたつ目は、ラスト近くの海辺のシーン。「あそこは波音で夫婦のやりとりが聴こえなくても良かったかもしれないね」と言われました。確かに画をロングショット[*40]にしたので、会話はワイヤレスで拾ったのですが、せめてマイクを持った人間が岩陰に隠れて波音と一緒に録っていれば、音の空間的な広がりが保てたような気がします。

音の遠近感はカメラの距離と基本は同じにするべき、ということを篠崎さんから学んだ僕は『ワンダフルライフ』以降、音と映像の組み立てを重要視して、試行錯誤しつづけています。

〝自己表現の欲求〟を撮る

振り返ると、このころの僕にはドキュメンタリー監督の小川紳介[*41]の存在が大きかった。

小川は『映画を穫《と》る』[*42]という本の中で「ドキュメンタリーというのは被取材者の〝自己表現の欲求〟というものにカメラを向けていくのだ」ということを書いています。取材される者は自分をこう見せたい、ああ見せたいと演じようとするものであり、その演じようとする姿が美しく、カメラはそれを撮る。つまり、取材者がこう撮りたいという欲求と、被取材者がこう撮られたいという欲求が衝突するところからドキュメンタリーは生まれていくのだ、と言うのです。

僕はテレビドキュメンタリーのやらせが社会問題になり、NONFIXで『ドキュメンタリーの定義』という番組を制作したときに、小川紳介のドキュメンタリーに長期にわたって携わったカメラマンの田村正毅《まさき》*43（現・たむらまさき）さんにインタビューをしました。

やらせを批判する側というのは「ありのままを撮れ。脚色するな。演出なんかいらない。撮った順につなげ」と無謀《むぼう》なことを言います。しかしそれでは、究極的には「隠し撮り」になってしまう（だって相手が撮られていることを気づかないように撮るのだから）。この疑問に対して田村さんは、「隠し撮りでは相手の自己表現になりませんね。そんなものは撮ってもドキュメンタリーにならないし、撮りたくはない。カメラを意識して相手がどう演じようとするのかということが美しく、おもしろいのだ」と答えてくれました。「撮影」という行為についてのユニークなというか、とても豊かな捉え方ですが、隠し撮りの対極にあるドキュメンタリーのひとつのかたちが、そこに存在していると思います。

僕が『ワンダフルライフ』で試みたのも、自分の大切な記憶を語ろうとする人にカメラを向けることで、小川紳介さんと田村さんの言葉を借りれば、被取材者の「自己表現の欲求」を撮ろうとしていたのだと思います。

たとえば天国の入り口の施設へ来た、先ほどの尋々羅さんが、自分役の少女が踊りを踊るのをセットの隅で見ながら「今朝、仏壇にお参りして、（映画に出演することを）兄に報告してきました」と言うシーン。「ファンタジーが壊れるから、あの台詞はカットしたほうがいいの

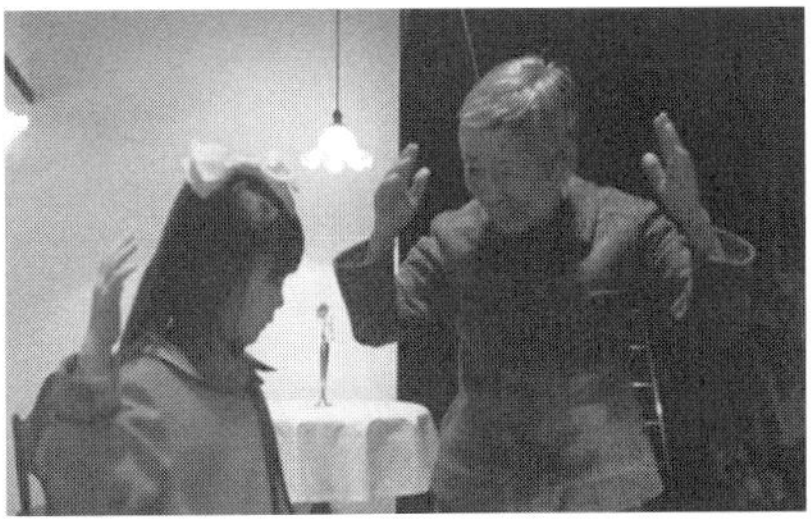
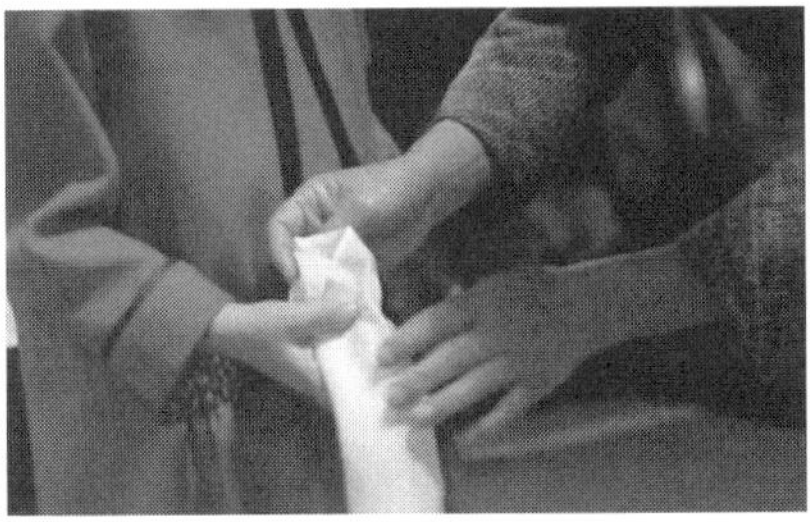

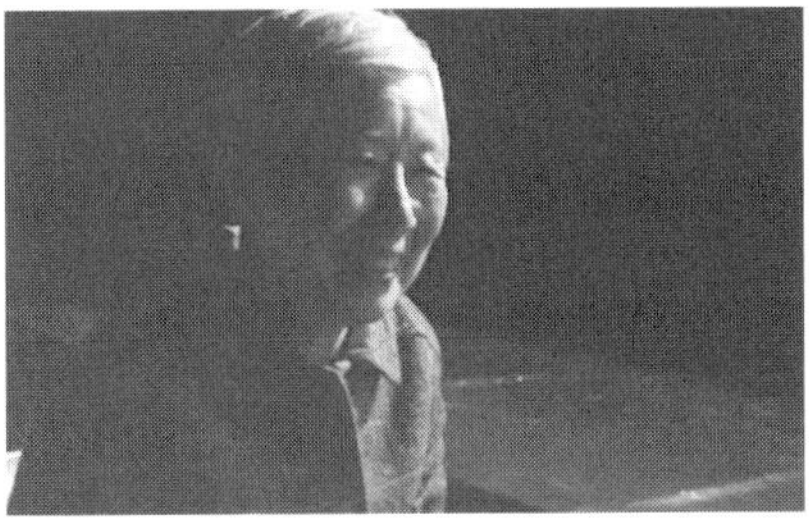

ではないか」と心配したスタッフもいましたが、僕は「あれこそが自己表現の欲求だから」と映画に残しました。彼女は、撮影されている状況をわかったうえで、カメラの脇にいる僕に向かってそう話した。その彼女の自己表現、兄をどれほど慕っていたかが端的に現れている表情の美しさを、僕は優先したのです。

編集を始めてつくづく感じましたが、彼らが「これはセスナではないよ」とスタッフに指摘したり、「私、どうやってハンカチ持っていたかしら」と戸惑ったりするシーンは非常におもしろかったです。それらは自己表現の欲求というよりはむしろ、自分の話と再現されていくものののズレや自分の話と記憶のズレに本人が気がついて、何かしらのアクションを起こす瞬間であり、僕が求めていた以上の生成の瞬間というか、ドキュメンタリーでした。

だから映画が完成して、「これは映画ではない」「これはドキュメンタリーではない」「ファンタジーとして成立していない」などともし批判されても僕自身はまったくかまわなかった。フランスのセールスエージェントの社長からは「私たちが求めているのはこういう映画ではない。もっとアジア的な作品が良い」と言われても、自分では『幻の光』よりはずっと自分らしいものができたし、スタッフワークも理想通りにいったので満足していました。

そんな折、トロント国際映画祭の当時のディレクター、ノア・コーワン[*44]が来日した際に映画を観て、とても温かい手紙をくれました。これは素直に嬉しかった。それでワールドプレミアを九月のトロントで行うことにしました。

その前月、僕はニューヨークで毎年行われていたロバート・フラハティ・フィルム・セミナーに参加しました。

[*45]ロバート・フラハティは「ドキュメンタリー映画の父」として名高いアメリカの記録映画作家、映画監督であり、小川紳介が非常に影響を受けた人物です。セミナーは、彼の没後、一九六〇年に設立され、毎年ドキュメンタリーのつくり手たちが一週間、朝から晩までお互いの作品を観て議論し合うという、充実した合宿が行われていました。

僕はＮＯＮＦＩＸで制作したドキュメンタリー『彼のいない八月が』『記憶が失われた時』の二本に英語字幕をつけて持参しました。また、セミナーがクローズドだったので『ワンダフルライフ』も上映したところ、非常に反応が良く、「おもしろいものを観た」という口コミが一気に業界に広がったのです。

おかげでトロント国際映画祭での三回の上映はすべて満席となり、ワールドプレミアは大成功を収めました。この上映をきっかけに北米の配給が決まり、ニューヨークの公開が成功すると、リメイクの話が持ち上がります。このころにはセールスエージェントも「とても心動かされる映画だ」と手のひらを返して誉めてくれるようになりました。こういうことで人間不信になるようでは、映画ビジネスの荒波のなかを泳いでいくことはできません。とにもかくにも、僕の初オリジナル作品となった『ワンダフルライフ』は、世界戦略という点においてはこうして上々のスタートを切ることができたのです。

註

1—宮本輝
小説家。一九四七年、兵庫生まれ。七〇年、追手門学院大学文学部を卒業。広告社のコピーライターを経て、七七年、『泥の河』で太宰治賞を受賞してデビュー。代表作に『螢川』『道頓堀川』『錦繍』『青が散る』『流転の海』など。

2—『幻の光』
宮本輝著。一九七九年、新潮社刊。

3—テレビマンユニオン
一九七〇年、東京放送（現・TBS）を退職した萩元晴彦、村木良彦、今野勉らディレクターが中心となって設立した、日本で最初の独立系テレビ番組制作会社。

4—合津直枝
テレビ・映画プロデューサー、脚本家。一九五三年、長野生まれ。早稲田大学第一文学部を卒業後、テレビマンユニオンに参加。代表作に、映画『幻の光』（プロデュース）、『落下する夕方』（監督・脚本）、テレビドラマ『真昼の月 続・病院で死ぬということ』（プロデュース）、『書店員ミチルの身の上話』（演出・脚本・プロデュース）など。

5—NONFIX
フジテレビのドキュメンタリー番組。一九八九年十月の放送開始以来、現在までつづく。

6—『錦繍』
宮本輝著。一九八二年、新潮社刊。

7—『星々の悲しみ』
宮本輝著。一九八一年、文藝春秋刊。

8—岩井俊二
映画監督。一九六三年、宮城生まれ。横浜国立大学教育学部卒業後、九三年、テレビドラマ『if もしも～打ち上げ花火、下から見るか？横から見るか？～』を演出し、日本映画監督協会新人賞を受賞。代表作に『Love Letter』『スワロウテイル』『リリイ・シュシュのすべて』『花とアリス』など。最新作『リップヴァンウィンクルの花嫁』は二〇一六年三月公開。

9—黒沢清
映画監督。一九五五年、兵庫生まれ。立教大学を卒業。『太陽を盗んだ男』の製作助手、『セーラー服と機関銃』の助監督を経て、八三年、ピンク映画『神田川淫乱戦争』にて監督デビュー。代表作に『CURE《キュア》』『アカルイミライ』『ドッペルゲンガー』『トウキョウソナタ』『岸辺の旅』など。初の海外作品『ダゲレオタイプの女』が二〇一六年公開予定。

10—中堀正夫
撮影監督。一九四三年生まれ。日本大学藝術学部を卒業後、円谷プロダクションに入社。テレビ映画『ウルトラセブン』『ウルトラマンタロウ』などを撮影。劇場用映画の代表作に『帝都物語』『幻の光』『落下する夕方』『疾走』『The Harimaya Bridge はりまや橋』『NECK《ネック》』など。

11—侯孝賢
台湾の映画監督。一九四七年、中国・広東省生まれ。八〇年に監督デビュー。代表作に『童年往事　時の流れ』『恋恋風塵』『悲情城市』『戯夢人生』『好男好女』『珈琲時光』『ホウ・シャオシェンのレッド・バルーン』『黒衣の刺客』など。

12—『侯孝賢とエドワード・ヤン』
台湾を代表するふたりの映画監督、侯孝賢とエドワード・ヤンの、撮影現場とインタビューを収めたドキュメンタリー。一九九三年、フジテレビ「NONFIX」にて放送。四七分。

13—『恋恋風塵』
一九八七年製作の台湾映画。日本公開は八九年。監督の自伝的四部作に位置づけられる。

14—陳明章
台湾の音楽家。一九五六年、台北市生まれ。台湾の民族音楽と台湾語にこだわりつづけ、「民謡詩人の大師」とも称される。

15—ヴェネツィア国際映画祭
イタリアのヴェネツィアで一九三二年からスタートした、世界最古の国際映画祭。カンヌ国際映画祭、ベルリン国際映画祭と並ぶ「世界三大映画祭」のひとつ。毎年八月末〜九月初旬に開催。

16—阪神・淡路大震災
一九九五年一月十七日に発生した兵庫県南部地震による大規模地震災害。死者六四三四人、行方不明者三人、負傷者四万三七九二人。

17—地下鉄サリン事件
一九九五年三月二十日、東京都帝都高速度交通営団にて、オウム真理教が起こした神経ガス「サリン」を使用した同時多発テロ事件。乗客や駅員らが一三人死亡、負傷者数は約六三〇〇人とされる。

18—李鳳宇
映画プロデューサー。一九六〇年、京都生まれ。朝鮮大学校外国語学部卒業後、フランス・ソルボンヌ大学に留学。八九年、映画配給会社シネカノンを設立。九三年、『月はどっちに出ている』で初の映画プロデュース。プロデュース代表作に『パッチギ』『誰も知らない』『フラガール』など。

19—周防正行
映画監督。一九五六年、東京生まれ。立教大学文学部卒業。八四年、小津安二郎へのオマージュを含んだピンク映画『変態家族　兄貴の嫁さん』で監督デビュー。その後、一般映画に進出し、『シコふんじゃった。』『Ｓｈａｌｌ　ｗｅ　ダンス？』の大ヒットで名実ともに人気映画監督に。代表作に『それでもボクはやってない』『終《つい》の信託』『舞妓はレディ』など。

20—絵コンテ
映画、アニメ、テレビドラマ、CMなどの映像作品の撮影前に用意されるイラストによる表、設計図。

21—東京国際映画祭
一九八五年に創設され、毎年十月に開催される映画祭。

22―カンヌ国際映画祭
フランスのカンヌで一九四六年からスタートした、世界でもっとも有名な国際映画祭。中心となるコンペティション部門のほか、「ある視点」部門、短編部門、スペシャルスクリーニング（特別招待作品）などがある。毎年五月に開催。

23―トラン・アン・ユン
映画監督。一九六二年、ベトナム共和国ダナン生まれ。十二歳のときにベトナム戦争から逃れるため、フランスに移住。九三年、『青いパパイヤの香り』でカンヌ国際映画祭カメラ・ドール（新人監督賞）を受賞。代表作に『シクロ』『夏至』『ノルウェイの森』。

24―『シクロ』
一九九五年製作のフランス映画。日本公開は九六年。ヴェネツィア国際映画祭グランプリ受賞作。

25―パブリシスト
広報担当者のこと。

26―トロント国際映画祭
カナダ最大の都市トロントで毎年九月に開催される国際映画祭。一九七六年創設で、ノン・コンペティションである点が特徴。

27―バンクーバー国際映画祭
カナダのバンクーバーで九月下旬から十月上旬にかけて開催される北米最大の国際映画祭。審査員投票による作品賞と観客投票による観客賞がある。

28―橋口亮輔
映画監督。一九六二年、長崎生まれ。大阪芸術大学中退。八五年より映画監督・脚本家として活動開始。九三年、『二十才の微熱』で監督デビュー。代表作に『渚のシンドバッド』『ハッシュ!』『ぐるりのこと。』『恋人たち』。

29―篠崎誠
映画監督。一九六三年生まれ。立教大学文学部卒業後、映画ライターとして活躍。九五年、『おかえり』で長編映画デビュー。代表作に『犬と歩けば チロリとタムラ』『東京島』『怪談新耳袋 怪奇』『SHARING』など。現・立教大学映像身体学科教授。

30―河瀬直美
映画監督。一九六九年、奈良生まれ。大阪写真専門学校卒業後、同校講師を務めながら、8ミリ作品『につつまれて』『かたつもり』を制作し、注目を集める。九七年、『萌《もえ》の朱雀《すざく》』でカンヌ国際映画祭カメラ・ドールを受賞。代表作に『殯《もがり》の森』『あん』など。

31―ナント三大陸映画祭
フランスのナントで一九七九年より開催されている映画祭。アジア・アフリカ・ラテンアメリカの三大陸の作品に特化している。

32―ティーチイン
主に映画の上映後に、一般観覧者と映画関係者が質疑応答をする会のこと。

33―『天国は待ってくれる』
エルンスト・ルビッチ監督による一九四三年製作のアメリカ映画。日本公開は九〇年。

34―エルンスト・ルビッチ
映画監督。一八九二年、ドイツ・ベルリン生まれ。一九一四年に監督デビュー。代表作に『カルメン』『牡蠣の王女』『マダム・デュバリー』『生活の設計』『青髭八人目の妻』『ニノチカ』『生きるべきか死ぬべきか』など。一九四七年没。

35―萩元晴彦
テレビプロデューサー、ディレクター。一九三〇年、長野生まれ。早稲田大学文学部卒業後、ラジオ東京（現・TBS）に入社。「神これを癒し給う・心臓外科手術の記録」などの作品を制作後、七〇年、TBSの仲間とテレビマンユニオンを創立、初代社長に。以降、クラシック音楽に関する番組を多く制作。二〇〇一年没。

36―村木良彦
メディアプロデューサー。一九三五年、宮城生まれ。東京大学文学部卒業後、ラジオ東京（現・TBS）に入社。美術部、テレビ演出部、テレビ報道部などを経て、七〇年にテレビマンユニオン設立。七六年、同代表取締役社長。九七年、「放送人の会」設立、幹事に就任。二〇〇八年没。

37―今野勉
プロデューサー・演出家。一九三六年、秋田生まれ。東北大学文学部を卒業後、ラジオ東京（現・TBS）に入社。以来、テレビ草創期の名ディレクターとして数多くのドラマやドキュメンタリーに携わる。七〇年、テレビマンユニオン設立。演出の代表作に『七人の刑事』『遠くへ行きたい』『天皇の世紀』『欧州から愛をこめて』『海は甦える』など。

38―『お前はただの現在にすぎない――テレビになにが可能か』
萩元晴彦・村木良彦・今野勉著。一九六九年、田畑書店刊。二〇〇八年、朝日文庫で文庫化。

39―山崎裕
撮影監督。一九四〇年生まれ。日本大学藝術学部卒業後、六五年に記録映画『肉筆浮世絵の発見』でカメラマンデビュー。多くのテレビドキュメンタリー、記録映画などに携わるかたわら、多数の劇場用映画の撮影も担当。是枝監督作は『ワンダフルライフ』『DISTANCE』『誰も知らない』『花よりもなほ』『歩いても 歩いても』『奇跡』『海よりもまだ深く』を担当。二〇一〇年には『トルソ』を監督している。

40―ロングショット
映画において、被写体とカメラの距離が非常に遠いショット。

41―小川紳介
ドキュメンタリー映画監督。一九三五年、東京生まれ。國學院大學政経学部を卒業後、新世紀映画に入社。六六年、小川プロダクションを設立し、『三里塚』シリーズを作成。代表作に『牧野物語』シリーズ、『ニッポン国 古屋敷村』『満山紅柿 上山 柿と人とのゆきかい』など。九二年没。

42―『映画を穫る』
小川紳介著。一九九三年、筑摩書房刊。二〇一二年、増補改訂版が太田出版より刊行。

43―田村正毅
撮影監督。一九三九年、青森生まれ。小川プロダクション出身で、多くの小川紳介監督作を手がけた。ドキュメンタリー代表作に『三里塚』シリーズ、劇場用映画に『修羅雪姫』『ションベン・ライダー』『タンポポ』『熱海殺人事件』『Helpless』『萌の朱雀』『EUREKA《ユリイカ》』『ゲゲゲの女房』など。二〇一四年、『ドライブイン蒲生』で監督デビュー。

44―ワールドプレミア
映画において、世界で初めて行う公式上映。出演俳優などを呼んで華やかな試写会を行う。

45―ロバート・フラハティ
アメリカの記録映画作家・映画監督。一八八四年、ミシガン州生まれ。家族とともに現地に住み着いて撮影を行う方式をとり、「ドキュメンタリー映画の父」と称される。代表作に『極北のナヌーク』『モアナ』『南海の白影』『アラン』『ザ・バトル・オブ・チャイナ』など。一九五一年没。

第2章
青春期・挫折
1989-1991

『地球ZIG ZAG』1989

『しかし… ～福祉切り捨ての時代に～』1991

『もう一つの教育～伊那小学校春組の記録～』1991

二十八歳、
この一本でつづけられる
と思った

『地球ZIGZAG』1989

「不味い」と言わせる仕込みをした

テレビ番組について、特にドキュメンタリー番組について触れるのは、再放送でもしないかぎりなかなか見直してもらうことができないので難しいのですが、僕自身の映像制作者としてのアイデンティティーには、ある意味、映画以上に深く刻まれているものなので、頑張って語ってみようと思います。

映画監督であり多くの優れたテレビドキュメンタリーを残した大島渚[*1]は、記録映画（ドキュメンタリー）を満たすつくり手の条件を、「対象への愛と強い関心」と「それを持続させる時間」という二つを前提にし、「取材を通して撮る側に起きた変革も含めて作品化すること」であると書き残しています。

二十代後半から三十代前半で経験したいくつかのテレビドキュメンタリー制作の現場で、僕は確かに大島の言う通りのことを経験し、実感しました。そのことを少し振り返ってみます。

一九八九年、僕は『地球ZIG ZAG』という番組で初めてディレクターデビューを果たしました。番組は一般の大学生が隊員として海外にホームステイをし、現地の人々と交流しながらさまざまな体験や修業をするというもの。ときどきタレントなど著名人が隊員として起用されることもあり、その後『世界ウルルン滞在記』が誕生するきっかけにもなった番組です。

構成としては、体験して、挫折して、挑戦して、達成感があって、別れがあって、涙して帰ってくるという流れがほぼできあがっています。長期のホームステイであればいろんなことが起きるので、それを待って編集すればいいけれど、番組制作のための滞在は四、五日からせいぜい一週間。その短い滞在で何か「事件」を起こさないといけないわけで、ディレクターはときにさまざまな仕込みを迫られます（たとえばホームステイ先のオヤジさんに「ちょっと彼を怒ってくれ」と頼むとか）。

さて、僕が考えた企画は「スリランカ カレー対決」というものでした。

「うちのカレーが日本一美味しい」という二十歳の学生がスリランカに行き、市場でカレーをつくってみるものの、現地の人たちに「不味《まず》い」「これはカレーじゃない」と否定され、本場の味を学ぶためにホームステイ生活を始めるという構成です。

しかし、なんと予想に反して、学生のつくったバーモントカレーは「美味しい」と喜ばれてしまったのです（カレーだとは思っていなかったかもしれないけれど）。学生は大喜びですが、僕はパニック。紆余《うよ》曲折《きょくせつ》を経て四年目にようやくディレクターになったのに、これ一作で終わりか!? と慌ててしまった。

そこで、コーディネーターを通して近くにいたスリランカ人の男性に「何か理由をつけて不味いと言ってくれないか」と頼みました。つまり、「仕掛けた」わけです。男性は肉の炒め方に文句をつけて「不味い」と言ってくれた。すると学生はそれを真に受けて落ち込んでしまいました（この僕の行為に関しては、その場でカメラマンから「オレが苦労して撮った三時間はなんだったんだ。だったら最初からお前が欲しい画だけ指示すればいいじゃないか」と叱られました。本当にありがたかったなと思います）。

番組は無事にできあがったけれども、この一件は自分のなかにとても苦いものを残しました。よく考えれば、「不味い」と言われるはずが「美味しい」と言われたことのなかにドキュメンタリーがあったはずなのです。僕の考えた構成が目の前の現実によって覆《くつがえ》されるという、その事実がいちばんおもしろいはずだった。

『地球ZIG ZAG』一九八九年十月一日～一九九四年三月二十七日放送／TBS系列【制作】毎日放送、テレビマンユニオン／全二二四回【概要】毎週応募によって選ばれた一般人がひとりで約一週間、海外の町・村・島などに滞在し、現地の人々と交流しながら、さまざまな体験や修業をし、帰国後にその体験をスタジオで報告する、ヒューマンドキュメンタリー番組。是枝はディレクターとして五本制作した。

しかし、そういうものを排除せざるを得ない構成を、番組自体が持っている。いや、それ以上に自分がその枠にとらわれている。演出ってなんだろう？　そんな疑問を抱えたまま僕はできるだけ「仕掛け」たり「仕込ん」だりしないでつくれないか、「もう一度お願いします」と言わずに済ますにはどうしたらいいか、と考えながら、その後も何本か制作するのですが、いつも周りから「ぬるい」「現場で何もしてない」「お前のは演出放棄だ」と責められました。

このような番組における取材対象に対する「働きかけ」のどこまでを許容するかは、個々のディレクターの何を大切な「真実」と捉えるかという考え方（周囲の人への働きかけを許容する態度は、そのことによって連れていった隊員の体験や感動を強化するという目的の正当性によるものです。これは隊員に「泣いてくれ」と直接的に働きかける行為とは区別されているわけです。少なくともディレクターのなかでは）や取材対象との関係の中で決まってくるものであって、必ずしも、ここまでは「演出」、ここからは「やらせ」と線を引けるものではないと思います。ただ、このときの僕は初体験での失敗がトラウマになって、「演出」をかなりナイーヴに考えるようになっていました。

「お前の個性や作家性はいらない」

しかし、僕は僕なりに一生懸命、演出というものを考えていたのです。相手を騙《だま》すような演出はしないで、番組のお決まりの構成からどう外れればおもしろいものになるだろうか、ということをずっと考えていた。休日にこっそり編集室に行って、先輩のディレクターが撮影の現場でどのような演出をしているのか知るために、編集前の素材テープを見たりもしました。

このあたりの判断については、制作現場や番組のスタッフ会議で演出の倫理とか許容範囲について議論するようなことは、ほとんどありませんでした。たぶん、ほかの制作会社も同様だったと思います。多くの制作者は、自分がアシスタントとしてついたディレクターのやり方を踏襲していくしかなかったのではないでしょうか。その、倫理とか哲学の共有、継承、検討が不十分であることが、いちばんの問題だと思っています。

ただ、明らかに彼らが制作した、さまざまな「働きかけ」によって隊員に圧を加えていく演出のほうが、「おもしろい」し、「わかりやすい」し、視聴率は良いし、スポンサーや代理店のウケもいい。それがジレンマでした。なんとか他のディレクターたちと違うものをつくろうとしては、「お前の自己満足のために番組があるんじゃない」「お前の個性や作家性はいらない」

と言われました。当時は自分の考え方のほうが絶対に正しいと信じていましたが、やはりいま考えるとナイーヴすぎますね。青臭い自己愛にすぎないような気がします。

『地球ZIG ZAG』のようなレギュラー番組は、誰が撮ってもそれなりのものができるシステムをつくっておかないと継続しません。ディレクターが変わるたびに番組の印象が変わってはまずいのです。

それは『水戸黄門』を見たい人にとって、ディレクターが変わって印籠《いんろう》が出なくなったらNGなのと同じこと。実際に「印籠は必ず出ないとダメなんだ。オレたちがやっているのは『水戸黄門』なんだから」と言われたこともあります。誰がやっても印籠は出なければいけない。悪は懲《こ》らしめられなくてはいけない。でも僕は印籠の出てこない『水戸黄門』があってもいいはずだと思っていました（実はいまでもそう思っていますが）。

そのズレが決定的となったのが「香港飲茶《ヤムチャ》修業」の回です。

餃子をつくるのが得意な学生を香港に連れて行き、飲茶のいちばん有名なレストランの厨房に修業に入るというわかりやすい企画で、学生は僕がオーディションで選びました。

しかし、一流大学を出て一流企業に内定が決まっているというその学生は、残念ながら礼儀知らずで、厨房で働いている人を陰でバカにしていた。そういう態度はやはり通じてしまうもので、ある晩に料理長から「あんな失礼な奴はいくら番組のためとはいえ厨房に置いておけない。不愉快だから今日で撮影は終わりにしてくれ」と言われたのです。

僕は「カメラを回すので、お手数ですがそれをそのまま本人に伝えてくれないでしょうか」とお願いし、実際に言ってもらいました。しかし学生はそれがテレビの演出で、外で待っていれば料理長が出てきて「お前、もう一度頑張ってみるか」と言われると思っていた。僕はさすがに頭にきて（若かった）、彼に「君は本当に追い出されたんだ。このあとどうするかは自分で決めろ」と言いました。

ホームステイ先でも彼の態度は同じでした。

ステイ先は小さな中華料理店で、初代オーナーであるおじいさんは少しボケていて、日がな一日レジに向かっており、息子が店を切り盛りしていました。学生に店の仕事を手伝わせ、おじいさんのことを家族みんなが大切にしている雰囲気を撮影したその日の夜、学生に感想を尋ねたところ「家族が可哀想ですね。あんなボケた父親の面倒を見なくちゃいけなくて」と言ったのです。そのときも僕はキレてしまった（ホント若かった）。

そんなこんなで僕は「追い出された」というオチで、「挑戦」も「感動」もない「挫折」だけの番組をつくり、「こういう回があってもいいはずだ」と開き直ってプロデューサーに見せました。いま考えれば番組としてまったく成立していなかったのですが、当時は「連れて行く学生がみんな一生懸命で、相手にも受け入れられて、感動して帰ってくるなんて嘘だ。たまにはこういう学生がいたほうがリアルだ」と考えていたわけです。案の定、プロデューサーには「こういう学生を連れて行った番組側の責任があるだろう。それをお前はどう考えるのだ？ だいたいそんな番組、誰が見たいんだ」と激怒されました。結局この番組はボツとなりました。

そして僕はこのレギュラー番組のメンバーから外れることになります。二十八歳でした。

話は少し逸《そ》れますが、レギュラー番組といえども一九六〇〜七〇年代に遡《さかのぼ》れば様相は少し違ってきます。その例として思い浮かべるのが〝戦わないウルトラマン〟です。

大島渚が結成した独立系映画製作プロダクション「創造社」[*2]に参加したメンバーのひとりに佐々木守[*3]という脚本家がいます。『ウルトラマン』[*4]では全三九話中六本、『ウルトラセブン』[*5]では全四九話中二本を書いていますが、彼の書いた怪獣のガマクジラ、ガヴァドン、テレスドン、ジャミラ、スカイドン、シーボーズたちを、ウルトラマンは積極的に倒そうとしませんでした。

もちろん、子どもたちは戦うウルトラマンが好きでした。僕もウルトラマンのソフビ人形で遊ぶときは当然戦っていた。

しかし、番組として僕の脳裏に強烈な印象を残したのは、佐々木守の書いたジャミラが出てくる「故郷は地球」や、スカイドンが出てくる「空の贈り物」、それから『帰ってきたウルト[*6]

ラマン』で脚本家上原正三[*7]の書いた「怪獣使いと少年」など、ウルトラマンが戦わない、もしくは戦いたがらない話です。「戦いの根拠になる正義がない」という状況が、子どもも心にも鮮烈だったのでしょうか。

とはいえ、そういった実験的なことができたのは、番組の管理の仕方がいまとはまったく違っていたからかもしれません。当時は録画ができないから放送して終わってしまえば問題にしようがなかった。一九六〇年代はドラマすら生放送の時代でしたから。

それから十年経たないうちにテレビは保守化の一途を辿ります。その状況を憂いた村木良彦は「テレビは異端を必要としている」と明快に言い、自らが主流ではなく異端であることを認識しながらテレビの保守化に抗《あらが》っていきました。

村木は一九六八年、『日本列島の旅』という紀行番組で「わたしの火山」[*8]という番組を演出しますが、これは主人公の少女が「内なる火山」を探して歩くといったたいへんシュールな番組で、一般的な意味では、とても「旅」と呼べないものが描かれていました。スポンサーは困惑し、村木は制作現場を離れることになります。

「異端」であることを自ら引き受けようとするその村木さんの存在が、当時の僕の拠《よ》り所だったかもしれません。いまから考えると、それはまったくレベルの違うものですが。

『しかし…〜福祉切り捨ての時代に〜』1991

最初の構成が事件によって崩される

一九九〇年八月、『地球ZIG ZAG』から離れて自宅で一カ月ほど休んでいたときに、『母さんが死んだ[*9]——しあわせ幻想の時代に ルポルタージュ「繁栄」ニッポンの福祉を問う』という本を偶然読みました。

これは三人の子どもを抱えた三十九歳の母親が福祉事務所から生活保護受給を断られ餓死するという痛ましい事件を、札幌テレビ放送のディレクター水島宏明さんが取材して深夜のドキュメンタリーで放送し、それをのちに本にまとめたものです。

数日後、地元の友人たちと会ったときにその話をすると、そのうちの二人が「実は子どものころ生活保護を受けていたけれど、恥ずかしくて人には言えなかった」と打ち明けてくれました。意外に身近に存在している「福祉」というものに驚くと同時に、国に認められている権利であるにもかかわらず人に言えない「福祉」とはいったい何なのだろう？　という大きな疑問が湧いてきました。

それで生活保護を題材に番組ができないかと考えたのです。ボツを出してレギュラー番組を離れてしまったので、何かしら自分で企画を成立させないと食べていけません。テレビマンユニオンは固定給制ではなく出来高制なので。

僕はテレビマンユニオンの先輩プロデューサーにお願いして、金光《かねみつ》修《おさむ》さんというフジテレビの深夜の編成部長を紹介してもらいました。のちに『カルトＱ』や『料理の鉄人』を手がけた非常に優れた編成マンです。

そのときはＮＯＮＦＩＸ用の企画書を二本、それぞれＡ４用紙三枚にまとめて持参しました。一本が先の「生活保護を考える」で、もう一本は負けた人間がなぜ負けたのか言い訳なり弁明なり分析なりを語る「敗者は語る」という番組でした。個人的には後者が通るのではないかと思っていたのですが、『敗者は語る』はいかにもフジの深夜って匂いがするから、生活保護にしましょう。僕自

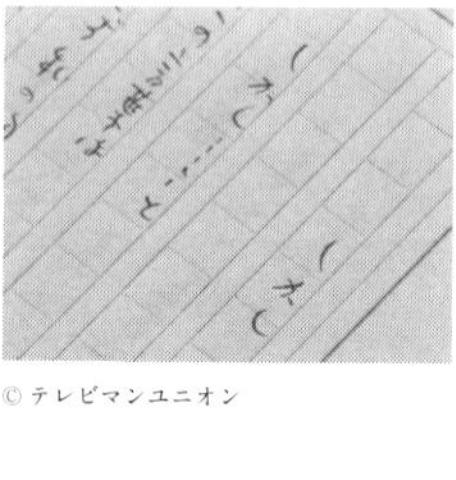

© テレビマンユニオン

『しかし…～福祉切り捨ての時代に～』
一九九一年三月十二日放送／フジテレビ「ＮＯＮＦＩＸ」／四七分【制作】テレビマンユニオン【概要】水俣病和解訴訟の国側の責任者であったひとりの官僚が自殺した。山内豊徳、五十三歳。長年にわたり福祉行政に携わってきた彼が、なぜ自ら死を選んだのか？　現実社会に押し流されていく時代のなかで、もがき苦しんだひとりの官僚の生と死の軌跡を辿る。【受賞】ギャラクシー賞優秀賞

身、生活保護のことを何も知らないから」と前者を選ばれて驚きました。
一般的な編成マンは自分が知っていることを番組にしたがります。でも金光さんはその逆だった。しかも「予算の少ない番組だから君のキャリアも問わないし、夜中の一時過ぎの放送で誰も見ないから、好きにやっていいよ」とまで言ってくれた。ものすごくありがたい言葉でした。

福祉をめぐってのトラブルが相次いでいた荒川区で取材を進めるうち、四十七歳で自殺したホステスの方の告白テープに行き着きました。テープには「女なんだから稼ぐ方法はいくらでもあるだろう」と福祉事務所に言われたこと、家賃四万円のアパートは高いと引っ越しを迫られたこと、病院で入院中に保護の辞退届けを書かされたことなど、自ら受けてきた「福祉」について赤裸々《せきらら》に語られていました。そこでこのテープを一本の柱とし、自殺した女性と生活保護を打ち切った区役所の福祉課の男性という対立で番組の構成を立てました。

ところが撮影準備に入っていた段階でひとつの事件が起きました。十二月五日、環境庁企画調整局長の山内豊徳《やまのうちとよのり》*10氏が、水俣病裁判の国側の責任者として患者と行政の板挟みになった末、自殺したのです。

マスコミは連日「エリート官僚の自殺」をセンセーショナルに取り上げました。調べてみたところ、経歴には「厚生省社会局保護課長」とある。保護課長とは生活保護行政の事務方の責任者です。しかも彼の福祉についての二冊の著作には、生活保護行政の難しさがかなりのページを割いて熱く語られていた。山内さんは厚生省入省以来三十年、一貫して福祉行政に取り組んできた人だったのです。その彼が挫折して、自ら死を選んだ——。

僕は番組の構成を考え直すことにしました。「被害者である市民」と「加害者である福祉行政」という簡単な図式で描けるほど、社会は単純にはできていなかったのです。

しかし一月下旬の放送日は迫っている。困って金光さんに連絡すると、ゴールデンタイムの番組制作に日夜追われていて、深夜の番組はあまり気にされていなかったようで、「ごめん。一月の放送はもう埋まってるから三月に延期していい？」と幸いなことに二カ月の猶予ができました。僕は山内さんを柱に構成をゼロからやり直し、関係者に取材することにしました。

先入観が現実によって壊される快感

山内さんの資料を集めて読み込むうち、僕は山内さんの妻・知子さんの話をどうしても聞いてみたいと思いました。

しかしテレビや雑誌で報道される状況はいまと変わらずひどかった。夜の住宅街に煌々《こうこう》とライトが焚《た》かれ、連日連夜のようにご自宅のインターホンが鳴り、扉がノックされ、それが中継されるといった具合でした。追い打ちをかけるように「話を聞かせてください」とはとても言えません。それで四十九日まで待つことにしました。

そんな折、雑誌『AERA』に山内氏に関するルポルタージュが掲載されます。

著者は伊藤正孝さんという『朝日ジャーナル』の元編集長で、山内氏とは福岡県随一の進学校である修猷館《しゅうゆうかん》高等学校時代の同級生とのこと。ルポは山内氏が取り組んだ福祉のことや死を選んだことについて真摯《しんし》に書かれた、非常に素晴らしいものでした。

僕は伊藤さんに手紙を書き、直接会ってもらいました。そして番組の構成台本を見てもらい、山内さんの奥さんの話が聞きたいと伝えると、「自死をセンセーショナルに取り上げるような番組の取材は一切受けていないのだけど、こういう趣旨だったら彼女はもしかしたら受けると言うかもしれないから、僕から連絡してあげよう」と言ってくれたのです。後日、伊藤さんからお電話をいただき「奥さんが取材を受けると言ってます」と。ありがたかったですね。

年明けの一月十日、僕は山内知子さんを町田のご自宅に訪ねました。まず仏壇にお線香をあげ、そのあとは通された玄関脇の畳の部屋に座ってモジモジとしていました。正直、なんと言えばいいのかわからなかったのです（少なくとも「あなたにはしゃべる義務があります」とか「みんな知りたがっています」とかではないことだけはわかっていましたが）。

知子さんは山内さんが書いた詩やノートがすべて入っている引き出しを持ってこられまし

た。そのなかには、のちに番組のタイトルとなる「しかし」という詩もありました。僕はそれらに目を通し、「山内さんの福祉への想いを番組にしたい。そのためにぜひ番組に出てほしい」とお願いをしました。

同時に「自分はとてもひどいことをしているのかもしれない。長年連れ添った夫を失ったばかりの女性にカメラの前で死の当日について語ってくれと言うのは、あまりにデリカシーのないことなのではないだろうか」と悩んでもいました。

しかし知子さんはこう言ってくれたのです。

「私にとってはどこまでいっても個人的な夫の死でしかないけれども、職業柄、非常に公共的、社会的な死という側面もあるでしょう。ですから彼が生涯をかけて取り組んだ福祉についての番組であるなら、私がそのことについて話すことを、たぶんあの人は望むと思います」と。

三時間後に家を出た僕の両手には、山内さんの残した詩や作文と一緒に、オレンジが四つ提《さ》げられていました。「夫もそうだったけど、あなたのような仕事をしている人は果物が足りないから」と玄関で渡されたのです。この人にこんなに優しくしてもらっていいのだろうか？僕は嬉しいような哀《かな》しいような複雑な気持ちを抱えつつ、この優しさに応えられる番組にしようと心に誓い、バス停までの暗い道を歩きました。

残された学生時代の詩や作文、官僚時代の福祉についての論文を一つひとつ繙《ひもと》くと、行政側に立ったひとりの良心的な人間が福祉切り捨ての時代のなかで自己崩壊していく過程が感じられました。このように、取材で発見したものを構成に組み込むことで、番組はより複雑な現実に対峙《たいじ》できる強度を持つ、ということを僕はこのとき身をもって実感しました。

それは、自分の先入観が目の前の現実によって崩される、という快感でもあったのです。

パーソナルな死とパブリックな死

話は前後しますが、環境庁（当時）に広報を通して取材の申し込みをしたところ、翌日フジテレビの報道局から電話があり、「勝手なことをしてもらっては困る」とクギを刺されました。つまり、取材はうちの報道を通せということです。

嫌な予感を抱えつつ、再度環境庁に電話すると、「あなた、フジテレビの人じゃないんですね。うちは放送記者クラブにも入っていない下請け会社の取材を受ける義務はないです」とけんもほろろに電話を切られました。制作会社からの直接的な取材の申し込みは彼ら（環境庁と放送局）にとってはルール違反であるということを、無知だった僕は知りませんでした。

報道の人間にとって、カメラを向ける根拠は「国民の知る権利を代弁している」という大前提にあります。僕はそこから排除された。ということは、「知る権利」を後ろ盾にして相手にカメラを向けられないということであり、違う根拠を見つけないといけません。

しかし、僕がやろうとしていたのは「放送」する番組であり、それは自主制作のドキュメンタリーのような「自己表現」とも違う。

「放送」とはいったい何なのだろう。僕は悩みました。報道ではないテレビドキュメンタリーはどういう根拠で相手にカメラを向けられるのだろう。知る権利ではなくカメラを引き受けてもらう被取材者の根拠をどう捉えたらいいのだろう。そこを構築しないと自分がカメラを持つ理由・根拠がないのです。

知子さんの言われた「個人的な死」と「公共的な死」という言葉は、この理由・根拠について考えるきっかけを与えてくれた言葉です。

知子さんは、夫の死というもののなかにあるパーソナル（個人的）な部分とパブリック（公共的）な部分を明確に分け、「夫の死のパブリックな部分については話します」という、非常に成熟した対応をしてくれました。

ところが多くのメディアは、パーソナルな死の部分、自殺というものに対する衝撃や遺族の哀しみを取材しようとします。なぜなら個人的な哀しみのほうがインパクトが強く、何も考えなくてもストーリーが構築できるからです。しかし、テレビのジャーナリズム（またはドキュメンタリー）というものは、本来はその事象の公共的、社会的な側面に目を向けるべきではないでしょうか。

僕がドキュメンタリーで描く対象の多くはパブリックな部分です。だから何かを誰かを批判してもそれが個人攻撃に終始するのではなく、そのような個人を生んでしまう社会の構造自体を捉える視野の広さと深さを大切にします。

もちろんそれに付随するかたちでパーソナルなものが見えてくることもあるし、取材者と被取材者の関係性のなかでパーソナルが中心になるものもつくっています。でもそれもパーソナルなものだけを撮るのではなく、パーソナルなものの向こう側に常にパブリックなものを見つめている。そういう目線があるかないかで、番組で描く対象が開かれるか閉じてしまうかという大きな違いが生まれます。

「たまたま私がカメラを向ける側であなたが向けられる側だけど、そこで成立する作品または番組において、豊かな公共的な場、公共的な時間というものを互いの努力によって創出していくこと。それが放送である」という考え方がもし成り立つのであれば、取材者と被取材者が対立せずに同じ哲学のもとに番組を共有することができます。理想論かもしれませんが、僕がこの番組を成り立たせる根拠はそこにありました（もちろん、権力は別です。警察や政治家など公的な立場にいる人を相手にするときは、隠し撮りや電話の盗聴なども必要であればするべきだと思います。それで訴えられるのであれば訴えられればいいし、裁判をして負けるのであれば負けてもいい。それでも撮らなくてはいけないものは撮るべきだという覚悟が、そのようなドキュメンタリーをつくるときには必要です）。

ダイアローグがもたらしたもの

当時、ドキュメンタリーというのは「視聴率が良くなくても、社会告発や行政批判など、取り上げている題材自体や放送自体に意味がある」と、見る側もつくる側も信仰しているようなところがありました（当時だけでなく、いまもそうかもしれませんが）。

でも、映像的なセンスや構成力を磨こうとしない人たちがテーマだけに寄りかかって三十年やっていたからといって、それはテレビ番組としておもしろいのでしょうか。僕はそのテーマ主義はテレビ制作者としては甘えだと思っていた。僕は僕自身がおもしろいと思うものをつくりたかった。テーマに頼った社会告発ものではなく、そのテーマをあくまでエンターテインメントとして成立させたかったのです。そこで僕はこの番組でアメリカンニュージャーナリズムの文体を取り入れ、[*11]トルーマン・カポーティの『[*12]冷血』や[*13]沢木耕太郎の『[*14]テロルの決算』の形式を真似てみようと考えました。

ＮＯＮＦＩＸは関東ローカルの深夜放送なので、視聴率は内容にかかわらず、一パーセントもありません。でも実数で言えば五〇万～六〇万人は見ていることになります。

実際、『しかし… ～福祉切り捨ての時代に～』の反響は大きいものでした。異例ですが、二回ほど再放送されました。一般の視聴者、しかも生活保護を受けている側からだけではなく、厚生省に勤める人や政治家秘書などからも匿名で電話があり、「僕も山内さんのように仕事がしたいけれど、なかなか許されない状況がある」などと言われたこともあります。市民側と行政側の両方からリアクションがあったのは、番組が一面的ではなかったという証《あかし》であり、つくってよかったなと思いました。いまだに映画のキャンペーンで地方の放送局でインタビューを受けると「あの番組を学生のときに見ました」と言ってくれる若い同業者がいて、嬉しいかぎりです。

もうひとつ嬉しいことは、再放送の翌日に、あけび書房という出版社から電話があり、「番組を本にしませんか」という依頼を受けたことです。

実は番組は当初つなげたときに二時間半あり、最終的に四七分に編集したのですが、その際に落とさざるを得なかったエピソードや内容が多く、自分としてはもう少し山内さんのことで何か書いたりつくったりできたらという想いがありました。だからすぐに知子さんに連絡をし、本のための取材を再度させていただくことにしました。その後九カ月間、月に二回ほど知子さんのご自宅に通って書き上げたのが、初の著作となる『しかし…[*15]――ある福祉高級官僚死への軌跡』です。

このときはビデオカメラはもちろん、テープレコーダーも持参せず、また知子さんの前では取材ノートにメモすることも控えました。

彼女は僕が行くたびに、夫が好きだったというビーフシチューやロールキャベツなどをつくってくださり、僕はそれを食べながら、彼女の語る夫婦の思い出話に耳を傾けました。そのときに箸を置いて、バッグからノートとペンを取り出すということはできなかった。どうしてもメモが必要な話題になったときは、トイレをお借りしてそこでメモを取り、また食卓へと戻って話の続きを聞きました。

ここは誤解しないでほしいのですが、カメラや録音機器は、取材者と被取材者をお互いにパブリックな場所に開く装置でもあります。カメラがあることでできあがる関係性というのはすごく大事です。

しかしこのときには「記録を残す」という行為が自分がいま経験している濃密な時間を壊してしまうのではないか、という危惧がありました。取材というかたちはとっていたものの、それは知子さんによる夫との思い出の反芻《はんすう》であり、想いの吐露の場になっていたからかもしれません。

こう言うのは僭越《せんえつ》に聞こえるかもしれませんが、他人である僕に対して定期的に夫の話を語るというのは、知子さんにとっての喪《も》の作業になった面もあったのではないかと思います。『幻の光』の主人公のように、胸のうちの哀しみについて誰かに話せたということが、人間のたくましさであり、美しさなのではないでしょうか。それを受け止める側としていられた貴重な体験は、僕にとって非常に大きいものでした。

また、もし僕がいなかったらモノローグ（独り言）にすらならなかったかもしれないものが、ダイアローグ（対話）になったことは、知子さんにとっても少しは意味があったのではないかと推察します。取材が終わるころには、知子さんは地区の民生委員という、夫と同じ福祉の仕事を始めるところまで気持ちを回復していました。「夫もきっと喜ぶだろうと思います」という言葉に、僕自身の心まで温められました。

ひとつおもしろいことがありました。

できあがった本を知子さんに届けに行くと、「なぜ私があなたの取材を受けようと思ったかわかりますか？」と尋ねられました。「わかりません」と正直に答えると、知子さんは「初めて取材に来た日、そこにモジモジと座っているあなたが、見合いをしたときの夫とすごく似ていたの」と……。取材を受けるか受けないかというのは、そのようなごく個人的な直感や想いだったりするのかもしれません。果たして僕が山内さんに惹かれた理由も、彼が小学生から中学生のときに書いた詩や作文がすごく自分に似ていると思ったからなのです（もちろん僕は山内さんのようなエリートではありませんが）。そのシンクロニシティが、この本を僕に書かせた原動力でした。僕が書くのがいちばん適している。僕にしか山内豊徳は描けない、という思い込みというか自負が、このときは確かにありました。

もうひとつ、この本を書いたことで、わかったことがあります。取材はパーソナルをパブリックへ開く行為などと言っておきながら、結局のところ僕の関心は福祉を入り口にしてはいたものの、ひと組の夫婦のあり様、ひとりの女性のグリーフワークでした。そのパーソナルな部分への関心が、取材を重ねれば重ねるほど強くなっていきました。つまり、僕はジャーナリストではないんだな、ということに、この取材を通して気がついたのです。

ともあれ、ドキュメンタリー番組のデビュー作で山内さんご夫婦と出会えたこと、本を制作するにあたって知子さんと約一年という時間を共有できたことは、とても大きな財産になりました。

『もう一つの教育 〜伊那小学校春組の記録〜』

1991

子どもたちと給食を食べながら撮った日々

山内さんご夫婦についての取材は、僕にとって「取材の原体験」でした。というのも、僕のその後の作品の多くが、誰かのグリーフワークであったり、僕自身のグリーフワークだったりしているからです。

次に手がけた『もう一つの教育〜伊那小学校春組の記録〜』でも、図らずも死を経験した子どもたちが、そこから立ち上がり、哀しみを昇華していく姿を撮っています。

一九八八年四月。先に書いた通り、僕はテレビマンユニオンに参加した一年目が終わったところで、出社拒否していました。当時は、旅番組の中で意図的にアングルの中から原発を排除したり、メンバー一人ひとりの独立性を重んじると言っておきながらプロデューサーの思惑でシフトが決められてしまったり、今でいうパワハラが当然のように放置されている制作現場に反発しての出社拒否だ、と自分でも思っていました。でも今考えると、ただ制作の現場であまりに役に立たない自分自身に傷ついていただけのような気がします。

その時期に中学時代の友人に勧められて読んだのが、小松恒夫さんの『百姓入門記』[*16]でした。

これは『週刊朝日』の編集長だった著者が過労で倒れて療養生活を送るなかで、環境、教育といった社会問題を自分の身の回りの問題として捉え直すというノンフィクションです。僕は小松さんのような視点を持てば、自分の生活に根ざした放送やジャーナリストのあり方が可能なのかもしれない、と考えました。小松さんにはほかに、『教科書を子どもが創る小学校』[*17]という著作があり、これは教科書を使わない「総合学習」に取り組んでいた長野県の伊那小学校の取り組みを取材したものでした。この本を読んで思い出したのが、大学時代に見て感動したテレビ朝日『ニュースステーション』(当時)の「仔牛《こうし》を飼う小学生たち」でした。

これは伊那小学校の一年春組の子どもたちとホルスタインのはるみちゃんの学校生活を、九

© テレビマンユニオン

『もう一つの教育
〜伊那小学校春組の記録〜』
一九九一年五月二十八日放送/フジテレビ「NONFIX」/四七分【制作】テレビマンユニオン【概要】長野県の伊那小学校では、教科書を使わない総合学習に取り組んでいる。番組は、三年春組の子どもたちと仔牛のローラの三年間の成長記録。ほぼ全編にわたって、是枝自身が撮影したホームビデオの映像で構成されている。【受賞】ATP賞優秀賞

カ月にわたって取材し放送した番組です。シリーズは一年生の終わり、成長したはるみちゃんと子どもたちのお別れのシーンで締めくくられていました。

夢を抱いて制作の現場に飛び込んだのに一年で挫折し、意欲を失いかけていた自分が、「あの伊那の子どもたちのような笑顔や泣き顔なら撮ってみたい」と素直に思えたのでした。

そこで授業を見学させてもらっていいかと学校に連絡すると、思いのほかすんなりと許可をくださり、僕は六月に初めて伊那小を訪れました。

春組はすでに三年生になっていて、もう一度自分たちで牛を飼いたいと話し合いを始めたところでした。「今度は大人になるまで育てて、乳搾《ちちしぼ》りがしたい」という話し合いの最中でした。僕はローンで当時民生機としてはもっともクオリティの高かったビクターのS‐VHSフルサイズのビデオカメラを買い（四二万円でした）、仕事の合間に伊那小に通って、彼らの取り組みを記録しはじめました。

現実には春組の子どもたちと担任の先生との学校生活は、「仔牛を飼う小学生たち」で放送された感動的なお別れの翌日も繰り返されていきます。その淡々とした日常的な部分をマスコミはなかなか取り上げない。だったら自分で勝手に続編をつくったらいいんじゃないか――と僕は思ったのでした。

総合学習では翌日の時間割は前日に決めます。その日に子どもがノッていたから翌日はそのまま算数にしよう、という裁量権がクラス担任の教師に任されているのです。これは端《はた》で見ていて正しい方法だと思いました。

しかし、なんといっても素晴らしいのは、先生自身が楽しそうなことでした。春組の担任は百瀬司郎先生という方でしたが、牛の世話があるから土日も必ず学校に来るし、夏休みも毎日来る。相当覚悟を決めないとできないけれど、やる気がありさえすればこれほどおもしろい学校はないのではないか。

また教師がイキイキとしているのは、子どもにとって大事なことです。子どもたちも正直言えば牛の世話なんて面倒くさいなと思っている。でもクラス会議をすると、「百瀬先生、一生懸命なんだから、やってあげようよ」みたいな話にもなる。懸命に取り組む先生の姿を見せることが、子どもにとっては何よりの教育なのだということを、僕は春組に通って実感しました。

その子どもたちにとって僕はたぶん、何をしに来ている人かわからなかったと思います。テレビ局や新聞社はチームで来るから明らかに取材とわかる。当時の子どもたちは完全に取材慣れしていて、僕が最初に行ったときも「何テレビ?」と訊いてきたほどです。年に一度の公開授業の日には全国の学校の先生が一〇〇〇人単位で大型バスでやってくるので、外部の誰かに自分たちの学校生活を見られるということにも慣れていた。

だけど僕は放送の予定もない、完全な自主制作ですから、ひとりで行って、みんなと給食を食べて、放課後にみんなと遊んで帰る。「遊びに来ているおじさんがカメラも持っている」みたいな感じで、実際に大人になって春組の子どもたちに再会したときに「是枝さんは仕事じゃないと思っていた」と言われました。だからこそ、他の取材チームやスタッフたちと扱いがちょっと違ったのだろうし、他では見せない表情なども見せてくれたのかもしれません。

さて、子どもたちが三年生のときから世話をしてきた仔牛のローラは、順調に成長し種つけをされて、五年生の三学期の二月には出産予定でした。

しかし三学期が始まる直前、正月休みに予定日より一カ月近く早産してしまったのです。発見されたとき仔牛はすでに冷たくなっており、子どもたちは泣きながら仔牛のお葬式をしました。しかも、死産しても母牛からは乳が出るので、毎日乳を搾ってやらなくてはいけない。子どもたちは当初の目標だった乳搾りをし、給食のときに温めて飲み、その想いを詩や作文にしたためました。

これはその詩のひとつです。

ジャジャジャジャジャッ。
今日も乳をしぼる
気持ちの良い音をさせ

みんなで乳をしぼる
みんなはうれしい
そして悲しい
乳はしぼれる
けれども、こどもはいない
悲しいけれど　乳をしぼる

仔牛の死に涙し、悲しいけれども乳搾りは楽しい、という複雑な感情は子どもたちの作品に如実に表現されていました。そのプロセスにおける子どもの成長というのは非常にたくましく、美しかった。

取材の半年後、精神科医[*18]野田正彰《まさあき》さんの著作[*19]『喪の途上にて』という、日航ジャンボ機墜落事故の遺族の心のケアについて書かれたノンフィクションを読んだとき、「人は喪の途上においても創造的でありうる」という記述を目にし、伊那小学校春組の子どもたちを思い出しました。そして、山内知子さんのことも考えました。そして、グリーフワークは哀しく辛いだけではなく、その過程で人は成長さえするのだと、あらためて感じました。

「自分の場所を東京で探さないと」

さて、春組の記録を撮りためて二年八カ月が経った一九九一年三月、NONFIXに企画が通りました。一本目の『しかし…』の評判が良くて、金光さんに「ほかに何か考えている企画はないの?」と言われ、それまで撮りためていたビデオを編集して見てもらい、その場で放送が決まったのです。小松さんが語っていたように、自分が身近なところで感じた怒り、疑問、喜び、哀しみなどから作品づくりを出発させる、というかたちが、ようやく「仕事」として成立しました。これでダメならこの業界から足を洗おうと思って取り組んだ『しかし…』という番組が次の仕事につながったのは本当に嬉しかったし、これでしばらくこの仕事をつづけられると安堵もしました。

番組は五月に放送。不思議なもので、教育番組として冷静に春組を描こうと繰り返し思っていたにもかかわらず、叙情の入り込む隙間は至るところにありました。なにしろ撮っているのは自分なので、撮れた画が全部自分のまなざしと重なり、「カメラアングルや構図というのは、対象をどう見つめるかということなんだ」とあらためて気づかされました。この時期の番組制作というのは、大学時代に文字だけで理解したつもりになっていたドキュメンタリーとか、カメラという道具について実作を通して発見し、確認していくというとても貴重な体験でした。

一方で疑問がふたつ残りました。

教室でカメラを回していると、子どもたちはカメラに向かってVサインをするし、すぐにカメラを見ます。僕は編集でそういったカメラを意識した瞬間はすべてカットして番組をつくりあげたのですが、カメラがそこにあるのだから意識するほうが実は自然で正直な行為なのではないか、と思ったことがひとつ。

ふたつ目は、牛の世話をする子どもたちのなかには、放課後に塾に通うために当番をさぼり、ホームルームでつるしあげられる子どももいました。田舎の小学校とはいえ、それが現実です。さぼる子どものことを考えたということもありますが、僕はそのシーンは使いませんでした。つまり、僕の態度は「公平」とか「中立」とかいったものではまったくなく、教育番組でありたいという意志を越えて、子どもたちと伊那小に対する愛に引きずられた応援歌を唄っているようなものだった。では、ドキュメンタリーとはいったい何なのだろう、何を撮るものなのだろう？　伊那小では、これらの疑問や課題を含め、取材するということ、そして自分が愛したものにカメラを向けて撮影し番組をつくる覚悟や難しさを学ばせてもらいました。

また、大きな課題も残りました。

ある日の取材が終わって、担任の百瀬先生といのしし鍋か何かを食べていたとき、「是枝さ

伊那小学校春組の子どもたちと

んが春組に通ってきてくれるのは、僕らにとっても励みになるし、嬉しいけど、この教室は僕と子どもたちの場所だよ。是枝さんは向き合うべき子どもを、自分が生まれて育った東京で探さないといけないんじゃないの？」と言われたのです。

数年前に伊那小のクラス会で再会したときに百瀬先生にその話をすると、「俺、そんな失礼なこと言った？」とすっかり忘れておられましたが、僕にとってその言葉は、忘れたくても忘れられないものでした。百瀬先生は当時の僕が東京での仕事に行き詰まり、思い悩みながら伊那小学校に逃げ込んでいたことを感じ取っていただろうし、僕自身も「本当は逃げて来ているんです」と明かしたことがあった。それで「撮りたいものは東京で探すべきではないか」ということを暗に教えてくれたのだろうと思います。自分が東京で向き合うべき子どもとは誰なのか？　この問いがやがて『誰も知らない』という映画につながっていきます。

註

1―大島渚
映画監督。一九三二年、岡山生まれ。京都大学法学部卒業後、松竹に入社。五九年に『愛と希望の街』で監督デビュー。代表作に『日本の夜と霧』『愛のコリーダ』『戦場のメリークリスマス』『御法度』など。六〇年からはテレビの世界にも活動範囲を広げ、ドキュメンタリー『ノンフィクション劇場 忘れられた皇軍』や、脚本を務めたテレビドラマ『青春の深き淵より』などで話題を集めた。二〇一三年没。

2―創造社
映画製作会社。一九六一年、大島と、妻で女優の小山明子、脚本家の田村孟《つとむ》、石堂淑朗《いしどうとしろう》、俳優の小松方正、戸浦六宏の六名で設立。

3―佐々木守
脚本家。一九三六年、石川生まれ。明治大学文学部卒業後、六一年、『少年ロケット部隊』でラジオドラマデビュー。六四年に創造社に参加し、『忍者武芸帳』や『絞死刑』など、大島監督作品の脚本を手がける。その後、実《じつ》相寺《そうじ》昭雄監督と知り合い、『ウルトラマン』の脚本を担当。代表作に『ウルトラセブン』『柔道一直線』『シルバー仮面』『ウルトラマンタロウ』『コメットさん』『七人の刑事』など。二〇〇六年没。

4―『ウルトラマン』
TBS系列で放送された、円谷プロダクション制作の特撮テレビ番組。一九六六年七月～六七年四月まで全三九回放送。

5―『ウルトラセブン』
一九六七年十月～六八年九月まで全四九回放送。

6―『帰ってきたウルトラマン』
一九七一年四月～七二年三月まで全五一回放送。

7―上原正三
脚本家。一九三七年、沖縄生まれ。中央大学文学部卒業後、円谷プロダクションに入社し、六四年『しみるするぬーが』で脚本家デビュー。六九年よりフリー。代表作に『ウルトラ』シリーズ、『がんばれ!!ロボコン』『秘密戦隊ゴレンジャー』『宇宙刑事』シリーズなど。

8―「わたしの火山」
TBSで一九六八年一月十一日放送。「青春」をテーマに、若い現代の少女の目を通した鹿児島のさまざまな史跡や情景をコラージュ手法で描いた。

9―『母さんが死んだ――しあわせ幻想の時代に ルポルタージュ「繁栄」ニッポンの福祉を問う』
水島宏明著。一九九〇年、ひとなる書房刊。

10―山内豊徳
官僚。一九三七年、福岡生まれ。東京大学法学部を卒業し、上級国家公務員試験に九九人中、二番という成績で厚生省（当時）に入省。一貫して福祉畑を歩み、公害対策基本法の制定、日本てんかん協会の設立に関わる。その後、環境庁（当時）へと転出。官房長、自然保護局長、企画調整局長を歴任。九〇年、水俣病認定訴訟において国側の担当者となり、同年十二月五日に、自宅で自死。享年五十三歳。

11―トルーマン・カポーティ
小説家。一九二四年、アメリカのルイジアナ州生まれ。十七歳で『ザ・ニューヨーカー』誌のスタッフに。十九歳のときに掲載された『ミリアム』でオー・ヘンリー賞を受賞し「アンファン・テリブル（恐るべき子ども）」と評される。代表作に『遠い声　遠い部屋』『夜の樹』『草の竪琴』『ティファニーで朝食を』『冷血』など。八四年没。

12―『冷血』
トルーマン・カポーティが一九六五年に発表した小説。一九六七年、新潮社刊。

13―沢木耕太郎
ノンフィクション作家・小説家。一九四七年、東京生まれ。横浜国立大学経済学部卒業後、ルポライターとして活動。七〇年に『防人《さきもり》のブルース』でデビュー。代表作に『人の砂漠』『テロルの決算』『一瞬の夏』『深夜特急』シリーズ、『檀《だん》』『天涯』『血の味』『無名』『凍《とう》』『旅する力』『流星ひとつ』『銀の森へ』など。

14―『テロルの決算』
沢木耕太郎著。一九七八年、文藝春秋刊。大宅壮一ノンフィクション賞受賞作。

15―『しかし…――ある福祉高級官僚 死への軌跡』
是枝裕和著。一九九二年、あけび書房刊。二〇一四年、『雲は答えなかった――高級官僚 その生と死』と改題し、PHP文庫にて文庫化。

16―『百姓入門記』
小松恒夫著。一九七九年、農山漁村文化協会刊。一九八八年、朝日文庫にて文庫化。

17―『教科書を子どもが創る小学校』
小松恒夫著。一九八二年、新潮社刊。

18―野田正彰
精神科医、ノンフィクション作家。一九四四年、高知生まれ。著書に『喪の途上にて』『戦争と罪責』、共著に『「麻原死刑」でOKか？』など。

19―『喪の途上にて』
野田正彰著。一九九二年、岩波書店刊。

第3章
演出と「やらせ」
1992-1995

『繁栄の時代を支えて
——ドキュメント被差別部落』1992
『日本人になりたかった…』1992
『心象スケッチ　～それぞれの宮沢賢治～』1993
『彼のいない八月が』1994
『ドキュメンタリーの定義』1995

ドキュメンタリーの
手法は時代とともに
更新される

『繁栄の時代を支えて――ドキュメント被差別部落』

1992

私たちの「繁栄」を支えているもの

このあとも僕はドキュメンタリー番組を立て続けにつくります。

『繁栄の時代を支えて――ドキュメント被差別部落』は『しかし… ～福祉切り捨ての時代に～』のあとで依頼があって撮った作品です。これはシンポジウムや学校などでの上映会用として制作しました。

一九九一年六月十二日、僕はフジテレビの編成マンだった石山辰吾さんの紹介で、部落解放[*1]同盟（通称：解同）関連の部落解放研究所の加藤氏と会いました。『しかし…』を見た加藤さんが部落の現状を伝えるドキュメンタリーをつくりたいと石山氏へ協力を要請、石山氏が僕に制作を依頼するという流れで、三者で初めて会うことになったのです。「部落」というテーマに興味はありましたが、詳しくは何も知らなかったので、これを機に勉強しようというつもりで引き受けました。

解同的には、部落差別を苦に自殺した女性の手紙があって、その手紙を軸に『しかし…』のような番組をつくってほしかったようでした。

でも、僕はそういう被害者の側のわかりやすい番組をつくる気はなかった。それよりも、日本がいかに被差別部落の人たちに支えられて戦後復興を遂げ、高度経済成長に向かったのかという加害の側の話をやろうと思ったのです。それで北九州の炭坑や、自動車の解体業、東京は浅草の革なめしの工場などを解同の人たちと取材しました。

取材自体は非常におもしろいものでした。解同側の取材相手の多くは元ヤクザ。被差別部落出身者で、暴力団に入り、刑務所で解放運動を知り、更生して出所後に解放運動に取り組んでいるという、非常に真面目な人たちが多かった。映画『仁義なき戦い』では広島の呉《くれ》で菅原文太演じる男が廃品回収業の仕事をしていますが、そのモデルとなった（らしい）方にも取材しました。

東京にいると部落問題はそんなに意識しないでいられますが、地域によっては歴然と残っています。秋田の被差別地域に行ったときは、「ここは*2穢多《えた》部落であそこは*3非人《ひにん》部落なので交流がない」と言われました。部落民は部落民同士で結婚するという不文律が歴史的にあり、穢多部落の男性は、近くの非人部落ではなく、他県の穢多部落まで行って嫁さんを探してくるのだと。とても現代の話と思えない衝撃的な話でした。

もうひとつおもしろかったのは、同行してくれた歴史研究家の人が地図を広げて、「ここがお城で、ここに川が流れている。だとするとこのへんかな……」と予想して行った先にほぼすべて部落があったことです。常に権力との関係で生み出される明快な差別性が地理的にもある、ということをこの先生に教えてもらいました。

被差別部落の人たちが多く働くという屠場も取材しました。

屠畜業（獣畜の屠殺または解体業）というのは昔はしんどい仕事でしたが、いまは技術が進んでほとんど機械がやるようになったそうです。すると昼には仕事が終わってしまうので、そこで働く人々は昼から酒を飲みはじめてしまい、周りから白い目で見られる。しかし、彼らには結局その仕事しかないからそうならざるを得ないという側面もあることがわかりました。

一方で、取材させてくれたある男性は、いちばん美味しい部分の肉を市場に出さずに家に

『繁栄の時代を支えて――ドキュメント被差別部落』
一九九二年【概要】部落差別の事件の羅列ではなく、その背景にある社会構造にまで迫り、部落とは何かをあらためて考えさせる作品。VHS／部落解放研究所／五四分〈軍隊と被差別部落―広島県呉市―〉〈石炭産業と労働者―福岡県田川郡川崎町―〉〈自動車産業と解体業―京都府八幡市―〉〈答申と放置された部落―新潟県神林村―〉〈周辺地域住民の意識―大阪府羽曳野市―〉〈皮革産業と外国人労働者―東京都墨田区―〉と六つのテーマに分かれて描かれている。

持って帰っていて、僕も招待されたときに美味しいお肉をいただきました。確かみのを天ぷらにしたものでした。とにかく「食ってけ」「飲んでけ」「泊まってけ」と、どこへ行っても言われました。取材側の僕たちにもすごく気さくで、とてもオープンなのです。

しかし、知人などに部落をテーマにドキュメンタリーを撮っていると言うと、「なぜ伝えるのか？」「部落の存在など黙っていればいいではないか」「寝た子を起こす必要はないではないか」などと言われました。撮影すること、伝えることの意味、知ること、知らせることの意味を考えながら、とにかく「黙っていてもなくならない差別」について語ろうと僕は考えました。

でも残念ながら、出来はあまり芳《かんば》しくなかった。いろんな地域で取材できたのですが、主だった取材対象者は解同の活動家であり、話すことが「運動言葉」になっていて、リアルな生活がなかなか撮れなかったのです。でも、新潟の取材でたまたま近くを通りかかったおばあちゃんと浅草の皮革業の職人さんのふたりだけ、解同に所属していない人の話が撮れて、その部分だけはおもしろいと思います。

制作費は一〇〇〇万円でした。NONFIXが六〇〇万円程度なので破格の金額です。

しかしその一〇〇〇万円は、部落出身者の内定を取り消したある航空会社ができあがった作品を研修用として大量に買い上げることが前提の予算組みだったことを、あとで知りました。

まあ、解同は圧力団体という側面もあり、どこかに差別を見つけると、その会社の幹部や人事担当者を集めて試写会をして、買ってもらい、それを資金にしてドキュメンタリーをつくっていたのです。これはやはり、最初に教えてくれないのはルール違反だと思うのですが、僕はその事実を聞いていなかったので、依頼を引き受けてしまった。それで、テレビマンユニオンの名前は制作から外し、個人としてこの仕事を引き受けたかたちにして僕の名前だけはディレクターとして残しました。

とはいえ、普通であれば取材できない場所に行けたり、人に会って話を聞けたりしたことは、とても貴重な経験でしたし、部落解放研究所の加藤さんにはいまでも感謝しています。なによりも、いまの自分たちの豊かな生活がどのような「加害」の歴史の上に成立しているのかを知ることができただけでも、世間知らずの自分には大きかったです。

『日本人になりたかった…』

1992

『心象スケッチ　～それぞれの宮沢賢治～』

1993

『彼のいない八月が』

1994

多面的に人々を描く

次に僕は、ＮＯＮＦＩＸで小川晋一さんという編成マンと組み、「在日コリアンを考える」というシリーズ企画の一本として『日本人になりたかった…』という番組を撮りました。

これは、静岡でホテルを経営していた初老の男性がパスポート偽造で逮捕されるという事件を発端としています。調べてみると彼は在日朝鮮人で、韓国への渡航回数が多いのを疑われてスパイ容疑をかけられ、ホテルは倒産、本人は保釈中に行方不明になりました。

僕は警察での取り調べ中に残した彼の「日本人になりたかった……」という言葉を手がかりに、その半生を辿り直すため、彼の故郷である韓国のある田舎町に入り、痕跡《こんせき》を訪ね歩きました。当事者は最後まで登場しない、という実験的な試みなのですが、彼の心象風景だけを映し出していくという一種のロードムービーとして構成しました。

『日本人になりたかった…』
一九九二年六月三十日放送／フジテレビ「ＮＯＮＦＩＸ」／四七分【概要】妻子にまで本当の国籍を明かさず、一九八五年に外国人登録法違反容疑などで逮捕されたひとりの在日朝鮮人。保釈後に失踪した彼の半生を辿りながら、日本という国で朝鮮人として生きる困難さについて考える。【受賞】ギャラクシー賞奨励賞

『心象スケッチ～それぞれの宮沢賢治～』
一九九三年二月二十三日放送／テレビ東京「ドキュメンタリー人間劇場」／四六分【概要】山の樹の種を植えて、苗木を育てる人。星の話を子どもたちに聞かせて回る人。人の顔で型をとって粘土のお面をつくる男の子。宮沢賢治のように自然との交感のなかで生活を送る市井の人々の暮らしを追った詩的ドキュメンタリー。

『彼のいない八月が』
一九九四年八月三十日放送／フジテレビ「ＮＯＮＦＩＸスペシャル」／七八分【概

つづく『心象スケッチ 〜それぞれの宮沢賢治〜』は、テレビ東京の「ドキュメンタリー人間劇場」[*4]という枠で放送した、賢治のように生きている市井《しせい》の人々を描いたものです。そのひとりとして、岩手のルンビニー学園（当時）という障がい者支援施設で、粘土でお面をつくる子どもたちを取材しました。

肉親と離れて暮らしている彼らは、外部からの訪問者が来たことが嬉しくてしょうがないという感じで、カメラマンが撮っていようが何だろうが、平気でスキンシップを発揮してスタッフにも話しかけてきました。

たとえば、中居宏之《ひろゆき》君という青年は、人の顔に粘土をあてて顔のかたちをとってからお面をつくっていたのですが、撮影をしていると「顔、とっていいですか？」とカメラ脇にいる僕に向かって尋ねました（僕は「いいですよ」と顔型をとってもらいました）。その夜、彼が自室でウォークマンで音楽を聴いているのを撮っていると、「聴きますか」とカメラマンに向かってイヤホンを渡してきました。カメラマンが手を伸ばしてイヤホンを耳にさすと、「ラブミードゥー。僕、ビートルズ好きなんです」とはにかむように笑いかけたのです。

そのふたつのシーンを編集室で見たとき、これは撮っている人間と撮られている人間がその時間に共有した空間というものが伝わると思いました。

要】日本で初めて性交渉によるエイズ感染を公表した平田豊さんの生活記録。闘病記録ではなく、等身大のひとりの人間としての孤独や弱さにスポットを当てる。ホームビデオを多用し、取材者と被取材者の共有した時間を描いた私小説的ドキュメンタリー。【受賞】ギャラクシー賞選奨それで、被写体のこちらへの「働きかけ」を意識的に番組のなかに取り込んだのですが、全体を通してその「働きかけ」の時間がリアルというか、取材者と被取材者の間にあった透明な膜を破かれたように感じられました。「伊那小」のときには編集でカットしたこの「働きかけ」を残すことで、ドキュメンタリーというものを、面ではなく立体的に捉えるきっかけになった作品です。

余談ですが、「ドキュメンタリー人間劇場」は優秀な編成局長が自ら立ち上げたシリーズで、立ち上げの会議には制作会社のなかでも名の通ったディレクターが何人も呼ばれました。その際に「予算はそんなにないけれど、番組の最初に演出家の名前を出す」「作家性を重視するドキュメンタリーにして、NHKとの差別化を図る」「タブーはないから何をやってもいい」という素晴らしい構想を打ち明けられたのです。

しかし残念ながらスポンサーがなかなか見つからず、最終的についたのが日本船舶振興会(当時)と味の素だったため、僕が最初に「今村昌平[*5]のドキュメンタリー映画『人間蒸発』[*6]のように家を捨てていなくなる人の話をやりたい」と企画を持っていったら、通らなかった。味の素が「家庭の温かさを大事にしている企業」だからという理由でした。いきなりタブーだらけです。そんなわけで僕はこの一本しか撮っていませんが、それでもけっこうおもしろい番組が八年の間にここでつくられたと思います。

翌年に制作した『彼のいない八月が』は、一九九二年秋に日本で初めて性交渉によるエイズ感染をカミングアウトした平田豊さんを取材したものです。

テレビマンユニオンの坂元良江プロデューサーから撮ってみないかと言われたとき、障がい者や病気の人はどうしても正の面しか描けずに、美化していかざるを得ないような状況が（特にテレビの場合は）あるので、断るつもりでした。しかし、平田さんにお会いしてみると、まったくそういうところがなく、毒舌家でチャーミングで、これなら人として厚みのある存在として描けるなと思い直し、取材をスタートしました。

彼は話し相手やボランティアと同様に僕たちに接したので、必然的に撮れるのは「平田さんと僕が共有した時間」でした。実にエンタテイナーで、話し、毒づき、笑わせてくれる一方で、生活の手助けを求めてきました。

僕は前作で気がついた「関係性を描く」という方法を構成の柱に据えることにし、そのために一人称のナレーションを初めて使いました。自分がこう思った、こう考えたというのを、客観情報としてではなく、個人的な感慨として番組内に取り入れたのです。

いちばん参考になったのは沢木耕太郎さんの『一瞬の夏』[*7]です。沢木さんはそのころ、『テロルの決算』で試みたような三人称で出来事を伝えていくアメリカのニュージャーナリズムの手法をさらに進化させて、『一瞬の夏』では取材対象と自分の関係性を描く「私ノンフィクション」という手法に辿り着いていました。

僕はこの方法論をドキュメンタリーに移植し、ナレーションを客観的にではなく「私」という主語を明快にしたかたちにして、自分が見た相手の一側面を限定情報として出すやり方を試みました。それはドキュメンタリーは客観であるという誤った固定観念に対峙するためにも有効だろうし、番組自体に対しての自分のスタンスとしても誠実だろうと考えたのです。

すべてを一人称で語っていくこの「私ドキュメンタリー」というものがドキュメンタリーの方法論として可能かどうか、実験はこのあとも自分の課題となりました。

番組制作におけるスポンサー事情

ここで制作会社のディレクターと放送局との関係について少し説明したいと思います。ディレクターが付き合うのは、だいたい放送局の編成マンです。局によってシステムが違いますが、フジテレビを例にすると、主に報道を担当する「報道局」、ドラマを制作する「制作局」、どの枠に何をやるかを編成する「編成局」の三つに分けられます。ちなみにフジテレビの場合は編成局が制作局より強く、番組企画の決定権を握っているのは編成局長ということになります。だからフジテレビに限って言うと、ディレクターは編成局に企画を持っていくほうが早いわけです。

九〇年代初頭のNONFIXでは、部落差別や精神疾患などかなりハードな題材に取り組んだ番組をつくることができました。当時の編成マンの金光修さんは現在フジ・メディア・ホールディングスの専務取締役に、小川晋一さんはフジテレビの執行役員編成制作局長に出世していて、いまでは滅多には会えませんが、僕にとってふたりは恩人であり、同志です。彼らは番組をつくることを一緒におもしろがってくれたし、内容に関しては信頼して任せてくれた。そして彼らのおもしろがる視点もすごく勉強になりました。

また、小川さんは『日本人になりたかった…』の制作中、朝鮮総連や民団（在日本大韓民国民団）への番組の趣旨説明や許可取りに一緒に行ってくれました（だいたいそういう面倒なことは現場に任せて局の担当者は一切出てこない、というのが一般的です）。『公害はどこへ行った…』*8という番組を制作したときも、大気汚染で住民から公害訴訟を起こされていた千葉の川崎製鉄（当時）に取材したら、川崎製鉄が国際千葉駅伝のスポンサーだったため、スポーツ局から「何をしてるんだ」とクレームが来ましたが、小川さんは「これはドキュメンタリーだから」と突っぱねてくれました。

残念ですが、いまはそんなことをしてくれる気概のある編成マンはいないでしょう。駅伝という一大イベントを優先するほうが大事で、番組は絶対に制作ストップになります。

自分たちに都合の悪いニュースや情報を放送するならスポンサーを降りる、というのは報道番組などでも散見されますが、それを許してしまうと、番組を提供する目的は局への圧力でしかなくなります。それでいいと僕は思わない。そういった直接的な利害とは異なる哲学が、番組提供する企業にも放送局にも必要ではないでしょうか。

以前、久米宏さんが『ニュースステーション』のメインキャスターをしていたころ、NTTの未公開株のことを取り上げたら、NTTがスポンサーを降りたことがあります。そのとき久米さんは「今日はスポンサーのあれがちょっと違います」と軽く厭味《いやみ》を込めたコメントを発して、「えらいなあ、久米さん」と思ったけれど、そんなこともいまはできないでしょう。

金光さん、小川さんの話に戻ると、その次の世代まではフジテレビに限って言えば、深夜は独立編成でした。編成局長マターではなく、若手の編成マンが「深夜の編成部長」という肩書きで独断で編成をしていた。だから実験的なことができたのです。

しかし深夜の編成部長システムが一九九〇年代半ばに終わり、深夜はゴールデンタイムのためのバーターの営業枠に変わりました。「ゴールデンタイムでこのタレントを使うから、深夜でそのタレントの事務所の若手を使う」というように、深夜の三十分をタレント事務所に渡して○○オフィス制作みたいなことを始めてしまったのです。これは他局も似たり寄ったりじゃないかと思います。

そうなると深夜の自由がまったくなくなるので編成マンも育たないし、実験できる場所がなくなったのは間違いない。僕もNONFIXは一九九五年に一本撮ったのを最後に、二〇〇五年の「シリーズ憲法」の『忘却』まで約十年離れてしまいました（その間に映画を撮っていたということもありますが）。

ちなみにNONFIX自体はいまも不定期でつづいていますが、予算は一九九〇年代の半分以下だと聞いています。

僕が制作した番組を例にすると、『しかし…』の制作費は六五〇万円で、近郊であればカメラマンと録音を連れて一週間くらいロケに出られました。『日本人になりたかった…』はシリーズ企画ということで特別に七五〇万円で、一〇〇万円の上乗せ分で海外取材にも行くことができました。でもいまは僕の知るかぎり、三〇〇万〜三五〇万円程度まで下がっていますから、制作会社がそれを受注して管理費をマイナスすると、直接制作で使えるお金は二五〇万円程度しか残らない。それで編集や音楽・ナレーションなどの費用を考えていくと、つくれる限界というのが出てきてしまいます。

いまはカメラ機材が軽くなったのでディレクターが自分で回す前提で制作費を浮かすことはできますが、やはり題材やテーマが萎《しぼ》んでしまうのは、ゆゆしき問題だなと思います。

『ドキュメンタリーの定義』

1995

「ドキュメンタリーは事実の積み重ねで真実を描く」、のか？

「ドキュメンタリーは事実を積み重ねて、真実を描くものだ」

　このような言葉がテレビの現場でずっと言われつづけてきました。しかし、自分がドキュメンタリーの番組制作に携わってみると、事実・真実・中立・公平などという言葉がとても空疎に響いてくる。むしろドキュメンタリーとは「たくさんある解釈のなかのひとつの解釈を自分なりに提示する」ということにすぎないのではないでしょうか。かつて日本テレビで『ノンフィクション劇場』というドキュメンタリー番組をプロデュースしていた牛山純一[*9]さんは「記録は誰かの記録でなければ価値がない」という趣旨のことを述べられていましたが、まさにその通りだと思います。

特にそのころ、沢木さんの方法論を経由して「私」という視点で語る方法論に行き着いた僕と、世間的にドキュメンタリーはこうあるべきだと言われていることとの乖離《かいり》は、ものすごく激しかった。そんなジレンマを感じていたときに、NHKで大きなやらせ事件が起きました。

これはNHKスペシャルで放送された『奥ヒマラヤ 禁断の王国・ムスタン』[*10]というドキュメンタリー番組が、放送後に朝日新聞によってやらせだと糾弾され、NHKも調査委員会を設置し、最終的にはNHK会長が公に謝罪したという事件です。

番組は、険しい山道を苦労して登ってヒマラヤの未開の奥地へようやく辿り着いたというかたちで始まるのですが、実はNHKのスタッフ一同はヘリコプターでそこまで行っています。それから途中で流砂という現象が起きて取材スタッフが危険にさらされるというシーン。カメラマンの目の前を流砂が流れて落ちていくという劇的な構図なのですが、実は故意に流砂を起こさないかぎりありえない位置関係になっている（そうでないとカメラマンが本当に危険になる）。だからこのカットが出てきた時点で、「ディレクターはこれがOKな人なんだ」とわかります。スタッフが高山病になって苦しむシーンも、実際に起きた状況を後に当事者に再現してもらったりと、そういう「やらせ」がこの番組の至るところで散見された。

ところがこのディレクターにとってみれば「何が悪いのか?」ということになる。「未開の地に辿り着く大変さを再現しただけだ、大変なのは事実なのに、なぜいけない?」という考えなのです。

　確かに、日本のドキュメンタリーの歴史においては、これに近い行為が許されていた時代がありました。ありのままなど撮れないからお願いして、再現してもらう。隠し撮りではない以上、カメラが回っていることは相手も知っている。その状況の中でやってもらう以上、それはすでに「やらせ」であるという冷めた認識に至るつくり手もいます。それは、自分はありのままの真実を撮り、それを伝えていると思い込んでいるつくり手よりはずっといい。ただし、では『ムスタン』の演出が良いかというと、そうはいかないというのが僕の今のスタンスです。

「再現」ではなく「生成」にどう立ち会うか

亀井文夫[*11]の『戦ふ兵隊』[*12]という、日本のドキュメンタリー映画においてたいへん重要な作品があります。実際の戦場にカメラを持ち込み、戦争の様子を捉えた戦争映画で、もともとは戦意高揚のためにつくったのだけど、内容が厭戦《えんせん》的で戦意高揚につながらないということでお蔵入りになった珍しい作品です。


『ドキュメンタリーの定義』

一九九五年九月二十日放送／フジテレビ「NONFIX 二五〇回記念スペシャル」／九〇分【概要】ドキュメンタリーはこれまで明確な定義がないために、その表現方法について批判を浴びることもあった。オンザロード、テレビマンユニオン、テレコムスタッフ、ドキュメンタリージャパンという四つの制作会社が、ドキュメンタリーを定義する。【受賞】ギャラクシー賞奨励賞この映画では、参謀室の参謀のところに「どこそこで何人負傷しました」という伝令が次々と駆け込んでくるというシーンがありますが、これは日誌を元にカメラの前でもう一度やってもらった再現映像であることが、のちに明らかになりました。

なぜ再現だったかというと、撮影中に実際に戦闘になったらまずいからです。だから安全な時間帯を狙って、照明も焚いて、兵隊本人に演じてもらった。実際、フィルムの感度も悪く、連続では四十秒しか回らないという状況もあるので、技術的にその場で起きたことに対応して撮ることは不可能です。不可能な状況だからこそ、このような手法が許されていたわけです。

しかし、いまの時代はそういうことをしなくても撮れるはずです。

このような方法を昔と同じように「いまも許されていいはずだ」というディレクターは、「ドキュメンタリーが時代とともにあり、技術の変化に伴って方法論も変わる」ということを見失い、自分の方法論のなかに閉じている人だと思います。そして、そういう人がテレビの現場には多すぎるのです。

僕は「やらせ」とは自己のイメージ（フィクション）を現実に優先させてしまう閉じた態度から生まれるものだと考えています。その意味では、真面目な社会告発型ドキュメンタリーだろうが、撮る前からあり得べき理想が確固としてつくり手のなかに存在し、そこへ精神が閉じてしまえば、目指す志のいかんを問わず「やらせ」だと思います。現実を前にどのように「開かれた自己」として存在しつづけられるか、それがドキュメンタリーの演出における最大の課題です。
『ムスタン』のディレクターは目の前の現実に目を閉じて、自分の頭の中にある「秘境」というイメージを優先させた。これは『地球ＺＩＧ　ＺＡＧ』で僕が選択したのと同じ態度です。ここには徹底的に、発見する姿勢が欠如しています。「再現」ではなく「生成」にどう立ち会うか、という姿勢の先にしかドキュメンタリーは生まれない。この「生成」に自らと取材対象を開いていくための演出と、再現に自らを閉じていくための「やらせ」は、区別されるべきだと僕は考えています。しかし、新聞を中心とする多くの活字メディアは、その目的の区別をせずに、手段としての「やらせ」をすべて断罪しようとした。これはやはり映像に対するリテラシーが活字の側も低いことが原因だと思います。

先の「ムスタンのやらせ事件」が騒がれたとき、新聞報道などで「ドキュメンタリーは事実を積み重ねて真実に至るものだ」という論調がまた揺り戻しのように繰り返されてしまい、局やプロダクションさえも「演出はよくない。なるべく控えるべきだ」という風潮が蔓延しました。「またそこへ戻るのか？」と危惧した僕は、ドキュメンタリーとはいったい何か？　という自分の模索をそのままのかたちで番組にしました。それが『ドキュメンタリーの定義』です。

この番組の取材で、テレビドキュメンタリーの歴史を自分なりに繙《ひもと》いてみると、明らかに六〇年代がおもしろかった。それは徹底的に演出に自覚的だからです。「私」というものを全面的に出していたり、やらせを方法論として昇華させていたり、それぞれのつくり手たちが演出というものを考え抜いていました。

番組では一九六七年という年を報道・ドキュメンタリーの分岐点と捉え、そのころの際立ったドキュメンタリー番組を取り上げました。

特に「JNNニュースコープ」*13（一九六二〜九〇年／TBS）の初代キャスターだった田英夫*14が、北ベトナムで自ら取材した証言を元にフィルムを流しながらスタジオから語るというニュース・ドキュメンタリー『ハノイ・田英夫の証言』、映画では成田空港の建設に反対する農民運動（三里塚闘争）を記録した小川紳介の『三里塚』*15シリーズは、中立・公平、演出とやらせについて考えるとき、現代でも多くの示唆に富んでいます。

「ムスタンのやらせ事件」は、ドキュメンタリーにおける演出とは何かをもう一度問い質《ただ》す良いチャンスでした。客観的な事実などというものは実際には撮れないということを、つくる側も見る側もリテラシーとして持ちうる最良の機会になるはずだったのです。

とにかく日本人は、「ドキュメンタリーというのは手を加えない事実にカメラを向けて真実が撮れたものだ」という事実信仰がすごく強い。一方、世界の多くのテレビドキュメンタリーは再現でできあがっているものが多く、見る側もそこに対するリテラシーが高い。だから言葉はきついけれども、日本も見る側が成熟していかないと、成熟したものがつくれないだろうし、同じような不毛な論争がまた起きるでしょう。

時代とともに更新されるべき方法論をどのように解釈し再構築していくべきか、私たちつくり手は、いま一度自身に問い質す時期に来ていると思います。

註

1―部落解放同盟
部落差別の解消を目的に標榜している同和団体。一九四六年設立。

2―穢多
日本において中世以前から見られる身分制度の身分のひとつ。職業に関わりなく親子代々承継されたとされる。

3―非人
日本中世の特定職能民・芸能民の呼称であり、次第に被差別民の呼称となった。

4―「ドキュメンタリー人間劇場」
テレビ東京系列でのヒューマンドキュメンタリー番組。一九九二年十月〜二〇〇〇年三月まで放送。

5―今村昌平
映画監督。一九二六年、東京生まれ。早稲田大学第一文学部を卒業し、松竹大船撮影所に入社。小津安二郎の助監督を務めたが、五四年に日活に移籍。五八年、『盗まれた欲情』で監督デビュー。代表作に『豚と軍艦』『人間蒸発』『復讐するは我にあり』『黒い雨』『カンゾー先生』『赤い橋の下のぬるい水』など。八三年の『楢山節考《ならやまぶしこう》』、九七年の『うなぎ』でカンヌ国際映画祭のパルム・ドールを二度受賞。二〇〇六年没。

6―『人間蒸発』
今村昌平によるドキュメンタリー映画。現実に失踪した人間の行方をその婚約者とともに追う、という設定のもとに日本全国を歩き、その取材過程を映画に仕上げた。一九六七年公開。

7―『一瞬の夏』
沢木耕太郎著。一九八一年、新潮社刊。新田次郎文学賞受賞作。

8―『公害はどこへ行った…』
フジテレビ「NONFIX」で一九九二年に放送。昭和四十年代の公害行政を飛躍的に進めた功労者でありながら、後年の公害裁判では一転、企業擁護の立場に立ち、公害病患者たちから裏切り者と批判された元環境庁の役人を追う。五一分。

9―牛山純一
ドキュメンタリー映像作家。一九三〇年、東京生まれ。早稲田大学第二文学部を卒業後、日本テレビに入社し、報道記者として活躍。ドキュメンタリー番組『ノンフィクション劇場』『日立ドキュメンタリー　すばらしい世界旅行』などを制作。またプロデューサーとして大島渚の『忘れられた皇軍』などを担当。一九九七年没。

10―『奥ヒマラヤ　禁断の王国・ムスタン』
NHK「NHKスペシャル」で一九九二年九月三十日、十月一日の二夜連続で放送。九三年、朝日新聞が「主要部分　やらせ・虚偽」の見出しで一面トップでスクープした。

11—亀井文夫
映画監督。一九〇八年、福島生まれ。文化学院大学部を中退後、ソ連（当時）に渡り、レニングラード映画技術専門学校の聴講生に。三五年、『姿なき姿』で監督デビュー。以降、特に記録映画の分野で活躍した。代表作に『上海』『北京』『戦ふ兵隊』『戦争と平和』『女の一生』『母なれば女なれば』『女ひとり大地を行く』など。八七年没。

12—『戦ふ兵隊』
一九三九年に製作されたドキュメンタリー映画。内容が厭戦的と問題となり、検閲のうえで上映は不許可、公開禁止となった。その後ネガは処分され、幻の映画とされていたが、七五年に一本のポジフィルムが発見されて、八〇分中、六六分が現存している。

13—「JNNニュースコープ」
TBSの総合ニュース番組。日本初の本格的キャスターニュースショーとしても知られる。一九六二年十月〜九〇年四月まで放送。

14—田英夫
ジャーナリスト・政治家。一九二三年、東京生まれ。東京大学経済学部卒業後、共同通信社に入社し、社会部、政治部の記者に。六二年にTBSに入社。同年放送開始の「JNNニュースコープ」の初代メインキャスターとなる。西側テレビメディア初の「北ベトナムでのベトナム戦争取材」に際し、報道姿勢を反米的と見なした政府筋がTBS首脳部に圧力をかけ、六八年、同番組を降板。その後は政治活動に勤しんだ。二〇〇九年没。

15—『三里塚』シリーズ
小川紳介が監督した、成田空港の建設に反対する農民運動（いわゆる三里塚闘争）を記録したドキュメンタリーシリーズ。一九六八年『日本解放戦線　三里塚の夏』〜七七年『三里塚　五月の空　里のかよい路』まで、七部作である。

第4章
白でもなく、黒でもなく
2001-2006

『DISTANCE』2001

『忘却』2005

『花よりもなほ』2006

灰色の世界を描く

『DISTANCE』
2001
犯罪は私たちが生きる社会の膿のようなもの

映画『DISTANCE』は、メディアに正義の象徴としてよく登場する「被害者遺族」ではなく、「加害者遺族」という白でも黒でもない人たちに焦点を当てました。ある宗教団体が浄水場の水に毒を混ぜ、無差別殺人を起こしたあとに集団自殺する、その加害者側の遺族の心情をモチーフに描いた作品です。

『ワンダフルライフ』を撮っていたとき、次回作の題材として頭に浮かんだ一言が「人の心の闇を描きたい」でした。当初は「嘘」をテーマに、『ワンダフルライフ』に出演してもらったＡＲＡＴＡ（現・井浦新）くんと*1伊勢谷《いせや》友介《ゆうすけ》くんのロードムービーを撮ろうと考えていました。お互いに相手に言えないことを抱えながら旅をするふたりの青年の話。それこそ脚本を書かずに、二週間くらいで自由に撮ろうと。

ところが、プロット（話のすじ）を練っている最中に、*2オウム真理教の元信者*3上祐史浩《じょうゆうふみひろ》さんが広島の刑務所を出所します。一九九九年十二月二十九日のことです。

その日、テレビ局や新聞社などメディア各社は早朝からヘリコプターを出し、上祐さんを出所直後から追いかけました。新宿のホテルに宿泊を拒否された彼は、結局、横浜の教団施設に落ち着きます。キャスターもコメンテーターも「危険だ」と批判しましたが、メディアが彼を教団以外に戻る場所がないように追いつめたのは明らかでした。

それまで僕は、「犯罪というものは犯罪者個人の問題ではなく、私たちが生きる社会の膿《うみ》のようなものが犯罪として出てくるのであって、それは決して自分たちとつながりがないわけではない」という視点で犯罪を報じるのがメディアの役目だと思っていました。

ノンフィクションライターが犯罪者を題材に本を書くのも同じで、犯罪者が私たちとは関係のない悪魔のような存在であれば、書いたところで意味がありません。法的に制裁を加えられる前提の人に重ねて社会的にも制裁を加えるのがテレビの仕事ではないはずです。報じる目的は、犯罪や犯罪者を私たちの社会の「負の」共有財としてそこから学び教訓としていく――そのような態度が、特にテレビには必要だと思っています。

しかし、あのオウム真理教が起こした一連の事件以降、確実にメディアも市民も「排除」する側へと移りました。排除こそが正義になったのです。「私たちは無《む》垢《く》で純粋な存在であり、私たちの暮らしを脅《おびや》かすものが外から襲ってくる場合、私たちの安心な社会に近づけないようにするのは正義である」とでもいうように。

上祐さんの出所より数日前の演出ノートに僕はこう書いています。

十二月二十四日（金）

家族という物語＝虚構の崩壊という普遍的なテーマをオウムの事件を通して考えるということか。いずれにしても重要なのは現実と虚構、日常と非日常、被害者性と加害者性といった二重性を生きる人たちの姿を描くということだろう。

青年ふたりのロードムービーとして始まった三本目の企画『DISTANCE』は、プロットを書きすすめる段階でこのような思考へと辿り着き、年末の上祐さんの出所に関する報道に接したことによって、「被害と加害の二元論」に違和感や反発を覚えた僕自身の考えが

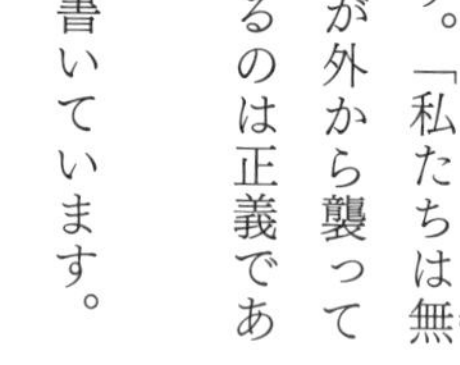

©2001『ディスタンス』製作委員会

『DISTANCE』

二〇〇一年五月二十六日公開【製作・配給】『ディスタンス』製作委員会／一三二分【あらすじ】カルト教団「真理の箱舟」が無差別殺人を起こし、その五人の実行犯が教団から殺害され、教祖も自殺した事件から三年後の夏。四人の加害者遺族は命日に集まり、遺灰を撒いたとされる山間の湖を訪れるが……。第五四回カンヌ国際映画祭コンペティション部門招待【受賞】高崎映画祭 最優秀作品賞・最優秀助演女優賞（夏川結衣）・最優秀助演男優賞（遠藤憲一）【出演】ARATA（現・井浦新）、伊勢谷友介、寺島進、夏川結衣、浅野忠信、りょう ほか【撮影】山崎裕【美術】磯見俊裕【録音】森英司

色濃く反映されることになりました。

自分のなかにある青臭い理想主義

僕は上祐さんや当時のオウム真理教の幹部だった信者たちとほぼ同世代です。僕たちは、七〇年安保闘争に代表される学生運動など政治の季節がすっかり終わったあとで大学に入りました。バブル間近で、「世の中、金だ」という考えが蔓延《まんえん》しつつありましたが、一方でそのような風潮に違和感を感じる人も少なくなかったと思います。

また学生運動を主導した団塊の世代にもうんざりしている世代でした。僕自身、あんなことをしても世界は変わらないと思っていたし、「俺たちは革命を起こそうとしたんだ」と武勇伝を偉そうに語る大人たちが大嫌いだった。「お前らオタク世代は闘ったこともないだろう」と批判されると、内心「それでいまはゴルフ三昧《ざんまい》か。社会変革への情熱を青春の一ページにせずに、敗北感を引きずるなら一生引きずるべきだろう」と軽蔑していたくらいです。

要するに僕たちの世代は、世の中に対する違和感をどうしようもなく感じながらも、新しい価値観も不安を解消する方法も見つけられずに、ただ悶々としていました。少なくとも僕自身は。

完成された社会のシステムに疑問を持たず、就職活動をして一般企業のサラリーマンになっていく人が大半であるなか、そのような悶々とした人たちの行き着く先が、「学生運動」という受け皿がない時代であれば「オタク」か「新興宗教」しかなかったというのも、時代的必然だったのではないかと思います。それは、僕自身も一歩間違ったらわからなかった。なぜなら彼らと同じ違和感だけは共有していたからです。

大学時代、ある宗教団体が高田馬場の駅で学生を誘い、オフィスに連れて行って観せる映画が『ブラザー・サン シスター・ムーン』[*4]だという話を耳にしたとき、僕はショックを受けました。僕が中学生のときにすごく感動した映画だったからです。監督は、オリビア・ハッセー主演の『ロミオとジュリエット』で日本でも一躍有名になったフランコ・ゼフィレッリ[*5]。中世の修道士、聖フランチェスコという聖人が主人公の、一九七二年の作品です。

ストーリーはこうです。十二世紀にイタリアのアッシジで織物商の非常に裕福な家に生まれたフランチェスコは、十八歳のときにアッシジとペルージャの戦争に参加したのですが、熱病に冒《おか》されて帰郷します。その後、貧しい人から富を吸い上げて金持ちになった父親に反発し、父の財産を貧しい人たちに配ったことで勘当されて、出家。しかし、ここでも絢爛《けんらん》豪華な教会に反発し、「神に仕える者に教会は要らない」と教会を否定して、托鉢《たくはつ》の修道会をイタリアで初めて起こすのです。

『ブラザー・サン シスター・ムーン』というタイトルは、「太陽を兄弟に、月を姉妹に、自然とともに生きよう」という彼の説法からつけられており、イタリアではキリストと同じくらい愛されている聖人です。

その映画が宗教団体の勧誘に利用されている——。僕は腹立たしいと同時に自分にもつけ入れられる危険性、つまり青臭い理想主義が存在していることに気がつきました。私有財産の否定、絢爛豪華な教会の否定をうたったその映画に、十代の僕自身も針が振れていたからです。

数年後の一九九一年九月、僕はテレビ朝日の『朝まで生テレビ！』という番組で「宗教と若者『オウム真理教 vs.幸福の科学』」を偶然見ました。パネリストはオウム真理教信者数名と幸福の科学信者数名に、経済人類学者や作家や大学教授などを加えた一七名。景山民夫氏率いる幸福の科学が「信じれば幸せになる」というもはや宗教とはいえない現世肯定一色だったのに対し、オウム真理教の麻原彰晃だけがきちんと人間の心の闇を語っていたという印象がありました。「この人だけは本物の宗教家かもしれない」と人に思わせる何かが、確かに当時の麻原にはありました。

とはいえ、そのオウム真理教が衆議院総選挙で選挙活動を始めた一九九〇年の段階で、疑問符が自分のなかで出ていたことは間違いないです。偶然に中野新橋の駅前で街頭演説を見かけたとき、僕は唖然としたのです。彼らの服装や歌や着ぐるみといったもののセンスがあまりにひどかった。いくら考えていることが正しかろうが、あの歌のセンスはいただけない。それは彼らがいかに、いまの時代の「文化」に触れずに育ってきてしまったのかを如実に現していました。まあそれだけ純粋培養だったということなのでしょう。

信者たちは、生活のディティールの豊かさを楽しむことをしません。食べるものは貧しく、着るものにも興味を持たない。音楽や美術や映画や本や教養というものに、一切目を向けません。世界はそういう小さなことの積み重ねで成り立っているのに、彼らはそのことに気がつかない。だから「本質」が失われていくのではないでしょうか。

オウム真理教は選挙に大敗、そこから一気に終末思想に傾き、一九九五年三月二十日、地下鉄サリン事件を起こします。そこに至るまでのプロセスは、もはや僕には理解の及ばないことですが、それでも「私たちの社会からオウム真理教が生まれた」ということは忘れてはいけないのではないかと思います。

被害者遺族の誰もが加害者を呪っているわけではない

テレビは犯罪事件を扱うときに「情緒的に哀しみの対象として出てくる被害者」対「攻撃の対象として出てくる加害者」という単純な図式にあてはめようとします。僕はその構図からはみ出るような事件の直接の関係者ではない人間が、どうすれば事件を自分のものとして捉えることができるかを考えたくて、加害者側の家族を主人公にすることを思いつきました。

冒頭に書いたように、彼らは黒でも白でもあるという二重性――加害者性と被害者性を併《あわ》せ持っています。感情移入がしにくいそういう対象は、テレビから排除されます。テレビは事件をわかりやすく伝えるために、大胆な言い切りが必要なのだと強迫観念のように考えている。僕はそこにいちばん疑問を持っていた。どうすれば見る人に思考を促す作品になるのか、それを『DISTANCE』で試してみたかったのです。

いま、地下鉄サリン事件から二十年以上が経ち、被害者遺族の言うことは絶対だ、という風潮はいっそう強くなってきました。「殺してやりたい」と家族が発言してもよい雰囲気、情緒のみに世間が引っ張られていくさまに、僕は非常に違和感を持っています。

たとえば、二〇〇九年に始まった裁判員制度もまだまだ問題をはらんでいると思います。「自分がある日、加害者になる可能性がある」という認識が薄いまま裁判に関われば、被害者の立場に身を置いて「私が被害者だったらこの人を赦《ゆる》せるだろうか」という発想でしかジャッジができません。そういう考えの一方に「この加害者を生んだ社会に私たちはいるのだ」という意識がバランスよくあれば、裁判員制度は私たちと社会の関係を考えていくうえで、私たちを成熟させてくれるツールになると思うのですが……。

確かに社会は私たち市民を守るために法律をつくり、その法律は犯罪者を罰します。しかし社会というものはその犯罪者が真に更生したときには、もしくは更生するために、もう一度受け入れるセイフティネットでありつづけないといけない。法律で罰せられることと、社会が彼らをいつか赦して受け入れていくことは、決して矛盾しないものとして両立しないといけないのです。日本には残念ながら、社会に対するそういう成熟した考えが根づいていません。

世の中の善悪を決めるのは法律のみで、法律と矛盾する倫理観が生まれようがない。そのような偏った社会で一般市民が裁判に参加するというのは、よりいっそうアンバランスさを助長するだけなのではないかと危惧しています。

僕が被害者遺族として強烈な印象を持っているのは、河野《こうの》義行さんです。

オウム真理教は、地下鉄サリン事件を起こす約九カ月前の一九九四年六月、松本サリン事件[*6]を起こしました。河野さんは、その事件の際の第一通報者であり、直後に警察から重要参考人とされた方です。警察の捜査が正しいかどうかを検証するはずのメディアは、彼を犯人扱いして警察情報を垂れ流しました。真相が明らかになるまで、河野さんのお宅には全国から誹謗《ひぼう》中傷の手紙が送りつけられたそうです。

そんな目に遭えば、人間不信になってもおかしくないし、オウム真理教を呪っても仕方がない。しかし河野さんは、ひとりの元信者に妻が倒れた庭の剪定《せんてい》をさせ、釣りや温泉まで一緒に行っているのです。

確か何かのテレビ番組だったと記憶しているのですが、このような状況を不可解に思ったメディアが「なぜそんなに加害者のことを赦せるのですか？」と尋ねると、河野さんはこう返しました。

「でも僕はあなたたちのことも赦しているし、こうして取材も受けているじゃないですか」

河野さんにとっては、事件の加害者であるオウム真理教以上に、当時自分のことを犯人扱いしたテレビや新聞記者たちのほうが赦しがたい。それでも公式な謝罪があれば、取材を受けている。そのことをメディア側はすっかり忘れて、臆面もなく尋ねているというわけです。

メディアとしては、「オウムの奴らを殺してやりたい」などという河野さんの呪いの言葉がほしいのに、河野さんが加害者の元信者とほとんど友だちのような関係になるというのは信じがたく、理解できない。しかし、被害者の誰もが加害者を呪っているわけではない。人間の感情はそれほどまでに複雑で、多様性に満ちている。

そのことを、僕は被害者遺族である河野さんを通して、あらためて感じました。

「即興なんて、書けない人の逃げだ」

ちょっと話が固くなってしまいました。映画の話に戻りましょう。

前作『ワンダフルライフ』を撮ったときに一般の人たちに興味を引かれていたとしたら、僕はドキュメンタリーの世界に戻ってしまったかもしれません。そうではなく役者へと興味が向いたのは、撮影現場でのある出来事がきっかけでした。

前述しましたが、映画では思い出を語る一般の人として、夛々羅君子さんという七十七歳のおばあちゃんに出演していただきました。その夛々羅さんが子ども時代に「赤い靴」を踊りながら白いハンカチをどう持っていたか思い出そうとして、歌を口ずさんで自ら踊り出すというシーンがあります。夛々羅さんはハンカチを子ども時代の自分を演じる女の子に渡し、椅子へと戻るのですが、その脇には寺島進さん、ＡＲＡＴＡくん、小田エリカさんが並んで座っていて、彼ら全員で演技をしている女の子をやさしく見守りながら、赤い靴を一緒に口ずさみはじめたのです。

それは僕の指示ではなく、自然発生的なものでした。その様子を見た僕は、正直感動した。役者という非常にフィクショナルな存在が、一般の人に触発されるかたちで、自ら笑ったり歌ったり動いたりするというのを初めて目にしたからです。

役者から自発的に、内発的に生成される感情を使いながら一本映画が撮れたらおもしろいかもしれない――。そう思いついた僕は、次作の『DISTANCE』で、役者を使うけれど、脚本なしで役柄と設定のみという、ある種の実験的なスタイルを試みました。

ところで、役者の即興について考えるときに思い出す演出家がふたりいます。

ひとりは、ドラマ『岸辺のアルバム』『ふぞろいの林檎たち』『高校教師』などを演出した鴨《かも》*7下《した》信一さんです。

一九九七年、鴨下さんが演出した舞台『*8ガラスの動物園』の稽古を一週間見せていただいたことがあるのですが、とてもじゃないけれどこんな高度な、そして精緻《せいち》な演出は自分にはできないと思い知らされました。

たとえば、語り手でもあり主人公ローラの弟でもあるトムを演じる香川照之さんが煙草をくわえて「それが家族の思い出です」とマッチをするシーン。演技を終えた香川さんに、鴨下さんはこう言ったのです。

「違う。〝思い出〟という単語は内省的なものだから、マッチをするなら外へ向けてではなく、内へ向けてすりなさい」。そうやって内向きにマッチすると、確かに役者は上手に見えました。

鳥肌が立ちました。内へ向かう単語と外へ向かう単語ってなんだろうと、必死にメモを取ったことを記憶しています。

鴨下さんは、役者が階段でどのように止まるのか、それは右足なのか左足なのか、こちらから振り向くのかあちらから振り向くのか、すべての行為と台詞の意味や役割を説明することができました。役者が悩んで尋ねたことには、すべて答えられた。「自分で考えろ」とは一度も言いませんでした。答えはすべて鴨下さんが持っていたのです。役者の即興などはまったく信用していなかったのではないかと思います。

鴨下さんは深い教養に裏づけられた演出家でした。台詞を音楽に譬《たと》えながら「ピアノのように始めて、バイオリンに移行する」というような指示ができ、セット図面も自分で描かれたそうです。東京大学の文学部美学美術史科を卒業していて、「演出家はセット図面を全部引けないとダメだ」とおっしゃっていました。

もうひとりは、劇作家の平田オリザ[*9]さんです。

平田さんとは二度ほど対談をしていますが、彼の考え方は非常にシンプルです。

「即興なんて台詞を書けない人の逃げだ」

「役者の自己表現なんて作家にとっては邪魔なだけだ」

「優れた作家は役者の即興などに頼らなくても、それがその場で生まれているように書ける。それが書けないなら作家になってはいけないのだ」

ふたりの演出家の考えは充分に理解できます。そこにはやはり同じ芝居の繰り返しを要求される演劇と映画の違いがあるのかもしれません。

現場の自由さか、作品の自由さか

しかし僕は、『DISTANCE』ではあえて役者に即興を求めました。彼らが役柄になりきって生まれ出る一回限りの台詞や動きや表情をカメラに収めようとしたのです。この映画を通して何シーンかは自分がやりたいことは実現できました。

たとえば、夏川結衣さん。

夏川さんにオファーをしたとき、「脚本に書かれていない言葉をしゃべったことは一度もない」と言われました。「こういう言い方よりはこういう言い方のほうが自分は言いやすい、というような意見を監督に申し出たことはあるけれど、脚本にないことをしゃべるというのはどういうことなのか、見当がつかない。でも興味はあるから、やってみたいと思います」と、なんとか受けていただいたわけです。

ところが、実際に現場に入ってもらったら一言もしゃべれなかった。役者の顔合わせのあとに代々木八幡の神社にみんなで散歩に行き、試しにカメラを回したのですが、伊勢谷くんが話しかけてもまったく返せない。カメラを止めると「伊勢谷くん、お願いだから私に話しかけないで」と言う。撮影が始まっても同様で、プレッシャーから胃潰瘍《いかいよう》になってしまったのです。

しかし、ちゃんと転機は訪れます。

ＡＲＡＴＡくんが夏川さんと匂い袋を持ってひな菊の話をするというシーンの撮影があったのですが、そこで夏川さんがぽつりと「夫が最後に家を出たとき、靴を忘れていった」と初めて自分から、夫役の遠藤憲一さんとのシーンを思い出して話してくれたのです。きわめて自然に役柄に入って、記憶を思い出すようにしゃべってくれた。撮影後、夏川さんは「監督が求めていることがわかったような気がする。でもやっぱり胃が痛い」と笑っていました。

もうひとつは、湖の桟橋《さんばし》でりょうさんと浅野忠信くんが話すシーンです。撮影前に浅野くんに「会話の流れのなかで、『逃げよう』とりょうさんを誘ってください」とお願いしておきました。

りょうさんには浅野くんがそんなことを言い出すことは伝えていませんでした。アメリカの映画監督ジョン・カサヴェテス[*10]が、「ある種の即興をやるとき、ふたりならふたりの役者の情報量に差をつける」という方法を本に書いていたので、それを実践してみたかったのです。このときのりょうさんの「えっ……」という驚きの表情、戸惑い、それを受けての浅野くんの芝居もとてもスリリングだった。このような情報格差作戦は、四作目の『誰も知らない』にも応

用することができました。

しかし、映画全体としては役者の即興に任せきれなかった部分がありました。映画はもともと「父性、父権の不在」がテーマでしたが、クランクイン直前に僕の父親が亡くなり、自分自身がこのテーマにすっかりはまってしまったからです。そのせいで、なんだか役者の芝居を撮っているというよりも、僕の喪失感をめぐる話のようになってしまったために、僕が何を役者に求めているのか、彼らは常に気にするようになってしまった。結果的に、すべての登場人物が監督である僕自身に見えてしまうような瞬間がたくさんありました。これでは役者さんも逆に「不自由」だったと思います。それが三作目の反省点。もしいま役者の即興だけで映画を撮るのであれば、もう少し役者が自身との間で対話がしやすいモチーフを選びます。

もうひとつ実感したのは、「役者が撮影現場で自由であること」と、「できあがった作品が自由なものとして見えること」は別であるということです。どちらがいいかといえば、できあがった作品が自由なほうがいいに決まっている。そのためには現場が不自由でもいい、という価値観の転換が、『DISTANCE』で得られた最大の収穫です。

そんなわけで、いろいろと未熟で失敗もしていますが、僕はこの映画が個人的には大好きです。なぜなら確実にこの時期に考えていたこと、感じていたことが作品内部に反映されているから。

監督自身の思考のプロセスとして商業映画を製作することは、いまの映画界ではなかなかできないでしょう。だから、三十代の終わりにこのようなとても贅沢な実験をさせていただいたことを、感謝しています。

『忘却』

2005

自分史のなかの「憲法」を題材にする

「加害と被害」については、その後も自分自身が惹かれるテーマとして存在しつづけ、二本の作品になりました。一本がドキュメンタリーで、NONFIX枠で放送された「シリーズ憲法」の『忘却』、もう一本が映画『花よりもなほ』です。

「シリーズ憲法」は、NONFIXを担当するフジテレビ編成部のプロデューサーからの連絡がきっかけでした。過去に僕を含む制作プロダクション所属のディレクターたちが関わった「在日コリアンを考える」シリーズと『ドキュメンタリーの定義』というシリーズ番組が業界内で注目されたこともあって、彼ももう少し注目を集める企画をシリーズで手がけたいと言ってきたのです。

それで僕はオウム真理教を扱ったドキュメンタリー映画『A』[*11]『A2』などを監督している森達也[*12]さん、一九九七年に谷川俊太郎[*13]さんの『詩のボクシング』という素晴らしい作品を撮ったテレコムスタッフの長嶋甲兵[*14]さんのふたりに声をかけました。何をやろうか相談したところ、確か長嶋さんが「憲法を取り上げたい」と切り出したと記憶しています。

僕はこのメンバーで憲法を取り上げると相当とんがったものになると思い、危機管理としてフジテレビの報道局も巻き込むことにしました。あとは制作プロダクションのドキュメンタリージャパンとスローハンドが参加を決め、森さんは「第一条・天皇」、長嶋さんは「第九六条・憲法改正」、フジテレビは「第二一条・表現の自由」、ドキュメンタリージャパンは「第二四条・男女平等」、スローハンドは「第二五条・生存権」を選び、最後に僕が「第九条・戦争放棄」を選びました。

憲法第九条は、一九六七年に『現代の主役』[*15]というドキュメンタリー番組枠のなかで『日の丸』[*16]という番組を放送して「偏向している」と大きな問題になった萩元晴彦が、次に取り上げようとしていたテーマです。ただ、そのときに萩元さんが考えていたのは、街中《まちなか》の人たちに憲法第九条を朗読してもらうというような軽めの企画だったと聞いており、自分はどのようなかたちで描こうか思案しました。

正直にいえば、憲法のことをずっと考えていたわけではありません。ただ、二〇〇三年十二月、当時の首相小泉純一郎氏がイラク派兵を決定したときに、意図的に憲法前文の一部だけを取り上げて派兵の根拠にしたことにショックを受けました。憲法の根本的な精神を無視した無謀な解釈に、さすがに「これが許されるのか」と憤りを感じたわけです。

もうひとつは、僕の生まれ育った東京の練馬区に自衛隊の駐屯地があって、その存在を非常に身近に感じていたこともあります。小学校の脇が駐屯地で、友だちの多くは自衛隊の官舎に住んでいました。その子どもたちと僕は毎日曜日、駐屯地のなかの道場に剣道の稽古に通い、稽古のあとは敷地のなかに置かれていた使われなくなった戦車や戦闘機のなかに入って遊びました。それはもう、自分がウルトラ警備隊になったような感覚です。そのような戦車の匂いや覗《のぞ》き窓から見える風景に興奮していた子ども時代の原体験がありました。

また、僕は六二年生まれで、戦後民主主義のなかにどっぷりと浸かって生きてきました。もう戦争は起きない、平和な日常がずっとつづく、という空気が当たり前のようにあった。でも歳を重ねるにつれ、沖縄の米軍基地問題や、自衛隊の問題についてさまざまな矛盾に気づいていった。つまり、子ども時代に自衛隊に抱いていたある種の憧れと現実とは明らかな乖離があったということです。

『忘却』
二〇〇五年五月四日放送／フジテレビ「ＮＯＮＦＩＸ」／四七分【概要】昭和三十七年に東京で生まれ、自衛隊で剣道を習い、ウルトラマンを正義だと信じながら子ども時代を送った、現在四十二歳のディレクター。是枝裕和本人の自分史を入り口に、憲法九条というものの存在が、自分たちの内面にどのように関わってきたのか、いま現在関わっているのかを問う。【受賞】ＡＴＰ賞優秀賞僕はそんな自分自身の乖離をモチーフに、沖縄、広島、台湾、韓国、アウシュヴィッツ、アメリカなどでカメラを回しました。憲法そのものについてのドキュメンタリーというよりは、憲法を題材に、自分史のなかに意識され、また忘却されてきた「権力」「暴力」「加害性」といったものを再検討してみる、そんな番組を目指しました。

撮影は二〇〇四年の終戦記念日、靖国神社と千鳥ヶ淵でスタートしました。千鳥ヶ淵には小泉首相の献花があり、正直不愉快でした。日ごろの彼の言動を見たとき、八月十五日にここに花が置かれていることの白々しさ、薄ら寒さを感じたわけです。そこで「慰霊とはなんだろう?」という問いがまず僕のなかに生まれました。

「モニュメント」と「メモリアル」

戦争をどう記憶していくのか、そのかたちは国によっても違うし、時代によっても違います。

たとえば記念碑には、戦勝記念に建てられる「モニュメント」と、犠牲者の死を悼む「メモリアル」というふたつがあり、僕からすれば軍人が神として祀《まつ》られている靖国神社はモニュメントで、千鳥ヶ淵はメモリアルです。だから小泉首相が靖国神社に行きたがるのはさておき、そういう人間が千鳥ヶ淵には来るべきではないのではないかと不快に感じたのです。

アメリカのワシントン州にある「ベトナム戦争戦没者慰霊碑」は、まさしくメモリアルです。全長七五メートル、高さ三メートルに及ぶ花崗岩《かこうがん》でできた黒い壁がふたつ並んでいて、一面に戦没兵士の名が五万八〇〇〇名以上、刻まれています。訪れた遺族は壁に紙を当て、鉛筆で擦《こす》って、親族の名を写し取っていました。僕はその圧倒的な数の名前を見て、これだけの数の人生が失われ、それを悼む家族がいるというのをひしひしと感じました。この施設は非常にパブリックなものであると同時に、非常にパーソナルなものでもある、その点が素晴らしいと思いました。

沖縄の「平和の礎《いしじ》」も「ベトナム戦争戦没者慰霊碑」を間違いなくモデルにしていると思いますが、さらに素晴らしいのは被害者の名前と加害者側の名前が両方並んで記されている点です。沖縄で命を失った米兵の名前も同じ石に刻まれているのです（これには少なくない人の反対もあったと聞いています）。被害に立つわけでも加害に立つわけでもない、という姿勢は非常に新しいと思いました。

アウシュヴィッツへはウィーンの映画祭に行った際に足を伸ばしました。人間の身体の脂でつくった石鹼《せっけん》や、髪の毛でつくったセーターなどが展示されていました。当時のドイツ人はユダヤ人のことを「人」と思っていなかったのでしょう。人間というのはここまで残酷なことができる、ということを痛烈に感じさせられる場所です。ただ、そんな展示品の中で僕がいちばん衝撃だったのは圧倒的な数の靴でした。あとは時計やメガネといった装身具。何が人間の想像力に働きかけ、過去をイメージとして鮮烈に蘇らせるのかは、人それぞれ違うのでしょうが、僕の場合、圧倒的にこのようなモノに敏感に反応します。直接的な伝え方以上に間接的な描写に魅かれます。

一方、韓国のソウル郊外にある「西大門刑務所歴史館」は、日帝時代に民族独立運動に身を投じ、逮捕され、投獄された政治犯たちの刑務所跡なのですが、戦争の悲惨さを伝える施設としてはあまり出来がよくないと思いました。

地下の拷問室には、刑事ドラマの一場面のように日本の警察と愛国烈士が木の机をはさんで座り、手の指の爪の間に錐《きり》のようなものが差し込まれていて、スイッチを入れると悲鳴をあげるようにできています。

しかし、あまりリアルではない。人形の出来が悪いとか、CGのほうがリアルとかではなく、こちらの想像力を刺激しないのです。アウシュヴィッツの靴の山を見て「人間ってなんだろう」と考えさせるような思考の深まりを促されない。それは僕が加害側の日本人だからかもしれませんが、「日本人ってひどいな」以上の思考にはならないのです。

もちろん被害の酷《ひど》さを訴えることが目的ならそれで問題ないのかもしれませんが、戦争をどのように語り継いでいくかというときに、被害に傾いた語りに特化してしまうと、そこで思考は止まってしまい、ある種の排他主義、敵対主義を煽るだけにしかならないのではないでしょうか。それはひるがえってヒロシマやナガサキを語るときにも言えることだと思います。

「加害」を忘却しがちな国民性

ドイツの戦後の処理の仕方は見事だったと思います。自らの加害性を認めて、それをオープンにしていくフェアさに比べ、日本は残念ながらそういう立ち位置はとれていません。それは被害者意識が、国家的なレベルでも国民的なレベルでも強すぎるからだと思います。

たとえば僕の母親が思い出として語る戦争は東京大空襲だけでした。「欲をかかないで台湾と韓国だけでやめときゃよかったのよ。そしたらいまごろはね」と、悪びれもせずに言う母には、明らかに被害感情しかありません。

それは父親も同じでした。父は植民地の台湾で生まれ育ったのですが、台湾時代の幸福だった青春時代の話と、中国で敗戦を迎えてシベリアに抑留され強制労働させられた話しかしなかった。その間に中国で何があったか（自分が何をしたか）は、ついに語らなかったのです。

個人のレベルでこうなのですから、当然、日本史自体もそういうかたちをとることになるのでしょう。「加害の記憶」は、なかったことにするか、「みんなやっていたんだし」と開き直るか、水に流す。つまり、国全体で忘れる方向に向かうわけです。

タイトルにつけた「忘却」とは、そのことを指します。第九条とは、大胆な言い方をすれば、聖書における「原罪」なのではないかと。つまり、「加害」を忘却しがちな国民性に対するある種の楔《くさび》として、私たちが常に罪の意識を自覚しながら戦後を生きていくうえで必要だったのではないか。それはアメリカから与えられたものであったとしても、日本人にとって重要な役割を果たしてきたし、これからも担っていくのではないか。

僕は、もし日本社会が本当の意味で成熟したときは、日本人自らの手で憲法を書き直し、第九条については国民投票を行って選択し直すべきだと考えています。理想を言えば、もう一度第九条を、ある意思と誇りと覚悟を持って選び直す。ただし、そのときには駐留米軍の問題はもちろん、昭和天皇の戦争責任も含め、東京裁判も日本人自らの手でやり直すことが必須だと思います。きちんと加害の責任を問い直す。そこには市民を巻き込んだ無差別爆撃を繰り返したアメリカの戦争犯罪の責任を問うことも、当然含まれます。

宗教学者の山折哲雄[*17]さんの著作のなかで、『日本人は死ぬとみな仏になる』と言われているが、死んだ人間を罰しないというその感覚が、中国や韓国とは明確に違う」と書かれていました。確かに日本では死者に鞭打《むちう》つことは倫理的に正しいと思われない。「死んでしまえばどんな悪い人でも仏様」という日本人のメンタリティーが、いわゆるA級戦犯であろうと「英霊」として他の戦没者とひとくくりにしてしまうわけです。

しかし、「靖国神社に手を合わせることは、戦争で犠牲になった人への弔《とむら》いだ」といくら言ったところで、国際的に理解してもらうのは難しい。少なくとも、下手したら靖国神社に祀られていたかもしれない中国と韓国の人にとっては、この問題は当事者として意見を述べる権利があると思います。

「内政干渉」だとか「外国人にとやかく言われたくない」とか、政府や一部の日本人がよく口にしますが、いまの時点ではともかく、靖国問題自体は戦前からつづく歴史問題である以上、中国や韓国、台湾を包括したかたちで対処すべき国際問題だと僕は考えます。

両論併記にしないために

僕は巷《ちまた》（主にネット）で思われているような左翼ではないですし、宗教の経典のように護憲を叫んでいれば平和が維持できると思うほど単純でもありません。「日本は戦争しない平和な国」、なぜなら「憲法第九条があるから」というような根拠の持ち方は、一方で沖縄に過度な負担を強い、日米安保体制に頼っている以上、欺瞞《ぎまん》であると思っています。だから何が何でも護憲だ、変えてはいけないんだ、という視点で番組をつくろうとは思っていませんでした。

憲法についての番組を見ると、特にＮＨＫは顕著ですが、改憲派と護憲派を両方出演させて、しゃべる人数や秒数を同じにするなど、ほとんどすべてが両論併記に逃げ込んでいます。それはつくり手の思考停止なのですが、彼らも両論併記が公平だと心から信じているわけではないでしょう。自己保身の手段としてそうしているだけだと思います。

本来の両論併記とは、見た人の思考をさらにその先に深めていくために存在する手段にすぎません。

いろんな選択肢を提示して、その先を考えさせるために行う手段であり、目的ではない。それ自体を目的にしてしまうと、つくり手がその先に思考を進められないので、見た人も同じく誰も何も考えないという状況が起きます。

では自分が憲法を番組のテーマとして扱うとき、両論併記にしないためにはどうしたらいいのか。その答えが「自分史」でした。

僕は、ＮＯＮＦＩＸでシリーズをやりたいという前述のプロデューサーに、一回目の企画書提出の段階から「自分史でいきます。両論併記にはしません」と伝えました。

その後、紆余曲折があり、森達也さんがこの企画から離脱したり、僕の企画に関しても何とか両論併記にできないかと言い出してみたり、シリーズ企画を提案したプロデューサーは局の上層部と頑固なディレクターたちの板ばさみにあって、放送にこぎつけるまでには大変な苦労があったようです。それでも、憲法に関するシリーズ番組を放送しようと思っただけでも、当時のフジテレビは気概があったと思います。いまはこんな企画はどの局でも通らないでしょう。
番組制作当時、僕は『論座』という雑誌で、このように発言をしています。

殺意や戦争といった自分の思考の外にあるものについて、その番組を見た人間が自分の中に想像としてきちんと立ち上げていくこと。そこへ向かわせる力を持った表現が、きっとテレビには欠けているんだと思う。そういうものと出会う場所を確保することが、最終的には共同体自体を豊かにすると思うし、個人を豊かにすると思っている。それがパブリックであるテレビの果たすべき役割だと思う。

『論座』二〇〇五年四月号

この考えは十年経ったいまも変わりません。
ドキュメンタリーを映画館でやる意味ももちろんありますが、映画館で憲法というテーマの作品がかかったとき、そこに来る人はもともと憲法のことを真剣に考えている、意識の高いマイノリティーの人たちです。やはり、これが深夜とはいえフジテレビで放送されるというのが大事なことなのです。

テレビを見ている人で「僕はフジは嫌いだけど、テレ朝は見る」という人はあまりいない。おもしろい番組なら誰でも見るでしょう。その「思いがけず出会う」のがテレビの良さだと僕は思うし、だからこそ、テレビの番組で見た人の思考をさらに深いものにしていきたいという想いが常にあるのです。

『花よりもなほ』

2006

ヒーローの登場しない時代劇を撮る

映画『花よりもなほ』は、仇討《あだう》ちをしない侍の話です。

二〇〇三年公開のアメリカ映画『ラスト サムライ』[*18]を皮切りに、邦画でも勇ましい時代劇が次々と公開されていた当時、僕はヒーローの登場しない時代劇を描こうと思いました。主人公は「貧しく、剣が弱く、逃げ足が速い」という、およそ武士らしくない武士で、美しい未亡人に恋をし、忠義との狭間《はざま》で苦悩もします。「四七士の討ち入り」や落語などのモチーフも取り入れた、純粋な娯楽時代劇にしようと考えていました。

ただ、スタート地点を掘り下げていけば、やはり辿り着くのは二〇〇一年九月十一日に起きたアメリカ同時多発テロ事件[*19]になります。

「善悪の二元論」というのは非常にわかりやすいものです。九・一一は、その善悪の二元論を正当化させてしまったというと言いすぎかもしれませんが、当時のアメリカ人の八〇パーセントがイラク攻撃を支持したというのはやはり異常だったと思います。

日本も小泉首相が何の検証もせずに、無条件にアメリカ政府を支持しました。そして、日本の最悪な点は、いまだにその正当性を検証しないところです。当時のイギリス首相ブレアもアメリカの大統領ブッシュも振り返って検証され少なくとも政治的には裁かれているのに、小泉元首相はまったく裁かれないまま、「次の首相は誰が良いですか？」という問いにまだ名前が挙がる。彼こそがいまの日本の格差社会の元凶なのに、日本人は本当にイメージでしか動かない。それはメディアのせいもあると思いますが、ちょっと異常だなと感じます。

検証しないというのは、結局歴史がないということです。瞬間瞬間の感情でしか人が動かないので、たいへん危険です。僕は九・一一以降の日本を見ていて、「人って、意外と簡単に戦争に加担するんだな」と感じました。そして、思った以上にそのことの責任を忘れるんだな、と思ったのでした。

当時、僕が新聞にコラムを掲載したときに、「自衛隊のイラク派兵」と書いたら「派遣にしてくれ」と言われた経験があります。

メディアもそうやってあの出来事をオブラートに包んでしまっていた。しかし、海外に軍隊を送るというのは、その是非について国民投票をするくらいの大事件だったと思うのです。そんなこともせずに、憲法の大きな曲解をして軍隊を海外に送るという行為が、あんなひとりの首相の人気みたいなもので国民に肯定されてしまうというのは、第二次世界大戦直前と状況は変わらないのだと恐怖を感じました。日本はつくづく民主主義国家ではないのだなと思います。

　あれから十年が過ぎ、日本の状況はさらに悪化の一途を辿っていると思います。

　先日、ある映画のオーディションに来たマレーシア出身の男性が「マレーシアでは民族対立がまったくない」と言っていました。マレーシアにはマレー系の人が三割、中国系の人が六割いるのですが、子どものころから「民族は違うけれど、同じ国の人間である」という教育を徹底的にされているのだそうです。分かれて住んではいけないという法律もある。

　しかも、中国系マレーシア人とマレー系マレーシア人がオーディションに来て、「アジアは、僕たちがマレーシアで行っているようなかたちでしか発展する道はないのに、日本と中国と韓国

『花よりもなほ』

二〇〇六年六月三日公開【配給】『花よりもなほ』フィルムパートナーズ（テレビマンユニオン、エンジンフィルム、バンダイビジュアル、松竹）／一二七分【あらすじ】時は元禄十五年、父の仇討ちのために江戸に出てきた若い武士、青木宗左衛門《そうざえもん》は、人情あふれる長屋で半年暮らすうち、「仇討ちしない人生」もあると知ってしまい……。【受賞】高崎映画祭 最優秀作品賞・助演男優賞（加瀬亮）・特別賞（キャスト一同）など【出演】岡田准一、宮沢りえ、古田新太、香川照之、田畑智子、上島竜兵、木村祐一、加瀬亮 ほか【撮影】山崎裕【照明】石田健治【美術】磯見俊裕、馬場正男【衣裳】黒澤和子【音楽】タブラトゥーラ【プロデューサー】佐藤志保、榎望【企画】安田匡裕

は同じアジア人同士で何バカなことを言っているんだろうと思いますよ」と笑っていました。
そういう発想を持つ人がなぜ日本には出てこないのでしょうか。島国だからかな。

逃げた側を描くのが落語

二〇〇二年、僕は伊勢谷友介監督の『カクト』[*20]と西川美和監督の『蛇イチゴ』[*21][*22]のプロデュースをしました。これは当時「是枝プロジェクト!」と呼ばれ、新人二人の企画に僕の新作を加えた三本の映画を製作するという企画で、まあ抱き合わせで三本まとめてお金を出してもらおうという思惑からの立案でした。僕の企画については、この際だから自分のアイデアをすべてかたちにしておこうと、七、八本プロットを書いたのです。そのうちの一本が『花よりもなほ』でした。

しかし、プロデューサーの安田匡裕《まさひろ》[*23]さんに「『花よりもなほ』はお金もかかるし、もう少し先にしたらどう?」と助言され、そうこうするうちにサンセントシネマワークスの仙頭《せんとう》武則プロデューサーに「J-WORKS」というプロジェクトの一本として預けていた『誰も知らない』の企画が、サンセントが倒産してしまい宙に浮いたので、三本目として撮ることになったのです。

『花よりもなほ』は確かに九・一一が背景にあることはあるのですが、九・一一が起きる前から、僕はチャンバラではない時代劇をやりたいと思っていました。山中貞雄[24]監督の『丹下左膳[25]餘話《よわ》 百萬両の壺』という時代劇コメディや、『人情紙風船』という貧乏長屋の話が好きだったので、サムライ魂みたいなものではない、勇ましくない時代劇をやりたかったのです。

そんなわけで、二〇〇一年時点でのプロットのイメージキャストは『幕末太陽傳《たいようでん》』[27]のフランキー堺[28]、もしくは『沓掛《くつかけ》時次郎《ときじろう》 遊侠一匹』[29]の渥美清[30]でした。ただ、おふたりとも当時すでに亡くなっていたので、主人公を青年に設定し直し、父親から受け継いだものをどう次世代に伝えていくのか、という話に変えました。ある意味、青春映画にもなったかなと思います。

日本人は仇討ちモノが大好きな国民だと思います。というよりも、世界中の映画が仇討ちや復讐を永遠のテーマのようにして繰り返し描いています。ハリウッド映画でも、殺された子どもや奥さんの仇を討つために男がひとりで大勢に立ち向かうという、夢のような話がたくさんつくられているし、韓国映画でも復讐はいちばん取り上げられるモチーフです。

しかしだからこそ、自分はそうではないものを撮りたかった。

そこで参考にした本のなかに、立川談志[31]の『あなたも落語家になれる』[32]という一冊があります。本の序「落語って何だ」の「「正義」はお呼びでない」という章にはこう書かれています。

映画やテレビは繰り返し忠臣蔵の四七士を描いてきたけれど、実は赤穂浪士は三〇〇人くらいいて、討ち入りしなかった二五〇人が存在している。彼らはいろんな理由をつけて生き延びている。落語にはこの討ち入りした四七人は要らない――。

談志さんは「人間てなァ逃げるものなのです。そしてその方が多いのですヨ……」と、その逃げた側を描くのが落語であると明確に書いていました。「仇討ちなんて厭《いや》だな」と思ってしまう人間にこそ知恵と豊かさがある。この本を読んで、僕はそういう映画があってもいいかなと思ったわけです。

実際に井上ひさしは『不忠臣蔵』[*33]という時代小説で、この逃げた側を描いています。山本周五郎の『ひとごろし』[*34]という小説も、父の仇を討てない臆病者が主人公。一九七二年にコント55号、一九七六年には松田優作主演で映画化もされています。長谷川伸《しん》の『日本敵討ち異相』[*35]も仇を討つ側がヒーローとして描かれていないところが好きです。

そのように興味を持っていろいろと調べてみると、仇討ちのしきたりとでもいうべきルールが見えてきました。

仇討ちが決まると藩からお給金が出ます。つまり生活費が出て、仇討ちするまで仕送りがつづく（少なくともその藩が豊かな間は）。そうすると、仇討ちしないほうが長生きできるということになる。そこで、仇討ちに出たのに仕送りをもらいながら結婚したり、なかなか仇が見つからないので帰りたくなって、道端で横死した死体のちょんまげだけ持って「仇討ちしました」と報告したりするとか、意外とめちゃくちゃな話がたくさん残っているのです。それこそが人間の知恵というべきものではないでしょうか。すぐにいきり立って「復讐だ！」と叫ぶことが男のプライドのように一部では思われていますが、そうでない人も当時からたくさんいたのです。

志ん朝なのか、談志なのか

山藤章二[*36]さんが古今亭志《ここんていし》ん朝《ちょう》[*37]さんと立川談志さんの落語を比べて、こんなことを書いています。

〈現代《コッチ》〉から〈過去《アッチ》〉へ客を運ぶのが志ん朝で、〈過去《アッチ》〉をグイと〈現代《コッチ》〉の岸に引き寄せるのが談志である。

『江戸前で笑いたい』高田文夫編（中公文庫）

そうして志ん朝を「フィクション派」、談志を「ノンフィクション派」と定義づけています。たいへん鋭く、しかもわかりやすい分析だと思います。

僕自身は、フィクションは陶酔を、ドキュメンタリーは覚醒を、観た者のなかで引き起こすのだと考えています。感情移入を誘い、主人公に観る者を同化させることで現実を離れ、二時間の夢の体験を提供するフィクションの役割と、他者としての登場人物を作品内に屹立《きつりつ》させることによってむしろ観ている私たちの側を批評する役割を果たすドキュメンタリー（だから僕は単純に陶酔して泣けるドキュメンタリーというものが嫌いなのですが）。

もちろん志ん朝さんの落語は決して単純な古典ではないですし、そのリズムやテンポや表現には現代性があふれているのは間違いないのですが、とにかく心地よくて、酔える。

聞いている間のその没入感というものを談志さんは志向せず、むしろ積極的に壊しにかかっているのではないかと思います。落語がそのまま落語論になっている。描かれ、再現される世界の比重が高いのか、それを語る語り手の存在や視座、批評性の比重が高いのか。ふたりの違いはそこから生まれています。

僕はずっと劇映画——フィクションを撮りながらも、正直にいえば陶酔よりは覚醒を目指してきました。でも『花よりもなほ』では、陶酔に、つまり志ん朝的フィクションに挑戦しようと思ったのです。

しかし、目論見は半分くらいしか成功しなかった。キャストもスタッフも本当に素晴らしかったのですが、僕自身があの時代に跳べなかったのです。

その理由はたぶん、復讐という現代性みたいなものを最後までずっと現代の僕が意識しながら撮ってしまったからでしょう。

本来は「あ、これは九・一一だな」と思いながら観るのではなく、そんなことは意識もせずに物語に入り込む映画でなければいけなかったのですが、テーマの昇華のされ方が甘く、きちんとつくれなかったのではないかと少し悔やんでいます。つまり、陶酔を目指したのにやはり覚醒の側に僕自身が留まってしまったというか……。いや、この映画が僕の作品の中でいちばん好きだと言ってくれる方もいるので、これは完全に自己評価にすぎないのですが。

実は、最初の脚本は父親が殺されて仇討ちに出た三年前から書いているのです。最初は復讐するつもりだったのですが、旅に出て三年経つうちに、だんだん気持ちが仇討ちから離れていくというプロセスがそこには描かれていました。ただ、予算が足りない、ロードムービーにできないなどの事情があり、長屋の話だけに絞ったのです。だから父親が殺されるシーンもないし、殺されて復讐に燃えるシーンもないというところからのスタートになった。そこで自分が最初に目論んだ構成がやや見えにくくなってしまい、本編では最初から仇討ちする気のない青年に見えてしまいました。だからむしろ談志的な作品になったのではないかと、いまは反省とともに思います。

意味のない豊かな生を発見する

こうして『DISTANCE』『忘却』『花よりもなほ』の三作品をまとめて振り返ると、ちょっと頭で考えすぎていたかもしれない、と感じることは否めません。それぞれの根底には、オウム真理教の一連の事件、第二次世界大戦、アメリカ同時多発テロ事件と、実際のシリアスな事件があるので、どうしてもシリアスな思考が作品にそのまま反映してしまったきらいはあります。

と同時に、この三本は「父の不在」をめぐった話でもあることにも気がつきました。『DISTANCE』は、いわば父権的なものの存在しない時代に育った僕らの世代が、麻原彰晃のある種の父性に引き寄せられていく状況を象徴的なものとして捉えた作品だし、『忘却』では僕自身が死んだ父の故郷である台湾を訪ねている。そして『花よりもなほ』は、まさに殺された父の仇討ちの話……。こうまとめると、「俺はファザコンなのか?」という気もしないでもない。

もしくは、僕はこの三作品を通して「意味のある死」とは対照的なものを描くことを模索した、とも言えるかもしれません。

精神科医の野田正彰さんと二〇〇一年にオウム真理教についての対談をしたとき、野田さんからはこのように言われました。

是枝　僕自身は実はあまり意味というかたちで生をとらえていません。なぜかというと、生に意味を持たせると、その裏側に、意味のある死、意味のない死という考え方が出てくるような気がするからです。それは危険だなと思いまして……。

野田　日本の文化には非常に親しい考え方ですね。戦前の武士道など、死ぬ意味を見つけることが大事であると言っている。死ぬときに死ぬのが生を完成することだとか。だけど、それは非常に病理的な文化だと、私は思います。（中略）本来は意味を問う前に、気持ちよく生きたという実感がないといけない。家族や友だち、周りの自然とつながりながら、活き活きと生きたいという思いがないといけない。そのうえで生きる意味を言わないと。生まれたときから何かのために——よい成績をとるため、出世するため——生きていたら、思春期になって生きる意味を考えはじめると、すぐ裏返しに立派に死ぬということにつながってしまう。

『中央公論』二〇〇一年十一月号

僕は『花よりもなほ』の脚本の第一稿に、映画を理解するためのコメントとしてこんな言葉を残していました。

「意味のある死より、意味のない豊かな生を発見する」

これは、思想としては正しかったと思います。ただ、映画の出来としては、このようなことを意識してつくった『花よりもなほ』よりも、生きている実感だけをとにかくディティールを含めてつくった次作の『歩いても 歩いても』のほうが、その価値観を明らかに体現できたというのが僕の実感です。

映画がそういうことを声高に語るのではなく、映画そのものが豊かな生の実感として存在し得ること。いまの僕はそれを目指しています。

『花よりもなほ』美術デザイン

註

1―伊勢谷友介
俳優、映画監督、実業家。一九七六年、東京生まれ。東京藝術大学美術学部卒業後、同大学院修士課程修了。是枝裕和監督作『ワンダフルライフ』『DISTANCE』ほか、多数の映画に出演。『カクト』で監督デビュー。

2―オウム真理教
麻原彰晃を開祖とする日本の仏教系新興宗教団体。一九八九年設立。松本サリン事件、地下鉄サリン事件などのテロを含む多くの反社会的活動を行った。二〇〇〇年に消滅。

3―上祐史浩
「ひかりの輪」代表。一九六二年、福岡生まれ。早稲田大学在学中の八六年、「オウム神仙の会（のちのオウム真理教）」に入会。翌年、同大学大学院理工学研究科を修了し、特殊法人宇宙開発事業団（現・独立行政法人宇宙航空研究開発機構）に入るも、退職して正式に出家。教団内では「外報部長」などの役職でスポークスマンの役割を果たす。九五年、有印私文書偽造などの容疑で逮捕され、懲役三年の実刑判決を受ける。九九年十二月に出所し、教団に復帰して「アレフ」を設立。二〇〇七年に別団体として「ひかりの輪」を設立した。

4―『ブラザー・サン シスター・ムーン』
フランコ・ゼフィレッリ監督による一九七二年製作のイタリア・イギリス合作映画。日本公開は七三年。

5―フランコ・ゼフィレッリ
映画監督・脚本家。一九二三年、イタリアのトスカーナ州生まれ。ルキノ・ヴィスコンティの助監督として映画界入り。六八年の『ロミオとジュリエット』でシェイクスピアの映画化としては空前のヒットを記録。代表作に『チャンプ』『エンドレス・ラブ』『ハムレット』『尼僧の恋』『ジェイン・エア』『ムッソリーニとお茶を』など。近年ではオペラに活躍の場を広げる。

6―松本サリン事件
一九九四年六月二十七日に長野県松本市で発生したテロ事件。オウム真理教教徒らにより、神経ガスのサリンが散布されたもので、被害者は死者八人、重軽傷者六六〇人に及んだ。第一通報者だった河野義行氏が重要参考人として取り調べられるなか、マスコミが氏を容疑者扱いして報道が過熱、冤罪未遂事件が起きた。

7―鴨下信一
演出家・テレビプロデューサー。一九三五年、東京生まれ。東京大学文学部卒業後、ラジオ東京（現・TBS）に入社。『岸辺のアルバム』『ふぞろいの林檎たち』を演出した。他の代表作に『おんなの家』『想い出づくり』『妻たちの鹿鳴館』『高校教師』『カミさんの悪口』『理想の上司』など。舞台にも活躍の場を広げ、白石加代子による『百物語』シリーズなども演出している。

8―『ガラスの動物園』
テネシー・ウィリアムズによる戯曲。一九四四年に執筆され、同年シカゴで初演された。翌年ニューヨーク・ブロードウェイでロングランヒット。二度、映画化もされている。翻訳書は五七年、新潮社刊ほか。鴨下信一演出による舞台は九七年、全国各地で行われた。主演は南果歩、香川照之、緑魔子、村田雄浩。

9―平田オリザ
劇作家・演出家。一九六二年、東京生まれ。国際基督教大学在学中に処女作を執筆し、翌年劇団「青年団」を結成。九四年、代表作『東京ノート』を初演し、岸田國士《くにお》戯曲賞を受賞。代表作に『月の岬』『その河をこえて、五月』『ソウル市民』三部作など。

10―ジョン・カサヴェテス
映画監督・俳優。一九二九年、アメリカのニューヨーク生まれ。五四年に俳優デビュー。知人と演劇のワークショップを開設し、五九年、監督処女作『アメリカの影』を製作。六八年のインディペンデント映画『フェイシズ』は内外で絶賛され、インディペンデント映画というジャンルを確立した。代表作に『ハズバンズ』『こわれゆく女』『グロリア』『ラブ・ストリームス』など。八九年没。

11―『A』『A2』
森達也監督によるオウム真理教を扱ったドキュメンタリー映画。それぞれ一九九八年、二〇〇一年製作。

12―森達也
ドキュメンタリー映画監督。一九五六年、広島生まれ。立教大学卒業後、職を転々としたのち、八六年に制作会社へ転職。九二年、『ミゼットプロレス伝説～小さな巨人たち～』でデビュー。代表作にテレビドキュメンタリー『職業欄はエスパー』『放送禁止歌～唄っているのは誰？　規制するのは誰？～』、劇場用映画『A』『A2』など。最新作は佐村河内《さむらごうち》守氏のドキュメンタリー『FAKE』で二〇一六年に公開予定。

13―谷川俊太郎
詩人・絵本作家・脚本家。一九三一年、東京生まれ。四八年より詩作および発表を始める。五二年に処女詩集『二十億光年の孤独』を刊行。代表作に詩集『六十二のソネット』『夜中に台所でぼくはきみに話しかけたかった』『わらべうた』『空の青さをみつめていると』『朝のかたち』『すき』『すてきなひとりぼっち』、訳書に『あしながおじさん』『スイミー』『マザー・グースのうた』など。

14―長嶋甲兵
テレビ番組ディレクター。広島生まれ。八四年に制作会社テレコムスタッフに入社。主に芸術、文学、政治、音楽などをテーマにドキュメンタリー番組を演出。代表作に『詩のボクシング』『世紀を刻んだ歌――花はどこへ行った～静かなる祈りの反戦歌～』『報道スペシャル　21世紀の伝言　井上陽水は何を歌ってきたか？』『坂本龍一・フォレストシンフォニー』『漱石「こころ」100年の秘密』など。

15―『現代の主役』
TBSのドキュメンタリー番組。一九六六～六七年放送。

16―『日の丸』
『現代の主役』枠で一九六七年二月九日に放送。制定されて初めての「建国記念の日」を前に、各層各世代の日本人の「日の丸」に対する思いやイメージを多角的に分析した。構成は寺山修司が担当。

17―山折哲雄
宗教学者・評論家。一九三一年、アメリカ・サンフランシスコ生まれ。三七年帰国。東北大学大学院を単位取得退学後、春秋社に入社。著書に『道元』『神秘体験』『ダライ・ラマ』『悲しみの精神史』『さまよえる日本宗教』『信ずる宗教、感ずる宗教』『往生の極意』『危機と日本人』『天皇と日本人』『死を思えば生が見える』など。

18―『ラスト サムライ』
エドワード・ズウィック監督による二〇〇三年製作のアメリカ映画。同年、日本公開。

19―アメリカ同時多発テロ事件
二〇〇一年九月十一日にアメリカ合衆国内で同時多発的に発生した、航空機などを用いた四つのテロ事件の総称。

20―『カクト』
伊勢谷友介監督による二〇〇二年製作の映画。本人が脚本を書き、出演もしている。

21―西川美和
映画監督。一九七四年、広島生まれ。早稲田大学第一文学部を卒業後、是枝監督作『ワンダフルライフ』にフリーのスタッフとして参加。二〇〇二年、自作脚本の『蛇イチゴ』で監督デビュー。代表作に『ゆれる』『ディア・ドクター』『夢売るふたり』など。最新作『永い言い訳』が二〇一六年公開予定。

22―『蛇イチゴ』
西川美和監督・脚本による二〇〇三年製作の映画。主演は宮迫博之。

23―安田匡裕
映画・CMプロデューサー・ディレクター。一九四三年、兵庫生まれ。明治大学卒業後に電通映画社に入社。ディレクターとして多くのテレビCMの企画・演出に携わる。八七年、制作会社「エンジンフィルム」を設立。CM制作に関わる一方、相米慎二監督『東京上空いらっしゃいませ』で初のプロデュースを果たす。九九年、是枝監督の『ワンダフルライフ』をプロデュースし、『空気人形』までの作品の企画・製作者に。二〇〇九年没。

24―山中貞雄
映画監督・脚本家。一九〇九年、京都生まれ。二九年、『鬼神の血煙』で脚本家デビュー。三二年、『磯の源太・抱寝《だきね》の長脇差《ながどす》』で監督デビュー。代表作に『盤嶽の一生』『街の入墨者』『丹下左膳餘話 百萬両の壺』『人情紙風船』など。中華民国各地を転戦し、赤痢により三八年に没。享年二十八歳。

25―『丹下左膳餘話 百萬両の壺』
山中貞雄監督による一九三五年製作の時代劇映画。

26―『人情紙風船』
山中貞雄監督による一九三七年製作の時代劇映画。

27―『幕末太陽傳』
川島雄三監督による一九五七年製作の異色コメディ映画。

28―フランキー堺
コメディアン・俳優。一九二九年、鹿児島生まれ。慶應義塾大学法学部在学中より進駐軍のキャンプでジャズドラマーとして活躍。五四年、「フランキー堺とシティ・スリッカーズ」を結成。のち映画に進出した。代表作に『丹下左膳』シリーズ『幕末太陽傳』『私は貝になりたい』『モスラ』『社長』シリーズ『宮本武蔵』『写楽』など。九六年没。

29―『沓掛時次郎 遊侠一匹』
加藤泰《たい》監督による一九六六年製作の時代劇映画。

30―渥美清
コメディアン・俳優。一九二八年、東京生まれ。中央大学経済学部入学後、旅回りの演劇一座に入り、喜劇俳優の道へ。五六年にテレビデビュー、五八年に『おトラさん大繁盛』で映画デビュー。代表作に『砂の器』『幸福の黄色いハンカチ』『八つ墓村』など。国民的スター「寅さん」を演じた『男はつらいよ』シリーズは六九～九五年まで全四八作、製作された。九六年没。

31―立川談志
落語家。一九三六年、東京生まれ。東京高等学校中退後、十六歳で五代目柳家小さんに入門。六三年、立川談志を襲名し、真打に昇進。古典落語に広く通じ、現代と古典との乖離を絶えず意識しつつ、落語に挑みつづけた。二〇一一年没。

32―『あなたも落語家になれる』
立川談志著。一九八五年、三一書房刊。

33―『不忠臣蔵』
井上ひさし著。一九八五年、集英社刊。吉川英治文学賞受賞作。

34―『ひとごろし』
山本周五郎著。一九六七年、文藝春秋刊。

35―『日本敵討ち異相』
長谷川伸著。一九六三年、中央公論社刊。二〇〇八年、国書刊行会から再刊。

36―山藤章二
似顔絵作家・風刺漫画家。一九三七年、東京生まれ。武蔵野美術大学デザイン科在学中から受賞経験があり、ナショナル宣伝研究所を退職してフリーに。七六年より『週刊朝日』に「山藤章二のブラック・アングル」を連載。幼少時から寄席通いをして落語に慣れ親しみ、笑いについての対談集の刊行や笑芸のプロデュースもしている。代表作に『世相あぶり出し』など。

37｜古今亭志ん朝
落語家。一九三八年、東京生まれ。五代目古今亭志ん生の次男。獨協高等学校卒業後、父に入門、五年目という異例のスピードで真打に昇進。東京の「落語四天王」のひとりで、名実ともに大看板として人気を博す。二〇〇一年没。

第5章
不在を抱えて
どう生きるか
2004-2009

『誰も知らない』2004

『歩いても 歩いても』2008

『大丈夫であるように
〜Cocco終らない旅〜』2008

『空気人形』2009

不在は、
埋められるのか、
埋められないのか

『誰も知らない』

2004

「暗い」と言われた結末を変えたくなかった

四作目となる『誰も知らない』は、一九八八年、東京都豊島区で起きた「西巣鴨子ども四人置き去り事件」[*1]を題材に、脚本を書いた作品です。

実際の事件の概要を簡単に書くと、父親は長男が小学校にあがる前に蒸発。母親はデパートで働きながら、その後何人かの男性と知り合っては妊娠、自宅出産を繰り返しました。子どもは長男、長女、次男、次女、三女の五人で、次男は生後間もなく亡くなっています。そのうちの誰も出生届が出されておらず（つまり法律的には彼らは存在していない）、学校へも行ったことがありませんでした。

長男が十四歳になったころ、母親は恋人と暮らすために四人の子どもを置いて家を出ました。八七年秋のことです。子どもたちはときおり母から送られてくる現金書留を頼りに生活をつづけました。しかし翌年四月、当時二歳だった三女が長男の遊び友だちから暴行を受けて死亡。長男は三女の遺体を秩父《ちちぶ》の雑木林に埋めました。その後、大家が子どもたちだけで暮らしていることに気がついて警察に通報し、事件が発覚することとなります。

その事件を知ったのは『地球ZIG ZAG』のADをしながら、長野県の伊那小学校に通って春組の授業をビデオカメラに収めていたころです。アパートで子どもだけが暮らしていることを周りの人が誰も気がつかない、もしくは気づこうとしないという人間関係の希薄さが、いかにも「東京」だなと思いました。

事件は家族の絆が希薄になっている現代の都市の闇を象徴する出来事として、連日センセーショナルに報道されました。メディアの批判は子どもを置き去りにした母親に集中し、週刊誌には「淫乱オニの母親」「地獄の子どもたち」「無責任セックス」など刺激的な見出しの文字が躍りました。しかしその一連の報道に触れながら、僕にはひとつの疑問が生まれます。

なぜ少年は妹たちを捨てて家を出てしまわなかったのだろう――?

ある日、保護された妹が児童相談センターでつぶやいた「お兄ちゃんは優しかった」というひとことを新聞記事の見出しで目にし、僕のなかに芽生えていた疑問は想像の羽を広げていきました。

確かにこの不幸な事件は母親の無責任さが生んだものであることにはちがいない。しかし、彼女がひとりで子どもを産み、曲がりなりにも育ててきたのだということもまた動かしようのない事実です。もし母親がただヒステリックに子どもたちに暴力を繰り返すような存在だったとしたら、長男も同様に妹たちに接したのではないだろうか。彼ら母子の間には、少なくとも報道からは窺《うかが》い知ることのできない、豊かな関係が築かれていた時期も、短いながらもあったのではないだろうか……。

置き去りにされた六カ月もの間、彼らが見ていた風景は灰色の「地獄」だけではなかったはずです。彼らの暮らしには物質的な豊かさとは異質の、ある「豊かさ」が存在しただろうし、兄妹たちの間での感情の共有が、喜びと哀しみが、そして彼らなりの成長と希望があったのではないか。だとしたら、アパートの外から「地獄」を語るのではなく、電気の止められたアパートの中で彼らがそれでも体験したはずの「豊かさ」こそを、そしてそれがどのように失われたのかを、僕らは想像する必要があるのではないだろうか……。

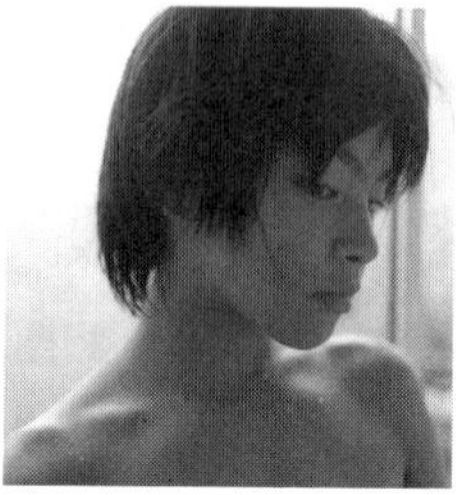

©2004『誰も知らない』製作委員会

『誰も知らない』
二〇〇四年八月七日公開【配給】シネカノン【製作】『誰も知らない』製作委員会（テレビマンユニオン、エンジンフィルム、バンダイビジュアル、シネカノン）／一四一分【あらすじ】都内の2DKのアパートで大好きな母親と幸せに暮らす四人の兄弟。しかし彼らの父親はみな別々で、学校にも通ったことがなく、三人の妹弟の存在は大家にも知らされていなかった。ある日、母親はわずかな現金と短いメモを残し、家を出てしまい……。【受賞】カンヌ国際映画祭 最優秀男優賞（柳楽優弥）、フランダース国際映画祭 グランプリ、シカゴ国際映画祭 金のプラーク賞 など【出ちょうど伊那小の担任の百瀬先生に「東京で向き合う子どもを見つけなさい」と言われたこともあり、僕は「この四人の子どもたちこそが、自分が東京で向き合うべき対象なのかもしれない」と思いました。東京は僕が生まれ育った街でもあるし、子どもたちの目を通して僕なりの「東京論」が描けるかもしれない。彼らが見上げた東京の空をアパートの内側から描いてみたい――。そう思って僕は脚本を書きはじめました。

翌年（八九年）、僕は最初の脚本と企画書を完成させ、映画化に向けて動き出しました。ツテを頼り、[*2]ディレクターズ・カンパニーという映画製作会社のプロデューサー・宮坂進さんとお会いして、感想をいただいたこともあります。

ディレクターズ・カンパニーというのは、大手映画会社に頼らずに自分たちの希望する映画をつくる仕組みを目指して、[*3]相米《そうまい》慎二監督や[*4]長谷川和彦監督など映画監督九人が八二年に設立した会社です。残念ながらいろいろ事情があって九二年には倒産してしまったのですが、当時の映画青年たちにとってはつくり手の集団としては憧れの存在でした。

宮坂さんにお見せした当時の脚本のタイトルは『素晴らしい日曜日』でした。

完成した映画ではコンビニエンスストアになっていますが、実際は巣鴨駅のそばに駄菓子屋があって、小学生たちのたまり場になっていました。長男はその駄菓子屋で、のちに三女の死

演】柳楽優弥、北浦愛、木村飛影、清水萌々子、YOU　ほか【撮影】山崎裕【美術】磯見俊裕、三ツ松けいこ【録音】弦巻裕【音楽】ゴンチチ

を招いてしまう友だちと出会っています。

この駄菓子屋はちょっと風変わりで、買い物に来た子どもたちに画用紙やクレヨンを渡して絵を描かせていました。絵は何枚か店に飾ってあり、長男の描いた絵には「立教小学校」という私立の小学校の名が書いてあったそうです。母親の「周りに訊かれたらそう答えなさい」という言いつけを律儀に守っていたのでしょう。

僕はその駄菓子屋に貼られた絵のことを知って、映画は長男の嘘の絵日記で進んでいく話にしようと考えました。彼の生きる現実は厳しいけれど、駄菓子屋で描く絵日記は「家族みんなで〇〇へ行きました」と楽しいことだけが綴られる。そんな絵日記の朗読がストーリーの合間に何度かインサートされ、最後に妹を埋葬した秩父の山の画に「とても素晴らしい日曜日でした」という少年の朗読が重なって終わる構成です。

宮坂さんとは赤坂でお会いして、一緒に食事をしました。見ず知らずの若造の脚本を丁寧に読んでいろいろアドバイスをくださったのですが、結末について「暗い」と言われたのを覚えています。「現実はこうかもしれないけれど、やはり最後は長男が頑張って妹を救うとか、そういう結末をつけないと、映画にならないんじゃないかな……」と。

こうやっていろいろな意見をもらうことによって、僕が描きたいことが自分のなかではっきりしていきます。だから、誉められるよりは、プロの目できちんと読んでもらって批判してもらうことは、やはり必要なのだと思います。宮坂さんにそう言われたことで、自分が描きたいのは、そのような救済でも、そこから生まれてくるカタルシスでもないということはクリアになりました。

ただ、まだ一本も映画を撮っていない、新人監督ですらないわけで、その人間がこういった救いのない物語を映画にするまでの道のりは、まだまだ険しいなと感じました。

その後も『誰も知らない』(の原型)でデビューしようとずっと機会をうかがっていたのですが、第1章で書いたとおり、『幻の光』の話を先にいただいたので、良いチャンスなのではないかと前向きに考えて、引き受けることにしました。

映画は人を裁くためにあるのではない

実は二作目の『ワンダフルライフ』のあとに、いよいよ『誰も知らない』を撮る予定だったのですが、残念ながらコトはそううまく運びませんでした。

第4章でも少し触れましたが、九八年、仙頭武則さんというプロデューサーがＷＯＷＯＷを退社して、サンセントシネマワークスという映画製作会社をつくり、海外で勝負できる日本映画を一本一億円で五本つくる「Ｊ－ＷＯＲＫＳ」というプロジェクトを立ち上げました。

その一本目が[5]青山真治さんの[6]『EUREKA《ユリイカ》』です。その後、河瀬直美さんの[7]『火垂《ほたる》』、[8]諏訪敦彦《のぶひろ》さんの[9]『H story』、[10]利重剛《りじゅうごう》さんの[11]『クロエ』とつづき、僕が五本目として『誰も知らない』を撮る予定でした。

ところが、それまでにつくられた四本が興行的には振るわず、四本で五億円を使い切ってしまったうえ、サンセントシネマワークスが倒産してしまったのです。当然、預けていた『誰も知らない』の企画も戻ってきたので、西川監督の『蛇イチゴ』と伊勢谷くんの『カクト』に『誰も知らない』をプラスして、先述の「是枝プロジェクト！」として、自らプロデューサーをするかたちで本格的に始動しました。

『誰も知らない』の企画が十五年というずいぶん長い時間を経たことで、いちばん大きく変化したのは僕自身の「目線」です。

初めて脚本を書いた八九年はまだ二十代。主人公の少年へのシンパシーが強く、モノローグも多用され、できあがった『誰も知らない』よりはもっとドラマチックな展開でした。その後、タイトルは『素晴らしい日曜日』から『大人になったらぼくは…』に変わりましたが、物語の主語は「ぼく」のままでした。

ところが、『誰も知らない』を撮りはじめた二〇〇二年秋、僕は事件当時の母親と同じ四十歳となり、大人の側に立たざるを得なくなったわけです。

また、二十年前という近過去を撮ると製作費がかかりすぎるので、現代の話にしたのですが、ちょうど「ネグレクト」という言葉が二〇〇五～六年くらいに一般的となり、起きた当時は非常に特異だった事件が、そのころには身近なものに変化していました。時代が事件に追いついたというべきか、とにかくそれだけの時間を経たのは、かえって良い結果になったと思います。

この映画で描きたかったのは、誰が正しくて誰が間違っていたのかとか、大人は子どもに対してこのように接するべきだとか、子どもをめぐる法律をこう変えるべきだといった批判や教訓や提言ではありません。本当にそこで暮らしているように子どもたちの日常を描くこと。そしてそれを彼らのそばでじっと見つめること。彼らの声に耳を傾けること。そうすることで、彼らの言葉を独り言（モノローグ）ではなく、対話（ダイアローグ）にすること。彼らの目に僕らが見返されることです。

そのような態度は、通常のフィクションの演出としては珍しいかもしれません。それは僕がテレビのドキュメンタリーの現場で発見した対象との距離のとり方であり、時間と空間の共有の方法であり、取材者としての倫理的なスタンスで、『誰も知らない』も基本的にはそのスタンスで撮ることを決めました。わかりやすい白と黒の対比ではなく、グレーのグラデーションで世界を記述したい。ヒーローも悪役もいない、僕たちが生きている相対的な価値観の世界を、そのまま描きたかったのです。

その試みはきちんと最後まで貫けたのではないかと思います。

『誰も知らない』はカンヌ国際映画祭で八〇近い取材を受けましたが、いちばん印象的だったのは、「あなたは映画の登場人物に道徳的なジャッジを下さない。子どもを捨てた母さえ断罪していない」という指摘でした。僕はこのように答えました。

映画は人を裁くためにあるのではないし、監督は神でも裁判官でもない。悪者を用意することで物語（世界）はわかりやすくなるかもしれないけれど、そうしないことで逆に観た人たちがこの映画を自分の問題として日常にまで引きずって帰ってもらえるのではないだろうか――。

その考えはいまも基本的に変わりません。映画を観た人が日常に帰っていったときに、その人の日常の見え方が変わったり、日常を批評的に見るためのきっかけになったりしてくれたら、といつも願っています。

内発的な演技を引き出す「口伝え」

『誰も知らない』は子ども四人が主人公の作品です。製作は二〇〇二年の春から本格的にスタート。オーディションで長男役以外は七月中にほぼ決定したのですが、長男役が見つからないまま八月を迎えました。当初、クランクインは九月の予定だったので、見つからなかったら撮影の延期も致し方ないと思っていた時に、ある事務所から「入ったばかりでまだオーディションも受けたことがないのですが」とプロフィール写真が送られてきました。その写真の男の子の鋭い目に瞬時に魅せられて、すぐに事務所に呼びました。この少年が柳楽《やぎら》優弥《ゆうや》くんです。会った瞬間に「この子だ」と思い、演技テストもせずに主人公に決めました。

　それからは、兄妹四人みんなで神社のお祭りに行ったりバーベキューをしたりと、子どもたちを互いになじませる時間をつくりました。お祭りに行った時、四人それぞれにお小遣いを渡したのですが、次男役の木村飛影《ひえい》くんは神社の入り口付近ですべて使ってしまって、あとで食べたいものが出てきてもお金が足りない。そういう様子を観察していくことが大切です。撮影で使う洋服もみんなでジャスコでお買い物。一緒にいる時間をつくると、子どもたちそれぞれの好みがだんだんとわかるようになります。普段どんなものを着ているか、どういうご飯の食べ方をするのか、そういった一つひとつを脚本に反映させました。

　九月には母親役のＹＯＵさんも合流し、撮影で使う中野のアパートの２ＤＫの部屋でご飯を食べたりお絵描きしたりして過ごしました。撮影用のカメラがいつもそこにあることに馴染んでもらうため、すでにこのときから16ミリのカメラは部屋に置かれていました。

　クランクインは十月。二週間撮って、編集してから、冬のシーンの脚本を書きました。

子どもたちは本当に仲良くなって、撮影のないときも女の子は女の子同士、男の子は男の子同士で集まって遊んでいました。四家族、親がみんなを連れ立って遊びにいったこともあると聞いています。

撮影は、二〇〇二年の秋から翌年の夏までの一年で、最初の秋以外は冬休み、春休み、夏休みを二週間ずつ使っています。『誰も知らない』においてたったひとつの希望は四季を撮ることだったのですが、いま思い出しても何にも代えがたい本当に贅沢な時間だったと思います。

「ハードボイルド」という言葉は人によって捉え方が違うと思いますが、僕は『誰も知らない』をハードボイルドだと捉えていました。台詞劇ではなく、アパートのなかで起きる出来事をアクション——子どもが走ったり、水を運んだり、石を蹴ったりする行為——を積み重ねて描こうと思っていました。微妙な感情を台詞の間《ま》で表現するというようなことは考えなかった。だから、そういう演技的なテクニックがあるよりは、ちょっと俯《うつむ》いた表情で、見ている人の想像がかき立てられるほうが良かったのです。そういう意味で、優弥を初めて見たときに強烈に感じた少年の色気は、まさにハードボイルドにぴったりでした。

僕は『ＤＩＳＴＡＮＣＥ』のいくつかのシーンで試みた台詞の口伝え[*12]を『誰も知らない』では全編通して子役に試みました。正直、演技が上手いというのは、そんなに大したことではありません（特に映画にとっては）。小器用な子よりは「この子を撮りたい」と思わせるような

『誰も知らない』子どもたちと

子を探すようにしています。この映画の四人もまさにそんな基準で選んだ子どもたちでした。

最後の夏のシーズンの撮影前に優弥は『誰も知らない』と並行して連ドラの撮影があり、脚本に書かれた台詞を覚えて演技をする経験をしたのですが、それ以降、『誰も知らない』の現場でもときどき言葉に感情を乗せようとしました。でも人は普段、そんなふうにはしゃべらない。だから僕はそれを排除するために、特に優弥には準備をさせずにぶっつけ本番で撮っていきました。そんな僕の映画でデビューしたのが彼にとって幸運だったかどうか、当時はちょっとわかりませんでしたが、最近とても魅力的な役者に成長してきて、嬉しいですし、ホッとしています。

対する長女役の北浦愛さんは芝居心がとても

ありました。役名が京子という名前だったので、「京子はこのときはどういう気持ちなのかな」と僕によく訊いてきました。

覚えているのは、冒頭の新しいアパートに引っ越してきたシーン。布団の上でごろごろしながら「この畳、いい匂いがするね」という台詞をYOUさんとの掛け合いで言わせているのですが、他にもマニキュアの匂いを嗅《か》ぐシーンがあり、「京子は匂いが好きな子なのね」とズバリと指摘してきました。自分と別人格のキャラクター設定や状況把握が非常に優れていて、若いながらもすでに女優の風格がありました。

みんなで公園に遊びに行ったときも、妹役を演じた清水萌々子《ももこ》ちゃんの手をなにげなく引いたり、妹が飛び降りた先が人の座る場所だったりすると、土を手で払ったりしていました。そういう仕草は普段の彼女ではない。彼女はインターナショナルスクールに通っていて、普通の子よりもアクティブです。でもいったん役に入ると、普段とは違う憂《うれ》いがふと出てくる。本人と役柄の切り替えは、女の子はふたりとも実に上手でした。

一方の男子陣――優弥と弟役を演じた木村飛影くんは、自分のキャラクターを役に持ち込み、撮影が終わったあともずっと引きずって、まったく切り替えができなかった。専門家ではないので断言はできませんが、このあたりは性差なのかな、と思いました。

顕著だったのが、兄弟喧嘩のシーン。優弥が、飛影くんが遊んでいるラジコンを怒って蹴りとばすのですが、実は飛影くんには何が起きるかを伝えずに撮っています。まず飛影くんに「ラジコンで遊んでいていいよ」と伝えておいて、優弥には口伝えで台詞を教え、怒ってラジコンを蹴ってほしいと頼みました。飛影くんは本気でムカついて、「モノに八つ当たりすんじゃねえよ」と普段は現実のお母さんに言われている言葉そのまま、優弥に怒鳴り返すことになりました。

カットをかけてから、僕は飛影くんに「ごめんね。遠くからこういうシーンを撮るために、わざと優弥に怒ってもらったんだ」と説明したのですが、ふたりは半日、口をききませんでした。同じ車に乗って帰るのに、ふたりとも反対側を向いて座っているので、京子役の愛ちゃんがあきれて「ふたりともバカじゃないの？　お芝居だよ、お芝居」と言っていたのが懐かしいです。

子役に対しどこまでやるのか

『誰も知らない』の演出自体は、口伝えという方法は別にして、基本的にはフィクションの演出で撮っています。「君はここでどう思ったの？」と子役に尋ねながら撮っているわけではないし、隠し撮りもしていない。特に子どもが死ぬ話なので、子役に辛い思いをさせたり悲しい思いをさせたりして涙を撮ったりするのはルール違反だと思っていました。そんなことをするくらいなら、腕をつねって泣かすのがいちばんいい方法になってしまう。僕はそんなことはしたくない。

『友[*13]だちのうちはどこ?』で有名なイランのア[*14]ッバス・キアロスタミ監督は、『そ[*15]して映画はつづく』という著書を読むかぎりでは、本当に子役を辛い状況に追い込んで撮影したようです。まず宿題ノートをスタッフが隠して、主人公を不安にさせ、同様にノートを忘れたクラスメイトが先生に厳しく叱りつけられて泣き出したのを見て、さらに不安になっている主人公を撮影し、その表情をまったく別の文脈で使うのです。キアロスタミはそれがやれる監督。やってもいい監督と言ってもいい。でも僕はやらないと決めました。

ではどうして僕は優弥がラジコンを蹴るシーンで、ちょっとだけ飛影くんを騙したのかというと、騙しにも修復できる騙しとできない騙しがあることを、ケ[*16]ン・ローチ監督から教わったからです。

ケン・ローチ監督の『ケ[*17]ス』という映画は、家族とも先生ともコミュニケーションのとれない落ちこぼれの少年が一羽のハヤブサを飼うことで成長していく物語です。

その映画のなかで、心が荒《すさ》んでいる少年の兄は弟をやっかみ、飼っていたハヤブサを殺してゴミ箱に捨てます。少年が帰宅すると、ハヤブサがいないことに気がつき、探しまわって、最

後にゴミ箱のなかに死んだハヤブサを見つけるのですが、そのときの表情は芝居にはとても見えませんでした。

それで監督とお会いしたときに直接訊いてみたら、監督は「ハヤブサがいなくなったから探してくれ」と少年に伝え、本当に探させたのだそうです。もちろん本当に少年が大事にしていたハヤブサは殺せなかったので、それに似たハヤブサの死骸をゴミ箱に入れておいて、少年がそれを発見して抱きかかえるところを撮った。

僕はとても驚いて、「撮影後に少年との信頼関係が崩れると思いませんでしたか?」と尋ねると、監督は「一時的には崩れるかもしれないですが、それまでの僕たちの関係があれば修復できる自信がありました」と答えました。実際、『ケス』の撮影が終わったあと、少年はケン・ローチ監督の助監督になったそうです。

監督と役者の間で信頼関係を築いたあとに、どこまでそのようなチャレンジをするのか。きちんと考えぬいてやれるのか、考えないでやるのか。特に相手が子どものときは本当に考えぬかないといけません。だから僕はキアロスタミ監督のやり方は否定するけれど、ケン・ローチ監督のやり方は肯定します。でも、キアロスタミの映画に出演した子どもたちも、キアロスタミが撮影後に再び村を訪れたときにはみな懐かしそうに集まってきたのだとか。当時はともかく、映画の撮影は彼らのなかに楽しい記憶として残ったわけです。実は子どもだからといってそこまでナイーヴになる必要はないのかもしれません。

『ケス』ではもうひとつすごいと思ったことがあります。少年は死んだハヤブサを抱いたあと、頬ずりしたりハヤブサの羽に涙を落としたりせずに、死骸を持って兄のところに行って差し出すのです。兄は嫌がり、少年はそんな兄にハヤブサを押し付ける。それが実にリアルでした。ここで感傷的にならないケン・ローチ監督の演出には本当に舌を巻くしかありません。

ドグマではない自分なりのリアリティ

『誰も知らない』は二〇〇四年五月カンヌ国際映画祭のコンペティション部門で上映され、主演の柳楽優弥くんが史上最年少および日本人として初めて最優秀男優賞を受賞、幸運なスタートを切りました。

ただ、国内でも国外でも、「ドキュメンタリータッチ」と批評でよく書かれました（書いた記者は好意的にその言葉を使っていたのかもしれないけれど）。

確かに照明はほとんど使っていないし、カメラも16ミリで手持ちも多いけれど、三脚をつけて撮っているシーンも意外とたくさんあり、脚本を与えていないだけで僕は台詞を書いています。前述のとおり、僕は徹頭徹尾フィクションとして撮ったのですが、観る人たちからはドキュメンタリーのようだと言われてしまった。

ちょうど九〇年代後半から二〇〇〇年前半まで、ヨーロッパで「ドグマ95」という映画革新運動が流行りました。これは『ダンサー・イン・ザ・ダーク』[*18]でカンヌ国際映画祭パルム・ドールを受賞したデンマークの映画監督ラース・フォン・トリアー[*19]が中心となって、ハリウッド映画の製作費の増大と、CG等の先端技術に執着したことによる映画そのものの質の低下に疑問を投げかけ、立ち上げられた映画運動です。

「ドグマ95」では、映画製作時に以下の「純潔の誓い」に従わなければいけないというルールがあります。

純潔の誓い

1. すべてロケーション撮影によって行う。小道具やセットは、現場にあるものを利用する。
2. BGMなどの挿入音楽やサウンドエフェクトは使ってはならない。
3. カメラは手持ちカメラでの撮影に限る。
4. カラー映画で製作。一切の照明器具の使用は禁止。
5. オプティカル処理とフィルター使用は認めない。

---

6. 物語の上で殺人や爆弾などの表面的な表現は含んではならない。
7. 時間的や地理的な乖離は許されない（映画は常に現在の事象であり、回想シーンなどの使用は禁止）。
8. ジャンルに従った映画は禁止。
9. フィルムはアカデミー35ミリを使用。
10. 監督はクレジットに載せてはいけない。

ちょうど同じころ、僕は『ワンダフルライフ』では役者ではない一般の人たちを使い、『DISTANCE』ではほぼ手持ちカメラ、台詞は決めずにノーライトで撮ったので、「ドグマ95」とけっこう近いところで評価されました。

でも僕自身は当時から「ドグマ95」をあまり評価していませんでした。ある種の「十戒」を守りながら、いわゆるドキュメンタリー主義を貫くというのは、試みとしてはわかるけれども、役者の芝居が演劇の芝居のままだったら、いくら手持ちカメラで撮ってもリアリティがない。この方法で撮るのであれば役者の存在を否定すべきではないか、と僕は感じていました。

「ドグマ95」の作品は何本か日本でも公開されましたが、ベルギーのジャン=ピエール&リュック・ダルデンヌ監督作[*21]『ロゼッタ』やフランスのブリュノ・デュモン監督作[*22]『ユマニテ』[*23]

などの数本以外は、正直おもしろいとは思えませんでした。

そんなわけで、僕自身は「ドグマ95」といわれるものとは違うかたちの、自分なりのリアリティに辿り着きたくて『誰も知らない』を撮っています。演技経験のないほとんど素人の子役を集めたのも、そういう経緯が関係しています。

特に九〇年代は、良くも悪くもせっかく撮影所のシステムとは無縁のところで映画が自由につくられるようになっているにもかかわらず、撮影所時代と同じ音の録り方や、同じカット割や、役者のメイクがセット撮影の時代と同じ美意識のまま残っていました。実際のアパートで撮るのであれば、方法論的にセットとは違う新しい撮り方を見つけなくてはいけない。そう考えて、『誰も知らない』は実際のアパートで、四季の変化を時間軸に沿って追いながら、子どもたちから即興で出てきた表現を逃さないために、照明を使わず自然光をできるだけ活かし、スーパー16ミリのカメラで撮影しています。

『歩いても 歩いても』

2008

母の死に対するグリーフワーク

『歩いても 歩いても』は成人して家を離れた子どもたちと老いた両親の夏の一日を描いたホームドラマです。特別な事件は起きません。「なぜその日に家族が集まったのか？」という小さな謎が中盤に解ける程度で、あとは家族同士のささやかで、ちょっとドキッとする会話がつづいていく話です。

脚本の第一稿は二〇〇六年秋に書いたのですが、実は同じタイトルのプロット（あらすじ）はその五年前からありました。ただし設定は一九六九年で、内容はもっと自伝的。僕が小学生のときに住んでいた古く傾いた木造の二軒長屋に、ボケたじいちゃんがいて、親父は博打《ばくち》にうつつをぬかし、母親がパートで働いて生計を支えていて、ちょうどいしだあゆみの「ブルー・ラ[*24]

イト・ヨコハマ」が流行っていたころの話です。普段はあまり家のなかで存在感を示すことのない父が、台風がやってくるというので、屋根が風で飛ばされないようにロープでしばったり、窓全体をトタンで覆ったりする、そんな一日を書いていました。

　しかし、プロデューサーの安田さんから「これはお前、六十歳になってからやる話だぞ。いまやらなくてもいいんじゃないか」と言われ、先に『花よりもなほ』を撮ることにしました。

『花よりもなほ』を製作しているころ、母は病院に入院していて、僕は撮影や編集の合間に時間をつくっては見舞いにいきました。しかし二〇〇五年、映画の仕上げの最中に亡くなりました。それはやはり大きな衝撃で、自伝ではないにせよ、ここで母の話を撮っておかないと先に進めないのではないか、という気持ちになったのです。

　母が倒れてから亡くなるまでは二年近くあったのですが、日常のなかに徐々に死に向かっていく人間がいるというのは、けっこう精神的にしんどいことでした。入院当初は、医療モノのドキュメンタリー番組も作っていましたし、それなりに知識も人脈もあるつもりだったの

©2008『歩いても 歩いても』製作委員会

『歩いても 歩いても』

二〇〇八年六月二十八日公開【配給】シネカノン【製作】『歩いても 歩いても』製作委員会、テレビマンユニオン、エンジンフイルム、バンダイビジュアル／一一四分【あらすじ】夏のある日、横山良多は妻のゆかりと息子のあつしとともに実家に帰省した。この日は、十五年前に他界した兄の命日。しかし、失業していることを言えない良多にとって、両親との再会は苦痛でしかなく……。【受賞】サン・セバスティアン国際映画祭 脚本家協会賞、マール・デル・プラタ国際映画祭 最優秀作品賞など【出演】阿部寛、夏川結衣、YOU、高橋和也、樹木希林、原田芳雄、田中祥平

ほか【撮影】山崎裕【照明】尾下栄治【美術】磯見俊裕、三ツ松けいこ【録音】弦巻裕【衣装】黒澤和子【音楽】ゴンチチ【企画】安田匡裕

で、自分の力で母はなんとか快復へ向かって進んでいけるはずだと――もっといい病院に移して、きちんとリハビリをして、退院して自分の家で生活できるようになるんじゃないかと――そういう過信がありました。でも実際は何ひとつできなかった。

母は僕の将来をひどく案じていました。『ワンダフルライフ』が評価されたことで名前も少し知られるようになったけれど、母親としては映画の仕事で食べていけるのかずっと心配していた。『幻の光』や『ワンダフルライフ』は観ていても、『誰も知らない』は完成前に倒れてしまったので観ることが叶わず、カンヌ国際映画祭に参加したときの新聞記事を病室に貼ってはいたけれど、それもよくわかっていなかったと思います。

もっとできることがあったんじゃないか。せめて『誰も知らない』まで観ていたら安心したんじゃないか。倒れるのがもう半年遅ければ……。そんな僕の後悔の念が、『歩いても 歩いても』のキャッチコピー「人生はいつもちょっとだけ間に合わない」になっています。僕はこの言葉をノートの最初の一ページに書いてから、脚本を書きはじめました。

母は決して心優しき善人ではありません。かなりの毒舌家で、悪態がけっこう笑えるユニークな人でした。また『徹子の部屋』と『紅白歌合戦』の審査員というのが非常に価値の高いものだと思っていて、『徹子の部屋』に映画監督が出ると、必ずビデオに撮って送ってきました。「あ

んたもいつかこういうのに出られるといいね」という言葉を添えて。母の字で「周防正行監督」と書かれたVHSはいまでも手元にあります。『誰も知らない』の優弥が「徹子の部屋」に出演したときには、自分も付き添いとして出たので、病室の母の耳元で「『徹子の部屋』に出たよ」と伝えたのだけど、わかったかどうか。それを母に見てもらえなかったのは本当に残念です。

と、まあ、母はそのような俗っぽさのある、ある意味「世間」そのものみたいな人でした。そういう「世間」の部分を思い出しながら脚本に書きこんでいったので、あの映画のとし子さんはかなり自分の母に近いとは思います。

たとえば「主人公が子連れ再婚をして、お盆に家族と実家を訪ねる」という設定は、母の「○○の△△ちゃんが結婚するらしいわよ。お相手が再婚なんだって。何もよりによって人のお古をね」というビックリするような発言が元になっています。

それから歯の話。母は自分が倒れて入院しているというのに、いつも僕の歯の心配をしていました。自分が入れ歯になったので、「あんた、ちゃんと歯を磨いているの」「歯は毎日磨きなさい」とベッドの上でも何度も言っていた。それで樹木希林さん演じる母親が阿部寛さん演じる息子に「あーんしてごらんなさい」と言うシーンを書きました。

いまから思えば『歩いても　歩いても』は僕なりの母の死に対するグリーフワークでした。母を亡くしたという事実をどう受け止めようか思案して、映画にしてしまおうと考えたわけです。そこでいちばん大切だと思ったのは、母を失った悲しみに引きずられない、ということでした。笑えるものを、乾いたものをという意識があったので、ドライなホームドラマに仕上げることができたのではないかなと思っています。

物語の大きな設定ふたつ

『歩いても 歩いても』は、キャラクターの前に物語の大きな設定がふたつありました。ひとつ目は「ちょっと間に合わないというつぶやきで終わる映画にしよう」ということ。ふたつ目は、母親と息子がお盆に居心地の悪い一晩を過ごして、どこかのタイミングで「ブルー・ライト・ヨコハマ」がかかるということです。

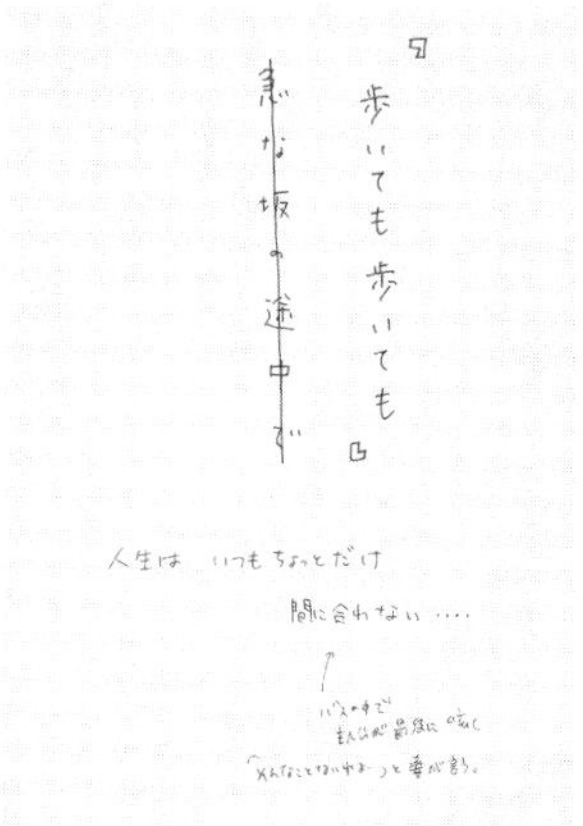

『歩いても 歩いても』
制作ノートの１ページ目

タイトルの『歩いても 歩いても』はこの「ブルー・ライト・ヨコハマ」のサビの一節です。この曲を唄ったいしだあゆみは当時二十一歳で、一五〇万枚を超える大ヒットになりました。当時たぶん『夜のヒットスタジオ』という音楽番組で、彼女が水色の衣装を着てアイススケートを滑る姿が歌の間にインサートされるのを見た記憶があります。僕は東京とはいえ、練馬という、工場と畑しかないような地域に住んでいたし、家族で出かけるといってもバスに乗って池袋がせいぜい。そんな環境のなかで、「ヨコハマ」という語感といしだあゆみのビジュアルは非常に都会的で、衝撃でした。そんな記憶が残っていたので、タイトルだけ先に決めた。

そのあとで細かいディティールを詰めました。たとえば「ブルー・ライト・ヨコハマ」がかかるとすると、母親が意地悪でかけるだろうから、父親が浮気していたんだろう……とか、食事をするなら、せっかくだから僕の好きだったトウモロコシのかき揚げにしようかなというように。ただ、食べるシーンは夜の鰻《うなぎ》だけにして、あとはだいたい料理をつくっているか片付けているかにしました。そのほうが、登場人物たちがしゃべれるからです。食事シーンにおいては食べることよりも準備と片付けが大事だというのは、向田邦子[*25]さんのホームドラマで学びました。

脚本と同時に考えるのがキャスティングです。主人公の良多役に誰がふさわしいかを考えていたとき、たまたまフジテレビの『ＣＨＩＭＰＡＮ　ＮＥＷＳ　ＣＨＡＮＮＥＬ』という情報バラエティー番組に阿部寛さんが出演した回を見ました。

この番組はチンパンジー一匹のトークショーで、チンパンジーの台詞はサブスタジオにいるビビる大木さんが担当していました。阿部さんは、そのチンパンジーに頭をよじ上られたり、ルームランナーをやっている最中にチンパンジーに速度を速くされ、走ればいいのになぜかずっと早歩きなのが、ひどくカッコ悪かった。カッコいい風貌なのにカッコ悪い、という良多のイメージと重なったのです。それで翌日、事務所に電話をかけてオファーしました。さすがに「チンパンニュースを見た」とは言えませんでしたが、ずっとあとで阿部さんにそのことを話したら、「出てよかった〜!」と喜んでくれました。

母親役は、脚本執筆段階から樹木希林さんに頼もうと考えていたので、第一稿からアテ書き[*26]しています。希林さんはこの母親役を本当に深く理解してくれて、いろいろなアイデアを出してくれました。

たとえば、入れ歯をお風呂場で外すシーン。「私、部分入れ歯なんだけど、歯の心配をするシーンが昼間にあるから、私が入れ歯だと息子の歯の心配をすることに説得力が出るでしょ。だから外そうかと思うんだけど」と希林さんから提案していただいて実現したシーンです。長男のお墓参りに出かける前に薄く口紅を塗るのも、希林さんのアイデアです。

世間ではアドリブが多い方のように思われるかもしれませんが、芝居については非常に緻密《ちみつ》に計算をされて現場に臨まれる方で、撮影初日に「台詞は一字一句変えずにやります。余計なことはいたしません」と言ってくださり、アイデアがあるときには必ず「こうしてみたいんだけど」と僕のところに来て「いらなかったらカットしていいからね」と言ってくれました。

元医者の父親役を演じてくださった原田芳雄さんは『花よりもなほ』につづいての出演です。『歩いても 歩いても』ではご本人から「自分がそこまで老いていないので」と白髪頭を提案されました。

また、希林さんと夏川さんとYOUさんは、休憩中も楽屋に帰らずにずっとしゃべっていて、阿部さんが通りかかるたびにいじって遊んでいましたが、原田さんは「家族からちょっと孤立している父親役」だったので、休憩時間は楽屋に帰っていました。『花よりもなほ』のときは現場のムードメーカーで、休憩時間になると原田さんが座っている周りに遠藤憲一さんや寺島進さんが集まって、楽しそうにお話をされていただけに、『歩いても 歩いても』のときはさすがにちょっと寂しそうでした。

しかも、この父親役は妻の悪口を言ったり息子と対立したりという器の小さい男だったので、おもしろがってはくれたけれど、ご本人とはかけ離れた役で、ご苦労もされていたと思います。

思い出深いのは、夜に家族で鰻を食べるシーン。孫が肝吸《きもす》いを指して、「お母さん、これ食べられるの？」と尋ね、食べられると教えてもらうのですが、ちょっと気持ち悪いなとためらっていると、原田さん演じる祖父が「じゃあ、おじいちゃん食べちゃお」と孫のお椀に自分の箸をつっこんで食べてしまう。しかも「チュッ」と音を立てて舐《な》めた箸をつっこむものだから、孫は残りの汁も飲めない。でも祖父はそのことにも気がつかない、というシーンです。

それで原田さんに「箸を、音を立てて舐めてください」と言うと、ちょっと厭な顔をされました。原田さんの美学としてはそんなことはしない。でもこの祖父はやるんだよな、という葛藤が見えて、そこが僕にはおもしろかった。結局、抵抗感があるものだから、なかなかいい音が録れず、アフレコで足すことになったのも懐かしい思い出です。

役者とのコミュニケーションから脚本がふくらむ

やはり、僕にとっては役者さんたちとコミュニケーションをとっていくなかで脚本の内容がふくらむというのはとても豊かであり、いちばん楽しいことです。

主人公の良多の妻を演じた夏川さんの場合は、彼女自身は結婚もしていないし子どももいないのですが、「姑とふたりきりになったときに、何を言われたらいちばん厭だと思う?」と尋ねた時に、「女の部分を言われるのは厭かも。髪とか爪がキレイね、とか」と言うので、「夏川さんだったら?」と訊くと、「私だったらエクボかなあ」と。それで夏川さん演じる嫁が姑に

「エクボが可愛いわね」と言われるシーンを書いたんです。その台詞を書き加えた新しい脚本を楽屋で渡したら、「書いたわね。もう何もしゃべらないからね！」と釘を刺されました。また、希林さんが冒頭でYOUさんの髪を触りながら「あんた、おでこキレイなんだからもっと出しなさいよ」という台詞は、楽屋でふたりがしていたかけ合いをそのままそっくりやってもらったものです。

原田さんの一言が脚本に活かされたこともあります。クラシックが好きだと見栄をはる夫を妻が「最近カラオケで演歌、『昴《すばる》』を唄っているのよ」とやりこめるシーンがあるのですが、ホン読みのあとで原田さんが「『昴』は演歌じゃないよな」と。「そうですねぇ……演歌じゃないですね」という話になり、どこまでは演歌で、どこからは違うのかで盛り上がったんです。それで本番では「『昴』は演歌じゃない」と子どもっぽく言い返すシーンに変更しました（ちなみに、医者はカラオケで「昴」と「マイウェイ」を歌うという僕なりのリサーチ結果があり、それでこの映画では「昴」を選んでいます）。

『歩いても 歩いても』は、そのようにしてできあがった脚本でホン読みをし、また脚本を修正し、ワンカットごとに台詞を決め、次にセットリハーサルをやって動きを決め、そこでまた台詞を直すというオーソドックスなやり方で進行しました。

しかし、できあがった映画は、『DISTANCE』のように役者の個性に任せて台詞をしゃ

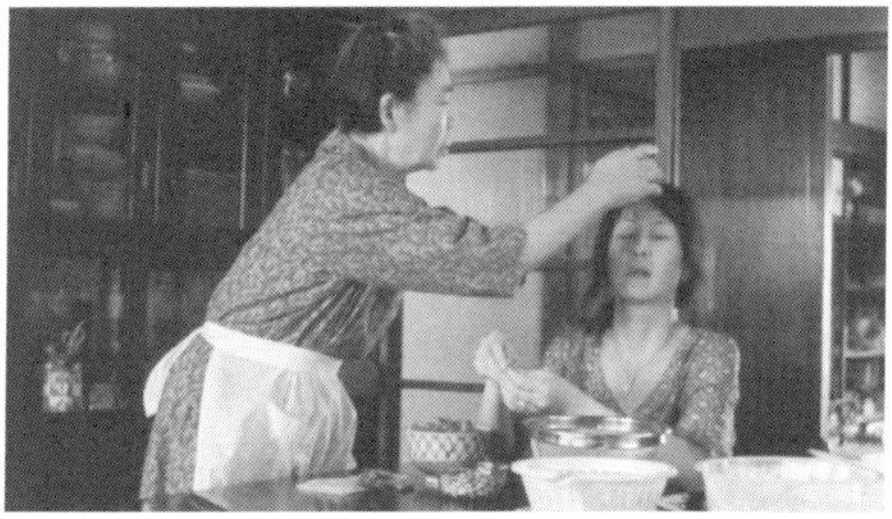

べってもらった作品よりも、それぞれの人物像が際立ったものになったのではないかと思います。つまりプロセスはある意味「不自由」なのですが、登場人物は映画の中で自由を獲得しているように見える。まあ、これも自己評価にすぎませんが……。

カット割、光、音にこだわる

『歩いても 歩いても』を撮る前、僕は日本の映画史に残る技術やノウハウを学ぶために、成瀬巳喜男《みきお》[*27]監督の作品をかなり見直しました。

カメラ割りでいうと、小津安二郎[*28]監督は正面から撮りますが、成瀬監督はどのカットを見ても必ずカメラを対象に対してひねっています。楷書《かいしょ》と草書とまではいかないかもしれないけれど、それだけで日本家屋の見え方がずいぶんと違う印象を受ける。成瀬がカメラをひねって撮っているのは、そのほうが部屋や家具などの位置関係がわかりやすく、人間を動かしやすいからだと思います。逆に小津監督の映画は、非常に空間が捉えにくい。

また見直してよくわかったのですが、五〇年代の東宝映画は美術や照明や撮影の技術力が圧倒的に高い。同じ成瀬監督の映画でも東宝と同時代の大映では、比べものにならないくらい東宝の技術が高かった。東宝は当時、ホームドラマを撮るために、家だけでなく、路地も含めて地域ごとオープンセットで建てていたので、その豊かさが画に映り込むのでしょう。ただ、現在はそこまではできないので、あるものでどう豊かに撮るか、ということが勝負になります。

昭和四十年ごろに建てられたという設定の横山家（実家）は、医院と住居がつながった併用住宅です。家の内部はスタジオに組まれたセットでの撮影で、外観がぴったりの家を探しに奔走していたスタッフが、三鷹の小児科医院を探し出してくれました。庭と居間を中心に、廊下を挟んで奥に台所を設けたこの家の間取りを踏襲し、台所や居間はセットを組んでいます。

住宅内部のどこがロケでどこがセットかわからなかった、という嬉しい感想もいただきましたが、それは美術のレベルが高かったのと、尾下栄治さんの照明が素晴らしかったからだと思います。

三鷹の小児科医院は光の入り具合がとても良くて、自然光で撮れてしまうほどでした。でも尾下さんはあえて人工光を足している。なぜだろうと思って理由を尋ねると、「意図的に人工の光を足して自然光を人工光に少しだけ寄せておかないと、セット撮影と組み合わせたときにひとつの映画のなかでマッチしないのです。その場の自然光が美しいからといって必ずしも自然光だけで撮影をしていい、ということではない」と照明の哲学を語ってくれました。これを聞いたとき、技術者って本当にカッコいいなぁと思いました。

この映画では音にも細心の注意を払いました。家族みんなが居間にいるときに、庭から良多の姉の夫とその子どもたちがきゃっきゃっと騒ぎながら戻ってくるというシーン。通常、セットで弱いのが音の広がり、反響です。どうしても天井に響いて室内感が出てしまう。そこで、遊んで帰ってくる子どもたちの声を、東宝スタジオの駐車場でアフレコで録り、その声をシーンに足すことにしました。たったそれだけのことで「外」のシーンに見えるのです。まさに音のマジック。音の「大小」ではなく「遠近」にこだわって、音の距離感と拡散の違いを加えたことで、セットとロケの境目を感じないリアルな世界を構築することができたのではないかと思います。

監督助手という新しいシステム

『歩いても 歩いても』でもうひとつ試みたことが「監督助手」というポジションの導入です。

監督助手というシステムは、実は『ワンダフルライフ』のときにすでに萌芽がありました。

僕はその映画で、まだ大学生だった西川美和さんに声をかけました。このときの彼女のポジションは助監督でしたが、撮影のクランクインからクランクアップまでの撮影のみに携わる通常の助監督とは違って、企画立ち上げからリサーチ、撮影、編集、仕上げまでのひととおりを僕の隣で経験してもらいました。

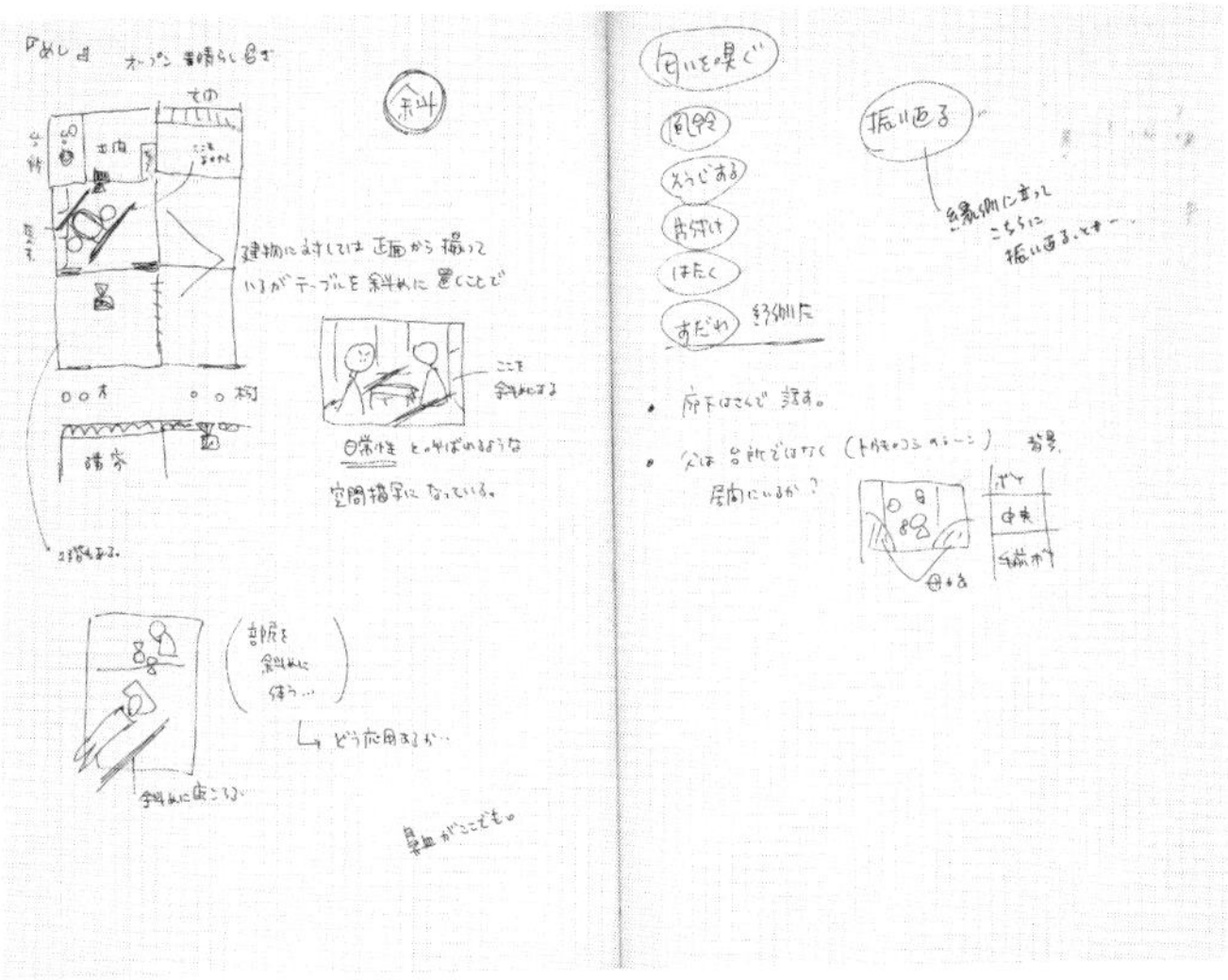

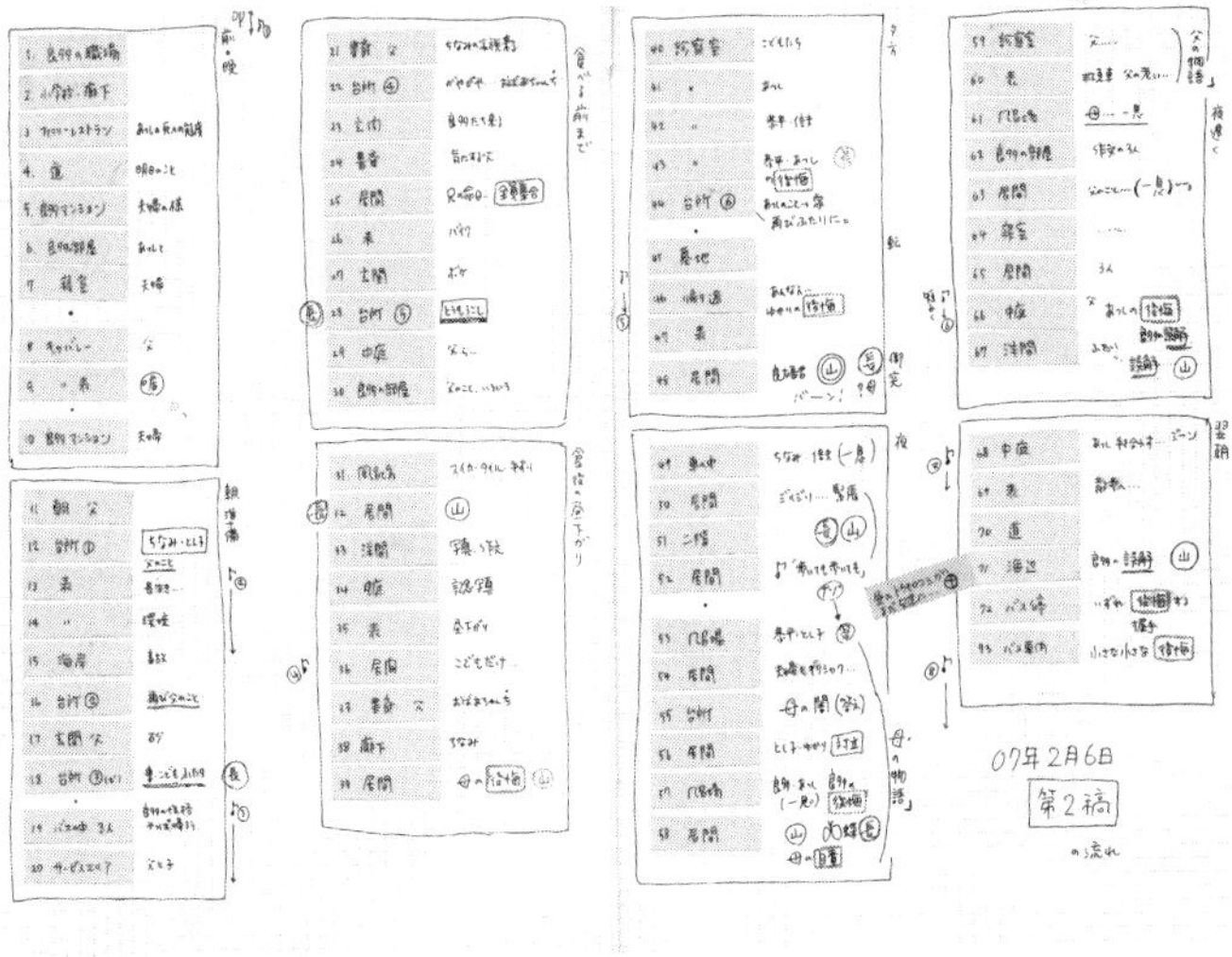

『歩いても 歩いても』制作ノート
上：カメラポジションのメモ　下：シーンの順番を検討

西川はその後、フリーランスになり、他の監督の助監督をしながら、僕の演出するＣＭ撮影やミュージックＰＶも手伝ってくれました。そして三本の映画に助監督として関わったところで、「監督として二十代のうちに一本撮ったほうがいい」というアドバイスをしました。それは僕自身がそうできなかったという忸怩《じくじ》たる想いがあったからです。

しばらく助監督の仕事を休んで彼女が書いてきた脚本の第一稿は、非常に良い出来でした。正直これは映画になると思った。何せほとんどのシーンが家の中で展開するので、予算がさほどかからない。当時、僕がもっとも信頼していたエンジンフイルムの安田さんに脚本を読んでもらったところ、「是ちゃん、これはすぐにやったほうがいい」と。それで伊勢谷くんの『カクト』と西川の『蛇イチゴ』を僕がプロデュースすることにしました。

「監督がプロデューサーをやって、助監督を監督にする」というシステムは、映画界にはあまりないシステムなので驚かれましたが、テレビ界では一般的です。たとえば僕がディレクターで、ＡＤが企画を持ってきたら、僕はプロデューサーとして企画をテレビ局に売り込みにいき、企画が通れば、そのＡＤがディレクターとなって番組を制作します。

映画界にそのシステムがないのは、プロデューサーと監督は別の仕事だと思われているからでしょう。監督の職域が非常に狭いのです。確かに撮影所[*29]システムのころは、監督は撮影が終わったらすぐに次の現場の監督をするというほうが、効率が良かった。だから編集は編集マンに任せるし、予告編やポスターなどの販促物や公開規模に関しては配給会社が決めました。監督にそれらの権限はなかったのです。でも、僕は自分の作品がどういうかたちで公開されるか、そこに携われないのはおかしいとずっと思っていました。

　映画監督で編集や広告展開について業界外の人材に参加してもらったり、自身も積極的に携わることを始めたのは、たぶん僕と岩井俊二さんが初めてなんじゃないかと思います（その前にひとり伊丹十三さんがいるくらいかな）。共通しているのは、ふたりともテレビ出身ということ（岩井さんもご自分の助監督のプロデュースをされています）。

　たとえば『蛇イチゴ』や『カクト』の製作費は二五〇〇万〜三〇〇〇万円くらいですが、その規模の製作費であれば、テレビ番組のプロデューサーであれば普通に手がける金額です。それ以上増えると、予算管理は別の人に入ってもらったほうが僕の場合はいいですが、とにかくプロデューサー的な仕事をやれるなら、できるかぎりやったほうが良いと思います。

　話を監督助手に戻すと、『ワンダフルライフ』『DISTANCE』で、西川に経験してもらった企画から仕上げまで携わるシステムは、非常に有効でした。映画を前へ前へと進めてくれる助監督とは別に、映画のことを一緒に立ち止まって考えるブレーンみたいな存在が、僕の作品には必要なのです。

　それで『歩いても　歩いても』では砂田麻美《まみ》[*30]さんにその役割を担ってもらいました。僕の撮影現場に関わってみたい、と三年くらい前に丁寧な手紙をもらっていて、タイミングが合えば、と返事をしていたのでした。「監督助手」という呼称は、映画のエンドロールにどういう役職で記すか相談したときに、砂田自身が考えたと記憶しています。

もちろん助監督は撮影の段取りをするだけが仕事ではありません。ただ、撮影が始まると、「何時までにこのシーンを終えて、十五分で移動して、次のシーンを撮りきらないと……」と、先を先を考える発想にどうしてもなる。いま撮り終わった画の中身や内容を翌日まで吟味して考え直す余裕はまずないし、「昨日撮ったシーンはもしかしたらNGなんじゃないでしょうか」などとは絶対に言いません。それは自分の首を絞めることになるからです。

だからこそ、監督に対していつ、どんな意見でも言ってよいという「監督助手」というポジションを導入しました。

『歩いても 歩いても』のころは、砂田が僕のところに脚本を持って近付くと、助監督たちから「あいつ、余計なこと言うなよ！」という怖い視線が飛んできていたみたいです。でもいまは、助監督はアクセル、監督助手はブレーキという役割分担を相互に理解して、良好な関係が保たれているんじゃないかなと思います。たぶん、以前よりは。

死者は神の代わり説

僕の映画は全般的に「喪失を描いている」と言われますが、僕自身は「遺《のこ》された人」を描いているのだと思っています。

それは、『誰も知らない』のカンヌ国際映画祭でのインタビューで、ロシア人の記者から「あなたはよく死と記憶の作家と言われるけれど、私はそうは思わない。あなたはあとに遺された人――親に捨てられた子どもや自殺した夫の妻、加害者遺族など、誰かがいなくなってしまったあとに遺された人を描いている」と指摘されたことがきっかけです。これは「なるほど。そうかもしれない」と自分でも腑に落ちました。自分の意識下にあるモチーフを取材者にクリアに突きつけられるというのは、非常におもしろい体験です。

「喪失」という言葉にはもうひとつ思うところがあります。

二〇〇〇年前後、黒沢清監督や青山真治監督とともに海外の映画祭に呼ばれるようになって、「なぜ日本の作家は喪失ばかり描くのか」という質問をよくされました。

そのときは、「みんなそれぞれ捉え方は違うし、一緒くたにされても困るな」と思っていたのですが、記者は「広島長崎の原爆を体験していることと何かつながりがあるのか」と問いかけてくるわけです。黒沢さんも青山さんも僕も、広島や長崎には直接関係はありません。でも外国から見るとそう見える。僕らが「ユダヤ人」という言葉からホロコーストやアウシュヴィッツを連想するのと同じです。要するに、観る側はそこまで遡って作品に存在するその国の民族の独自性や根拠を探したいのでしょう。

そんな質疑応答を何回か経たことで、西洋と東洋の違いを考えざるをえなくなりました。明らかに違うのは、西洋人の彼らにとっては生が終わったあとで死が始まる。つまり、生と死は対立概念だということです。でも東洋では（特に日本では）、生と死は表裏一体であり、もう少し寄り添っている。必ずしも生が終わったあとに死が始まるわけではない。死は常に生に内在している、という感覚は僕のなかにも間違いなくあります。

その感覚が、たぶん西洋人にとってはすごく新鮮に感じられるのではないでしょうか。パリで行われた『歩いても 歩いても』の公開キャンペーンでも、ひとつおもしろい質疑応答がありました。

ヨーロッパでは「なぜいつも物語のなかに不在の死者がいるのか？」「誰かが死ぬことではなく、死んだあとの世界をなぜ描きつづけるのか？」と繰り返し訊かれ、ずっと答えに窮していたのですが、そのときなんとなく、こんな答えが自分から出てきたのです。

日本人のある世代までは「ご先祖様に顔向けができない」という感覚があります。絶対的な神様がいない代わりに、日常のなかで死者の目にさらされて恥ずかしくないように生きる、という倫理観を持っている。そういう生き方を僕自身もしてきた。だから、西洋でいう「神」の代わりが、日本では「死者」なのではないだろうか。死んだ人間はそのまま いなくなるのではなく、私たちの生活を外側から批評し、私たちの倫理的な規範の役割を引き受けてくれているのではないか。つまり、物語の外側から私たちを批評するのが死者であり、物語の内側で私たちを批評するのが子どもなのではないか……。

その場にいた記者はこの答えに大いに納得してくれました。それで僕はこのとき以降、「死者は神の代わり説」をよく使っています。

「かけがえないけど、やっかい」が僕のホームドラマ

さて、自分で自分の映画を批評するのもなんですが、『歩いても 歩いても』は、できあがったときに、「納得度の高いものができた」と思えました。それはいままでいちばん肩の力を抜いて無理をしないでつくれたということです。

それまではやはりテレビドキュメンタリー出身という意識が多少なりともコンプレックスとしてあり、「映画とは何だろう?」というジャンルや方法論を問うこと自体を作品に盛り込む

求しなかった。

僕にはこれがホームドラマだという基準があります。

家族だからわかりあえる、家族だから何でも話せるというのではなく、たとえば「家族だから知られたくない」とか「家族だからわからない」ということのほうが実際の生活では圧倒的に多いと思います。山田太一[*31]さんは間違いなくそういうホームドラマを描いていたし、向田邦子さんも男の安息の場所はみんな家の外にあるというホームドラマを描いていた。だから僕も自分なりのリアルな家族の物語を描こうと思いました。一言で言うと、「かけがえがないけど、やっかいだ」。その両面を描くことが、ホームドラマにとってはとても重要だと考えています。『歩いても 歩いても』は、それがかなりのレベルで実現できたのではないかと思っています。

そのうえで、「これ、映画じゃなくてテレビドラマだね」と言われるのであれば、それはそうだよねとも思います。反論する気はまったくありません。つまり僕は、映画のつくり手ではなく、テレビ作家なんだろうと。それが自分の本質なのだから仕方がないと素直に思える作品です。これは開き直りとか、諦めということではなく、否応なく制作者としての自分の内部に刻印されている、テレビのDNAというものを認め、受け入れ、向き合ってみようという態度です。

「メタ思考」のきらいがありました。でも『歩いても 歩いても』はそういった方法論は何も追

『大丈夫であるように
～Ｃｏｃｃｏ　終らない旅～』
２００８

感動して撮りつづけてしまった

ドキュメンタリー映画『大丈夫であるように　～Ｃｏｃｃｏ　終らない旅～』を撮りはじめたのは、二〇〇七年の年末です。

沖縄出身の歌手Ｃｏｃｃｏ[*32]は、一九九七年にメジャーデビュー、二〇〇一年四月に音楽活動を休止してからは、絵本を出版したり、沖縄の海の清掃を訴える「ゴミゼロ大作戦」を展開したりしたあと、〇六年に音楽活動を本格的に再開しました。

〇七年十一月初旬だったと思いますが、僕はマネージャーの上野新さんから連絡を受け、青山ブックセンター本店の脇のカフェでお会いしました。そこで「ジュゴンの見える丘」というシングルリリースの新聞全面広告と、Ｃｏｃｃｏがその曲をチャリティコンサート「ライブ・アース」で唄っている映像を見せてもらいました。これが素晴らしかった。「何かもう少しかたちにしたいんです」と上野さんに言われ、「何でもします」と答えました。僕自身も彼女の唄っている姿を見て、「何かしたい」と素直に思えた。「何かしなければ」と思いました。

　何に針が振れたのかといえば、曲の歌い出しの「まだ青い空」の「まだ」という一言と、歌の途中で出てくる「もういいよ」の「もう」という一言です。その「まだ」と「もう」の使い方に、正直グッときてしまった。たぶん、「まだ」という、いつか失われてしまう未来への言葉と、「もう」という、背負ってきた過去に対する言葉、そのふたつに支えられて「いま」という時間が存在しているのだということを、歌を聴いた瞬間に感じたのだと思います。

　僕は基本あまり衝動で動かないタイプなのですが、そのときばかりは「何かやれることをしよう」と決心し、ツアー初日である十一月

©2008『大丈夫であるように』製作委員会

『大丈夫であるように ～Ｃｏｃｃｏ 終らない旅～』

二〇〇八年十二月十三日公開【配給】クロックワークス【製作】『大丈夫であるように』製作委員会／一〇七分【あらすじ】二〇〇七年十一月、デビュー十周年を記念したライブツアーのスタートをきったＣｏｃｃｏ。ツアーの合間に訪れた神戸で阪神・淡路大震災の慰霊と復興のモニュメントで曲を書き、青森では原子力発電所問題で揺れる六ヶ所村の少女と心を通わせる彼女の姿を追ったドキュメンタリー。【出演】Ｃｏｃｃｏ、長田進、大村達身、高桑圭、椎野恭一、堀江博久　ほか【撮影】山崎裕　ほか【助監督】砂田麻美

二十一日の名古屋に同行してカメラを回しはじめました。

それは、Ｃｏｃｃｏに対するお返しという意味もありました。彼女はロンドン滞在中にたまたま『誰も知らない』を観てくれたそうで、二〇〇六年に彼女の「陽の照りながら雨の降る」のPVを撮影した際、『誰も知らない』からインスパアされてつくったという「砂場の海賊」という歌を個人的にプレゼントしてくれたのです。これはいまでも僕の宝物です。

結局ほぼ二カ月、各地のツアーに同行し、最後には彼女の生まれ故郷である沖縄のジュゴンの見える丘でインタビューをして撮影は終わりました。

この間のことを思い返すと、ドキュメンタリーというよりは彼女に感動して撮りつづけてしまったというほうが正しいです。

特に名古屋のすぐあと、新宿で開催されたエッセイ『想い事。』[*33]出版記念ミニライブを撮ったときは、小さな会場でＣｏｃｃｏがお客さんに同じ目線で語りかけ、そこで「鳥の歌」という曲を初めて聴かせてくれて、恥ずかしながらその場にいられたことを感謝してしまったくらい。撮っている間はほとんどその連続だったので、そういう意味で、自分がそれまで撮ったドキュメンタリーの取材対象とはちょっと違う関係性だったのだと思います。

Ｃｏｃｃｏはこのツアー中に何度も「生きろ！」という言葉を観客に向かって叫んでいました。二〇〇八年一月九日、十日は武道館でラストライブを行っていますが、そこでも同じ言葉を叫んでいた。

しかし撮影が終わったあとに彼女から届いた手紙には、そのときの自分には「嘘があると思った」と書かれていました。実は彼女はずっと摂食障害を起こしていた。僕は「食べてないな、だんだん痩せていくけど大丈夫かな」と思いはしたものの、そこまでとは知らなかった。

Ｃｏｃｃｏは、自分の身体が生きることを拒否しているのに「生きろ」というメッセージを外に向かって発するギャップを感じたようで、「もう嘘はつきたくない」と書いていました。僕はそのとき「生きろ」というのは、外へ向けてのメッセージでもあるけれど、自分の肉体へ向けて叫んでいる言葉でもあったんだと、非常に腑に落ちた。彼女自身も「生きろ」という言葉がなぜ自分から出てきたのかが初めてわかったようでした。

それで、映画では冒頭に「黒砂糖しか食べたところを見ていない」、最後には「入院した」というテロップを出しました。それがふたりの同意に基づく、着地点でした。

同時に手紙には「ジュゴンがあのあとどうなったのか。沖縄がいまどうなっているのか。現時点でのいろんな状況が最後に出せると、十年後に観たときに意味があるのではないか」とも書かれていたので、そのアイデアは反映させました。

印象的だったふたつの言葉があります。

ひとつ目は「だから唄います」というもの。「だけど」ではない。その言葉には、「唄うこと」

と「生きること」が重なっている感じがした。いろんな感情を抱えながらも、それを肯定的に受け取って、直線的に歌にしている、そのことだけはこの作品で伝えようと思っていました。

ふたつ目が、「よんなーよんなー」です。沖縄の方言で「ゆっくりゆっくり」「のんびりのんびり」の意で、新宿で「鳥の歌」を唄う前に「生きることが許されて。唄うことが許されて。生きることは一生つづくことだから、ゆっくりね。よんなーよんなーよ……」と語りかけています。

その、人に「急がないで、焦らないで」と語りかけていることと、ステージで「生きろ」とか「生きることに興味がある」と語るほどの強烈な生への執着というか、生き急いでいる感じとのギャップに、どのくらい本人が気づいているのかな、とはずっと思っていました。撮影を終えてからのメールのやりとりで、「道にゴミが落ちていて、全部拾わないと気がすまない。でも次から次へとゴミは落ちているから、いつまで経っても拾いきれない」というようなことが書いてあったので、自覚はあるんだなと感じました。

巡礼

編集は三月後半でいったん終え、ひとつ別のテレビドキュメンタリー番組をつくってから、再度編集に戻りました。

編集の途中では、Ｃｏｃｃｏにも見てもらい、意見を求めました。彼女自身は「自分の作品ではないし好きにやってくれ」という割り切りをしていたし、節度を踏み外さない範囲に限定されてはいたけれど、その意見は悔しいほどクリエイティブなものだった。自分がどう見えるかよりも、「青森で私はこういうことを言っていたと思うんだけど、それを入れておくと、こっちが生きるんじゃないか」というような、作品を俯瞰した意見だった。いわばそこに描かれている世界観なりメッセージを、よりよく伝えていくための意見で、それは非常に勉強になりました。

一方で彼女は、「自分と家族それぞれとの親密な関係を発見できて、すごく嬉しかった」と言ってくれたので、そういう作品に仕上がったことは、彼女個人のためには良かったのかなと思います。

ツアーに同行して、僕なりに感じたＣｏｃｃｏに対する認識の変化があるとすれば、「歌が世界に触れて生まれている」ということです。

たとえば、神戸の震災のモニュメントを見て生まれた「バイバイパンプキンパイ」という歌があり、「生きろ」というメッセージがそこから生まれて、それが結局自分自身へと戻っていく。それは本人にとっては相当しんどい作業だなと思うけれど、それでも自分の内側から生まご購入、誠にありがとうございます。
ご感想、ご意見をお聞かせ下さい。

① この本の書名

② この本をお求めになった書店

③ この本をお知りになったきっかけ

④ ご感想をどうぞ

＊お客様のお声は、新聞、雑誌広告、HPで匿名にて掲
させていただくことがございます。ご了承ください。

⑤ ミシマ社への一言

恐れ入ります
切手を
お貼り下さい

〒 郵便はがき

〒602-0861

京都市上京区新烏丸頭町
164-3
株式会社ミシマ社京都オフィス
編集部行

フリガナ

お名前　　　　　　　　　　　　　　　　歳

〒

ご住所

(　　　　)

ご職業

メルマガ登録ご希望の方は是非お書き下さい。

E-mail

ご記入いただいた個人情報は、今後の出版企画の参考として以外は利用致しません。

れただけの歌よりも、世界を回ってきている分だけ、強さがあるような気がしたのです。

もちろんそれまでもそういう歌は生まれていただろうから、彼女を理解するうえでそこを大きな変化と捉えるかというと、正直わからない。でもそういう目線で彼女を見たいと思っている自分、そこに彼女のいまの強さや美しさを見たいと思っている自分がいる。それでいいのではないかと思っていました。

それからＣｏｃｃｏはよく「みんなの歌にしたい」と言っていました。「鳥の歌」に関していうと、その曲はがんで亡くなった友人のためにつくられたもので、その友人の棺《ひつぎ》にＣＤを入れています。

しかし、それがライブハウスでメンバーの即興に合わせて唄われたときには、非常に温かいものとして受け取られた。そのとき、オリジナルの彼女のメッセージとは違うかたちで、広がりを持ったものに生まれ変わったと思ったし、「みんなの歌」になるとはこういうことだなと感じました。前述した「感動」を具体的に話すとそういうことなのですが、ツアーの最中に歌の意味や歌の持つ感情が変化していくというのは、本当に豊かな光景でした。

映画のタイトルとなった「大丈夫であるように」という言葉は、冒頭に出てくる名古屋でのライブのＭＣで彼女自身が発した言葉です。それは、僕自身が自分の素直な気持ちとして彼女にかけてあげたい言葉でもありました（だから「よんなーよんなーよ」でもよかったけれど、それはさすがに観ないとわからないので）。

でも実は最初に考えていたタイトルは「巡礼」でした。青森の六ヶ所村、神戸、広島、沖縄ｅｔｃ．。彼女はその場所を訪れ、感応し、血を流し、曲を生み、唄う。その姿はミュージシャンというよりは宗教者の巡礼のようでした。

当時僕をインタビューしたライターから「映画を観て、唄うことと祈ることが重なった」と言われたのですが、僕自身も「これはライブツアーではないな。その場所で祈って、唄っている、その連続じゃないか」と思っていたのです。でもそれは人が観たあとに感じればいいかなと……。タイトルが正式に決定したあと、Ｃｏｃｃｏが題字を書いてくれたのですが、照れがあったのか、サブタイトルの「終らない旅」の下には「終らせたい旅」「終らねえ」「早く終らしてえ」などと書かれていて、スタッフと笑いました。

前述したように、この映画は普段のドキュメンタリーを撮る際の関係性とはぜんぜん違っていたので、ドキュメンタリー映画と言ってよいかどうか、ちょっと自信が持てません。

でも自主製作でスタートし、旅費も宿泊費も自腹で、「まとまらなければまとまらないでいいや」と思って撮りつづけた日々は、とても気持ちが良かったです。思えば最初に撮ったドキュメンタリー『もう一つの教育 ～伊那小学校春組の記録～』がまさしくそういうかたちだったので、久しぶりにその気持ち良さを取り戻せた作品でした。

『空気人形』

2009

ずば抜けたプロフェショナル

七作目となる『空気人形』は、二〇〇〇年に発表された漫画家業田良家[34]さんの傑作短編集『[35]ゴーダ哲学堂　空気人形』の表題作をモチーフにした作品です。読んですぐに映画の企画書にしたのですが、いろんな事情があって映画化までには九年の歳月がかかりました。

原作に惹かれた理由は、空気人形、つまりラブドール（昔の言葉でいうならダッチワイフ）がビデオ店で働いている時にクギに身体をひっかけて破け、身体のなかの空気が抜けて萎《しぼ》んで、自分の好きになった男性に床の上で息を吹き込まれるという描写が非常にエロティックで映画的だと感じたからです。業田さんはこのシーンの、息を吹き込む吹き込まれるという呼応を、セックスとして描いていた。

それまで自分が描いてきたのは、「不在」や「死者」など、ネガティブな匂いをまとわざるをえないものでした。この作品のテーマ「空虚」も通常であれば間違いなく同じネガティブな匂いをまとうものですが、業田さんが描かれたほんの二〇ページの作品からは、他者の息を自分の身体のなかに吹き込まれて満たされていくという、他者との関係の持ち方の豊かな可能性が感じられました。

つまり、空虚は他者との出会いの場に開かれている。空虚は可能性である——自分が満ち足りていないことは他者とつながる可能性である、という捉え方をしており、非常にポジティブな作品だと思ったのです。

映画化は、主役の空気人形役をペ・ドゥナ[*36]さんが受けてくれてからはトントン拍子でした。出演するかどうか悩んだペ・ドゥナは、韓国のポン・ジュノ[*37]監督にも相談して「おもしろくなるんじゃないか。やったほうがいいよ」と言われたそうで、監督にはとても感謝しています。

実際、撮影が始まってからは、ペ・ドゥナの力量には驚かされっぱ

©2009 業田良家／小学館／『空気人形』製作委員会

『空気人形』
二〇〇九年九月二十六日公開【配給】アスミック・エース【製作】『空気人形』製作委員会／一一六分【あらすじ】ファミレスで働く冴えない男が所有するラブドール。彼は名前をつけて毎日話しかけていたのだが、そのラブドールがある朝、心を持った。彼女は街に出て、レンタルビデオ店で働きはじめる……。カンヌ国際映画祭「ある視点」部門出品【原作】業田良家【受賞】日本映画プロフェッショナル大賞 主演女優賞、高崎映画祭 最優秀作品賞・最優秀主演女優賞など五部門 など【出演】ペ・ドゥナ、ARATA（現・井浦新）、板尾創路、高橋昌也、余貴美子、オダギリジョー

なしでした。まず言葉の問題。もちろん通訳はいましたが、撮影中盤からはいなくても大丈夫だった。耳が非常にいいので、だいたいの演出意図がつかめると細かく指示をしなくても、こちらの意向をくんで演技ができてしまうのです。

役への入り込み方も素晴らしかったです。朝四時半入りで、全身メイクして、三時間くらいかけて現場に入ってくるのですが、そのときには完璧に役になりきっていた。ある朝、僕が挨拶に行ったときに、メイクをされながら台本を読んで泣いているので、何かあったのか心配していたら、メイクさんから「撮影では人形役で泣けないから、いま泣いておいて、感情をつくっておくんだそうです」と教えてもらいました。しかも毎日そうやっていた、と後で聞きました。

そんな人ですから、NGもたったの二回！　しかも演技や台詞を間違えたのではなく、こらえきれずに泣いてしまっただけ。高橋昌也さん演じる元詩人の家を訪れて、彼の顔を覗き込んで下を向いたときに、思わず涙がこぼれてしまった、というものでした。なぜ演技のNGがないのかを尋ねてみたら、「韓国の映画の現場は自分みたいな新人がNGを出せる余裕がないから、そこで鍛えられた」ということでした。

『花よりもなほ』で主演してくれたV6の岡田准一くんもとても身体能力が高く、カメラのフ

ほか【撮影監督】リー・ピンビン【照明】尾下栄治【美術監督】種田陽平【衣裳】伊藤佐智子【音楽】world's end girlfriend【宣伝美術】森本千絵【企画】安田匡裕

レームのなかで自分がどの位置にいるのか、常にわかっていました。それはいつも六人で踊っていて、見なくても残り五人との距離とか動きのずれがわかるように訓練されたからだと言っていました。だから、彼の走りに合わせてカメラが横移動しようとしたときに、「僕のほうで合わせますから、カメラは自由に動いてください」と言われてびっくりしたんですが、それでもまったく、フレームからは外れませんでした。

ペ・ドゥナもまさに岡田くんと同じような身体能力があって、まったくモニターチェックをしないにもかかわらず、いま自分が画のなかでどう位置づけられているかは俯瞰して見ることができていました。たぶん一流のサッカー選手が、試合中に自分以外の一〇人のポジションと動きを空から見ているように把握できているのと、同じ感覚なんじゃないかと思います。

たとえばペ・ドゥナが奥に、相手役の板尾創路《いつじ》さんが手前にいるシーンで、レール上をカメラが左から右へ移動しながら撮影したときのこと。ある地点でペ・ドゥナの顔に板尾さんの身体がかぶるわけですが、彼女の台詞の言い出しが少し早くて、ほんのちょっとだけ口元が板尾さんの右肩に隠れた。それでカットをかけて彼女のところに行こうとしたら、「あ、大丈夫。次はちょっと遅らせるから」と、こちらが何も言わないのにわかっていた。

部屋のなかをフワフワと浮くシーンの撮影でも驚かされました。

撮影自体はとても原始的な方法で、はしごみたいなものにペ・ドゥナに入ってもらい、両脇を操演《そうえん》というチームの男性が担いで、屈伸運動をしながら手で持ち上げる。そしてペ・ドゥナの足下だけをカメラが撮る。画面の上に足が消えてまた入ってくる、消えて入ってくるというのを、いいカットが撮れるまで何遍も撮りつづけます。

その撮影後、操演の男性が「あの女優はすごいね」と興奮しているのです。「僕らも何度も持ち上げていると疲れてきて、ちょっとずつ持ち上げられなくなる。そのときに彼女は自分で少し足を曲げた。画面から自分の足を消すために。それは自分が担がれながらも、完全にカメラのフレームが見えている証拠です。私の経験でいうと、萬屋錦之介《よろずや》*38とか勝新太郎*39とか、アクション俳優のトップレベルの身体感覚じゃないとなかなかできないことですよ」と。

それでペ・ドゥナにどうやったのか確認すると、「壁を見ていたの。トップに上がったときに目線の高さがどこになるかを確認して、ちょっと下がったなと思ったから、その分足を上げたんです」と。

そういう能力の高さにはなかなか出会えるものではありません。現場にいるスタッフはみな感動して、彼女のために何かしてあげたいと思っていたと思います。ひとりずば抜けたプロフェッショナルがいると、相乗効果で周りも自分のプロフェッショナルな部分を引き出される、というのを実感した現場でした。もちろん僕自身もそのひとりです。

対象を「見つめる・見せる」ための道具

『空気人形』ではペ・ドゥナ以外に、もうひとり海外のスタッフと仕事をさせていただきました。撮影のリー・ピンビン[*40]さんです。

リーさんは、侯孝賢の初期の作品『童年往事 時の流れ』[*41]や『恋恋風塵』『戯夢人生』[*42]などのフィックス[*43]のカメラも素晴らしいのですが、ウォン・カーウァイ[*44]監督の『花様年華』[*45]のエモーショナルなカメラワークでもまた衝撃を受けたカメラマンです。

撮影は、いまのデジタル技術であれば、後処理で明るくできたり色味を変えたりといろいろいじることができます。だから昨今のカメラマンの仕事はほとんど現場四割、後処理六割というバランスで、現場が「とりあえず」になる場合が多い。そんな時代に、リーさんはフィルムを使い、撮影の仕事は現場で完結させて、後処理では調整したりしない、という徹底した人でした。

ただ、レンズの絞りとフィルター[*46]ワークでどんな感じに画が完成しているのかは、リーさん本人にしかわからない。また照明全体をコントロールするのは撮影監督のリーさんの役割だったのですが、リーさんは照明部のつくった照明を全部外し、「これだけでいける」という大胆

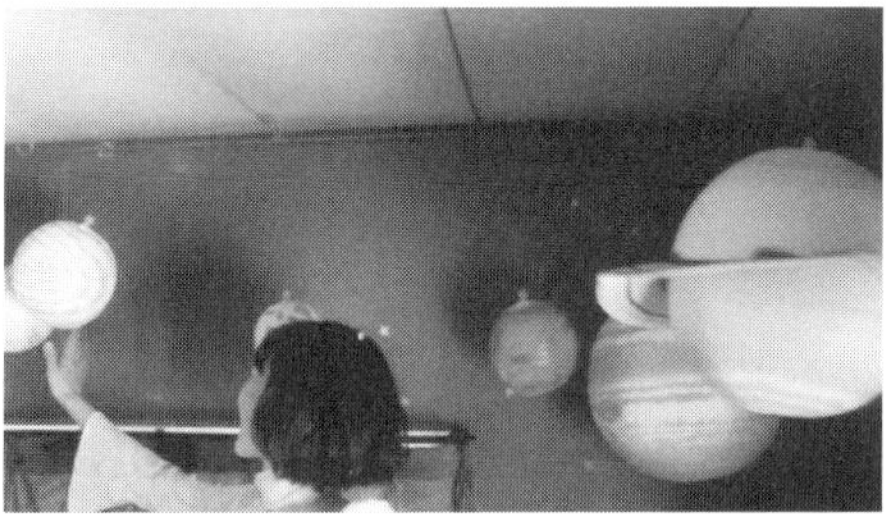

なライティングをして、周囲を驚かせました。照明部は当初かなり不安だったと思います。

でも、一回目のラッシュ[*47]（確か、富司純子《ふじすみこ》さんのシーンだったと思います）をスタッフ全員で見てみんな納得した。ペ・ドゥナとリー・ピンビンという世界的なレベルに自分たちがどうついていけるのか、必死になって考える日々が始まりました。

僕自身、ドキュメンタリーとフィクションを何本か撮るなかで、作品に合った撮影方法を一つひとつ試行錯誤しているのですが、『誰も知らない』で「ドキュメンタリータッチ」と言われたことには違和感がありました。

この曖昧な言葉をいちばん使うのはコマーシャルの人たちで、具体的には「なんとなくほんとっぽい」という意味です。これは、一九九九年にアメリカで公開された疑似ドキュメンタリー映画『ブレア・ウィッチ・プロジェクト』[*48]の影響が大きく、当時多くのハリウッド映画が手ぶれを効果として使っていました。

ただ、カメラがなぜ手持ちで揺れるのか、ということは誰も考察していないのです。

カメラは、対象を見つめるための道具であると同時に、対象を見せるための道具でもあるので、揺れる理由がこのどちらにあるのかでずいぶん違ってきます。でもほとんどの「ドキュメンタリータッチ」と呼ばれる映像は、単純にその画面を本当っぽく見せたい（＝疑似リアリティ）だけで、手ぶれをさせようとする。目の前の対象との関係のなかでカメラが必要に駆られて動いた結果として揺れているわけではありません。「スタイル」なのか「関係」なのか、これは同じ手ぶれでも大きく違います。

僕が『ワンダフルライフ』『DISTANCE』『誰も知らない』『花よりもなほ』『歩いても 歩いても』で一緒に仕事したカメラマンの山崎裕さんは、ドキュメンタリー出身ということもあり、確実に「対象をどこから見るか」で動きます。それが僕の考える「ドキュメンタリー」のカメラです。

ただ、カメラ(山崎さん)が対象を見つめれば見つめるほど、観客はカメラの背後に人間(山崎さん)を感じてしまうので、劇映画が劇映画として成り立ちにくい場合も出てきてしまう。実際に『DISTANCE』では映画を観た方から「登場人物は五人ではなくて、もうひとりいるのですか」と訊かれました。つまり山崎さんが役者五人を見ている視線が強烈に出ていて、意志を持った目として存在しているので、もうひとり登場人物がそこにいるかのように思わせる部分があったのです。

山崎さんの強烈な視線は手持ちばかりではなくフィックスでも感じられます。僕は『歩いても 歩いても』で山崎さんに「撮るものすべてを尊敬して撮りたい」とお願いしました。机の上のサルスベリの花も、日常のささやかなことも、すべて尊敬して愛して撮りたいと。そういう映画になったとすれば、それは、山崎さんの眼差しがあったからだと思います。単純にきれいに撮ろうとしているのではなく、「素晴らしい」「好きだ」と思って対象を見つめる目があったから、です。

一方で、『空気人形』は「これをリアルに撮ると従軍慰安婦を思わせる」と当初から考えていました。

ペ・ドゥナもそこは懸念していて、要するにこれをドキュメンタリータッチでやると、こちらの意図を越えた政治的な読み取りをされて、映画の本質からズレていく危険性があった。だから、徹底的にファンタジックなつくり物にするため、撮影をリーさんにお願いしたのですが、これは最適な選択だったといまでも思っています。

「空虚は可能性である」というモチーフ

『空気人形』は原作がありますが、そこにはいくつかの新しいモチーフやアイデアが投入されています。

たとえばアンデルセンの童話『人魚姫』。人間ではないものが人間に恋をして、自分も人間になるけれど、最後は泡になって消えていく。その人魚姫の物語をこの作品の下敷きにしようと考えていました。

『空気人形』息を吹き込むシーンの絵コンテ

もうひとつがファンタジー映画の『オズの魔法使』です。少女ドロシーと、脳のないカカシ、心のないブリキの木こり、臆病なライオンというみんなどこか欠けている者たちが、欠けたものを埋めたくて旅に出る話。当初はあの映像世界のようなデフォルメをしようと考えていました。

もうひとつは、吉野弘[*49]さんの詩です。

映画『歩いても 歩いても』の上映会を仙台で行ったときに、主催した先生が後日「監督が描く映画の世界観に近いと思うので」と、吉野弘さんの「生命は」[*50]という詩を送ってくれました。その一節にあった「生命は／そのなかに欠如を抱き／それを他者から満たしてもらうのだ」という部分がまさに〝空気人形〟だなと思い、吉野さんに連絡をして、詩をそのまま使わせていただくことにしたのです。

公開して六年の月日が経ち、思うことは、『人魚姫』『オズの魔法使』、吉野弘さんの詩、人形と暮らす人たちや人形師の取材で得られたさまざまなことを脚本に投影していったときに、「原作に感じるポジティブな側面をシンプルに描きたい」という当初の想いが少し曖昧になってしまったかなという後悔があります。特に役者の演技がうますぎて、そのリアリズムに僕自身が引っ張られてしまい、うまくファンタジーに振り切れなかった部分があった。

それは空気人形が誤って青年を殺してしまうという、物語の悲劇性に自分自身が引っ張られてしまって、自分が描きたいと思っていたもの——空虚は可能性だというポジティブなものが読後感としては希薄になった。彼女が感じた充実感、自分の身体のなかに好きな男の息を感じ、ポンプを捨ててしぼんでいくことを受け入れ、それが老いと死につながるという、すごくシンプルな話でも良かったのかもしれません。

でも当時は、それはあまりにもロマンティックな気がしていました。人間と人形の間のディスコミュニケーションというのは、欠如を埋めてくれる充足感とは別にあるはずだ。どこまでいっても彼女は人形だから、その他者とのコミュニケーション不全の問題をきちんとやらないといけない、と思い、原作の青年の存在をふくらませたわけです。

ただ、自分で言うのはなんですが、僕はこの作品がすごく好きです、ちょっとコントロールを失ってしまったところがあるけれど、逆にそこが魅力である部分は少なからずあるし、完成度の高さがすべてではないかと。『DISTANCE』と同じく、思考のプロセスが何層もこの映画のなかにあって、「空虚は可能性である」というひとつのモチーフに沿っていろんなエピソードがポリフォニックに進んでいて、そこは強く伝わる作品になったのではないかと思います。ちょっと甘めの自己評価です。

『空気人形』セットのイメージ画

空気人形	Set Name: 秀雄の部屋 B	
	Director: Hirokazu Koreeda	Production: Yohei

イマージュか、オマージュか

大学で学生たちから「映像は自己表現か、メッセージか」ということをよく問われます。少なくとも僕はドキュメンタリーからスタートしているので、決して作品が「私」のなかから生まれてきているのではなく、「私」と「世界」の接点から生まれ出てくるものだと認識しています。特に映像はカメラという機械を通すので、それが顕著です。自分のメッセージを伝えるためではなく、「自分が世界と出会うためにカメラを使う」ということこそ、ドキュメンタリーの基本であって、それがフィクションといちばん大きく違うところなのではないでしょうか。

前述の吉野弘さんの詩にもあるように、「人はもともと欠如を抱えながら生まれてきて、それを他者に満たしてもらうのだ」という人間観は、映画の哲学としても自分にすごくフィットしました。

また、二〇〇七年にNHKハイビジョンで『わたしが子どもだったころ 谷川俊太郎篇』[*51]という番組を撮ったのですが、谷川さんが「詩は自己表現ではなく、世界の豊かさを記述していくものである」と繰り返しお話しされていたことも、強く心に残っています。

それから写真家の荒木経惟《のぶよし》[*52]さんとお会いしたとき、荒木さんは「いまの写真に欠けているのはオマージュだ」と繰り返しおっしゃっていたことも印象的でした。写真で大事なのは、作家の想像――イマージュではなく、被写体への愛――オマージュだと。それが映るのが写真であると。僕はこの意見に心から賛成します。

大島渚は三十二歳の若さで「ひとりの作家がひとつの時代に意味を持ちうるフィクションをつくれるのはたかだか十年だ」「自分はその十年は撮り終わった」と言って、だからこれからはドキュメンタリーをやってみたいと宣言していました。そういう〝旬の時間〟を見極めながら、どのように血を入れ替え、新陳代謝を心がけていくかに意識的にならないと、作家や映画監督はすぐ自己模倣へ向かい、つまらなくなる。それは自分への戒めとして、いつも心に留めています。

もちろん、例外的にすごく息の長い、エリック・ロメール[*53]みたいな監督もいます。彼は七十歳になっても八十歳になっても、すごく若々しくみずみずしいものを撮っている。クリント・イーストウッド[*54]もそういう点がすごいと思う。

エドワード・ヤン[*55]のように、『恐怖分子』[*56]『牯嶺街《クーリンチェ》少年殺人事件』[*57]という傑作を撮ったのち、長き不遇な時代を経て、『ヤンヤン 夏の思い出』[*58]という成熟した傑作を残した監督もいます。このときは、作家というのはこんなふうに成熟できるのか、と感動しました。

侯孝賢の場合は、突然傑作を撮りはじめます。デビュー後、非常に牧歌的なものがつづいたあと、みずみずしさを残しながらも完成度の高い『童年往事 時の流れ』『恋恋風塵』『悲情城市』[*59]という傑作を撮って、アジアでは「八〇年代は侯孝賢の時代だった」とまで讃えられました。その後も彼は次々とスタイルを変えて映画を撮りつづけています。一作一作、変わっていくことを恐れない、そこがいちばん彼を尊敬してやまないところです。

大島渚の言うことがもし正しかったとして、果たして僕はその「十年」をもう経験してしまったのか？　いま何年目なのか？　まだ訪れていないのか？　そんなことを時々考えます。良くも悪くも僕は自分の文体というものをそれほど固定的に捉えていませんし、イマージュよりもオマージュが大切だということもわかっているつもりです。ですから、イマジネーションが自分の内部に涸渇して撮れなくなるという心配は、実はまったくしていません。

映画との、世界とのこのような向き合い方を今後どこまで成熟させていくことができるのか、そのために何が必要なのか？　考えつづけていきたいと思います。

註

1―「西巣鴨子ども四人置き去り事件」
東京都豊島区で一九八八年七月に発覚した保護責任者遺棄事件。父親が蒸発後、母親も四人の子どもを置いて家出。子どもの父親はそれぞれ違っており、出生届は出されていなかった。母親は金銭的援助はつづけたものの、実質は育児放棄状態だった。同年八月、母親は保護責任者遺棄致死の罪で逮捕・起訴され、有罪判決を受けた。

2―ディレクターズ・カンパニー
一九八二年、石井總亙、井筒和幸、黒沢清、相米慎二、長谷川和彦など、当時新進気鋭の映画監督九人で設立された映画製作会社。ヒット作に『台風クラブ』『犬死にせしもの』など。九二年に倒産廃業。

3―相米慎二
映画監督。一九四八年、岩手生まれ。中央大学文学部を中退し、長谷川和彦の口利きで契約助監督として日活撮影所に入所、ロマンポルノの助監督を務める。八〇年、『翔んだカップル』で監督デビュー、翌年の『セーラー服と機関銃』で興行的成功を収めた。代表作に『魚影の群れ』『台風クラブ』『雪の断章 情熱』『お引越し』『あ、春』『風花《かざはな》』など。二〇〇一年没。

4―長谷川和彦
映画監督。一九四六年、広島生まれ。東京大学文学部を在学五年目で中退し、今村プロに入社。日活契約助監督を経て、七五年にフリー。翌年、『青春の殺人者』で監督デビューし、「ニューシネマの旗手」と評される。七九年の監督作『太陽を盗んだ男』は興行的にはふるわなかったものの、いまでは「二十世紀を代表する日本映画」と評価が高い。その後はテレビ、ビデオ、CMなどを演出。

5―青山真治
映画監督。一九六四年、福岡生まれ。九五年、Vシネマ『教科書にないッ!』で監督デビュー。二〇〇〇年の『EUREKA』がカンヌ国際映画祭で国際批評家連盟賞とエキュメニック賞をダブル受賞。代表作に『Helpless』『月の砂漠』『エリ・エリ・レマ・サバクタニ』『サッド ヴァケイション』『東京公園』『共喰い』など。現・多摩美術大学教授。

6―『EUREKA』
青山真治監督による二〇〇一年日本公開の映画。本人が執筆したノベライズは三島由紀夫賞を受賞した。

7―『火垂』
河瀬直美監督による二〇〇〇年公開の映画。

8―諏訪敦彦
映画監督。一九六〇年、広島生まれ。東京造形大学デザイン学科在学中よりインディペンデント映画を製作。九七年、『2/デュオ』で長編デビュー。代表作に『M/OTHER』『H story』『不完全なふたり』『ユキとニナ』。

9｜『H story』
諏訪敦彦監督による二〇〇一年公開の映画。

10｜利重剛
映画監督・俳優。一九六二年、神奈川生まれ。八一年、自主製作映画『教訓I』がぴあフィルムフェスティバルに入選。代表作に『BeRLin《ベルリン》』『クロエ』『帰郷』『さよならドビュッシー』など。

11｜『クロエ』
利重剛監督による二〇〇一年公開の映画。

12｜口伝え
リハーサル時に直接口頭で台詞や演技を話して伝えること。

13｜『友だちのうちはどこ?』
アッバス・キアロスタミ監督による一九八七年製作のイラン映画。日本公開は九三年。

14｜アッバス・キアロスタミ
映画監督。一九四〇年、イラン・テヘラン生まれ。テヘラン大学芸術学部を卒業後、七〇年に短編『パンと裏通り』で監督デビュー。代表作に「ジグザグ道三部作」と言われる『友だちのうちはどこ?』『そして人生はつづく』『オリーブの林をぬけて』、『桜桃の味』『風が吹くまま』『トスカーナの贋作』など。

15｜『そして映画はつづく』
アッバス・キアロスタミ、キューマルス・プールアハマッドの共著。一九九四年、晶文社刊。

16｜ケン・ローチ
映画監督。一九三六年、イギリス・ウォリックシャー州生まれ。オックスフォード大学で法律を学んだのち、六二年にBBCに入社、テレビシリーズの演出を務める。六七年、『夜空に星のあるように』で監督デビュー。代表作に『ケス』『リフ・ラフ』『大地と自由』『麦の穂をゆらす風』『エリックを探して』『天使の分け前』など。

17｜『ケス』
ケン・ローチ監督による一九六九年製作のイギリス映画。日本公開は九六年。

18｜『ダンサー・イン・ザ・ダーク』
ラース・フォン・トリアー監督による二〇〇〇年製作のデンマーク・ドイツ合作映画。同年に日本公開。カンヌ国際映画祭パルム・ドール受賞作。

19｜ラース・フォン・トリアー
映画監督。一九五六年、デンマーク・コペンハーゲン生まれ。コペンハーゲン大学映画学科を卒業後、デンマーク映画学校に入学して映画演出を学ぶ。八四年、『エレメント・オブ・クライム』で長編デビュー。代表作に『ヨーロッパ』『奇跡の海』『ダンサー・イン・ザ・ダーク』『ドッグヴィル』『アンチクライスト』『ニンフォマニアック』など。

20｜ジャン゠ピエール&リュック・ダルデンヌ
映画監督。兄のジャン゠ピエールは一九五一年、弟のリュックは一九五四年、ベルギー・リエージュ生まれ。七四年からドキュメンタリーを製作。八七年初の長編劇映画『Falsch《ファルシュ》』を発表。

代表作に『ロゼッタ』『息子のまなざし』『ある子供』『少年と自転車』『サンドラの週末』など。

21—『ロゼッタ』
ダルデンヌ兄弟監督による一九九九年製作のベルギー・フランス合作映画。日本公開は二〇〇〇年。カンヌ国際映画祭パルム・ドール受賞作。

22—ブリュノ・デュモン
映画監督。一九五八年、フランス・バイユール生まれ。九七年の長編デビュー作『ジーザスの日々』がカンヌ国際映画祭カメラ・ドールを受賞。代表作に『ユマニテ』『欲望の旅』『フランドル』『カミーユ・クローデル　ある天才彫刻家の悲劇』など。

23—『ユマニテ』
ブリュノ・デュモン監督による一九九九年製作のフランス映画。日本公開は二〇〇一年。カンヌ国際映画祭グランプリ受賞作。

24—「ブルー・ライト・ヨコハマ」
一九六八年にリリースされたいしだあゆみの二六作目のシングル。累計売上は一五〇万枚を超えるミリオンセラーに。

25—向田邦子
脚本家・エッセイスト・小説家。一九二九年、東京生まれ。実践女子専門学校（現・実践女子大学）国文科を卒業後、社長秘書を経て、雄鶏社《おんどりしゃ》に転職。『映画ストーリー』編集部で編集者に。六〇年、フリーライターとして独立。六二年、ラジオドラマ『森繁の重役読本』の脚本執筆。六四年、テレビドラマ『七人の孫』の脚本執筆。代表作に『時間ですよ』『寺内貫太郎一家』『冬の運動会』『家族熱』『阿修羅のごとく』『あ・うん』『蛇蝎《だかつ》のごとく』など。八一年、取材旅行中に、航空機墜落事故にて死去。

26—アテ書き
「出演者に当てて書く」という意味で、脚本家があらかじめ役者を想定して登場人物を描くこと。

27—成瀬巳喜男
映画監督。一九〇五年、東京生まれ。工手学校（現・工学院大学）を中退、松竹蒲田撮影所に小道具係として入社。十年の下積み時代を経て、三〇年に短編喜劇映画『チャンバラ夫婦』で監督デビュー。代表作に『妻よ薔薇のやうに』『めし』『夫婦』『あにいもうと』『浮雲』『流れる』『秋立ちぬ』『乱れ雲』など。六九年没。

28—小津安二郎
映画監督。一九〇三年、東京生まれ。一年の尋常高等小学校の代用教員を経て、松竹蒲田撮影所に入社。二七年、時代劇『懺悔《ざんげ》の刃《やいば》』で監督デビュー。「小津調」と称される独特の映像世界で数々の名作を残す。代表作に『晩春』『麦秋』『お茶漬の味』『東京物語』『お早よう』『小早川家の秋』『秋刀魚《さんま》の味』など。六三年没。

29—撮影所システム
一九三〇年代から確立した、撮影所で映画を撮影するシステム。監督以下のスタッフ、スターから端役《はやく》に至るまでの俳優が、映画会社と専属契約しており、なおかつ監督ごとにスタッフも固定していた。七〇年代初頭、映画産業の斜陽とともに消滅。

30―砂田麻美
映画監督。一九七八年、東京生まれ。慶應義塾大学総合政策学部卒業後、フリーの監督助手として河瀬直美、岩井俊二、是枝裕和監督の製作現場に参加。二〇一一年、がんで死去した父を主演にしたドキュメンタリー映画『エンディングノート』で監督デビュー。新人監督のドキュメンタリーとしては異例の興行収入一億円を突破する大ヒットに。一三年、スタジオジブリを題材にした『夢と狂気の王国』が公開。

31―山田太一
脚本家・小説家。一九三四年、東京生まれ。早稲田大学教育学部を卒業後、松竹に入社し、木下惠介監督に師事。六五年に退社してフリーの脚本家に。六八年、「木下惠介アワー」枠の『3人家族』を執筆し、高視聴率をあげた。代表作に『男たちの旅路』『岸辺のアルバム』『想い出づくり。』『早春スケッチブック』『ふぞろいの林檎たち』『チロルの挽歌』『丘の上の向日葵《ひまわり》』『キルトの家』など。

32―Cocco
歌手・絵本作家。一九七七年、沖縄生まれ。九六年にインディーズデビュー、翌年、シングル「カウントダウン」でメジャーデビュー。四枚のアルバムをリリース後、二〇〇一年音楽活動を休止。二冊の絵本を出版したのち、〇六年、音楽活動再開。一一年に主演映画『KOTOKO』公開。一六年三月公開の岩井俊二監督作『リップヴァンウィンクルの花嫁』にも出演している。また一三年、ミシマ社からエッセイ集『東京ドリーム』刊行。

33―『想い事。』
Cocco著。二〇〇七年、毎日新聞社刊。

34―業田良家
マンガ家。一九五八年、福岡生まれ。西南学院大学法学部中退。八三年、ちばてつや賞に応募、編集者の目にとまり、翌年の四コマギャグマンガ『ゴーダ君』でデビュー。代表作に『自虐の詩《うた》』『ゴーダ哲学堂 空気人形』『機械仕掛けの愛』など。

35―『ゴーダ哲学堂 空気人形』
業田良家著。一九九九年、小学館刊。

36―ペ・ドゥナ
女優。一九七九年、大韓民国・ソウル生まれ。漢陽大学校演劇映画科中退。モデル、タレントを経て、九九年、『リング・ウィルス』でデビュー。代表作に『ほえる犬は噛まない』『復讐者に憐れみを』『リンダ リンダ リンダ』『グエムル～漢江の怪物～』『空気人形』『クラウド アトラス』『私の少女』『ジュピター』など。

37―ポン・ジュノ
映画監督。一九六九年、大韓民国・大邱生まれ。延世大学校社会学科卒業後、九五年に16ミリ短編のインディペンデント映画『白色人』を監督。代表作に『ほえる犬は噛まない』『殺人の追憶』『グエムル～漢江の怪物～』

『母なる証明』『スノーピアサー』など。大韓民国の「三八六世代」のひとり。

38―萬屋錦之介

俳優。一九三二年、京都生まれ。吉右衛門劇団立女形《たておやま》を父に持つ歌舞伎役者の御曹司。五三年の歌舞伎卒業公演を最後に、映画界へと転身。美空ひばりとの共演作を経て、『笛吹童子』に出演、一躍スターに。代表作に『里見八犬伝』シリーズ『武士道残酷物語』『丹下左膳』『風林火山』『新選組』『柳生一族の陰謀』『仕掛人梅安《ばいあん》』『千利休 本覺坊遺文』など。七二年前後より舞台とテレビに活動の場を移す。九七年没。

39―勝新太郎

俳優。一九三一年、千葉生まれ、東京育ち。二十三歳で大映京都撮影所と契約、五四年『花の白虎隊』でデビュー。六七年には勝プロダクションを設立し、自ら映画製作に乗り出した。代表作に『座頭市』シリーズ『悪名《あくみょう》』シリーズ『兵隊やくざ』シリーズ『忠臣蔵』『無法松の一生』『人斬り』『迷走地図』『帝都物語』など。テレビドラマ、舞台でも活躍した。九七年没。

40―リー・ピンビン

撮影監督。一九五四年、台湾生まれ。七七年に中央電影公司に入社。八五年、侯孝賢監督作『童年往時 時の流れ』を撮影し、以降、常連に。近年は『春の雪』『空気人形』『ノルウェイの森』など日本映画でも活躍している。代表作に『恋恋風塵』『戯夢人生』『フラワーズ・オブ・シャンハイ』『夏至』『花様年華』『ルノワール 陽だまりの裸婦』『黒衣の刺客』など。

41―『童年往事 時の流れ』

侯孝賢監督による一九八五年製作の台湾映画。日本公開は八八年。

42―『戯夢人生』

侯孝賢監督による一九九三年製作の台湾映画。同年、日本公開。

43―フィックス

カメラを固定したまま撮影すること。

44―ウォン・カーウァイ

映画監督・脚本家。一九五八年、中国・上海生まれ。五歳で香港に移住。香港理工学院でグラフィック・デザインを学び、卒業後、テレビ現場を経て脚本家デビュー。八八年、『いますぐ抱きしめたい』で監督デビュー。代表作に『欲望の翼』『恋する惑星』『天使の涙』『ブエノスアイレス』『花様年華』『2046』『マイ・ブルーベリー・ナイツ』『グランド・マスター』など。

45―『花様年華』

ウォン・カーウァイ監督による二〇〇〇年製作の香港映画。〇一年、日本公開。

46―フィルターワーク

色温度調整用のフィルターを使用して、色調補正やぼかしなどの効果を狙うこと。

47―ラッシュ

本来は映画用語で、ラッシュプリント。撮影が終わったままの、編集を加えていない素材。

48―『ブレア・ウィッチ・プロジェクト』
ダニエル・マイリック、エドゥアルド・サンチェス監督による一九九九年公開のアメリカ映画。同年、日本公開。

49―吉野弘
詩人。一九二六年、山形生まれ。酒田商業学校卒業後、帝国石油（当時）に就職。戦後、肺結核のための療養中に詩作を始め、五二年『詩学』に詩を投稿。五三年、『櫂《かい》』同人となる。五七年、私家版詩集『消息』を刊行。代表作に詩集『10ワットの太陽』『陽を浴びて』『夢焼け』『生命は』『二人が睦まじくいるためには』、随筆『日本の愛の詩』『詩のすすめ 詩と言葉の通路』など。二〇一四年没。

50―「生命は」
吉野弘の詩。一九九九年の角川春樹事務所刊『吉野弘詩集』に収録。

51―『わたしが子どもだったころ 谷川俊太郎篇』
NHKデジタル衛星ハイビジョンで放送された、人物ドキュメンタリー番組枠で、是枝監督が担当した「谷川俊太郎篇」は第九回、二〇〇七年三月二十一日放送。

52―荒木経惟
写真家。一九四〇年、東京生まれ。千葉大学工学部を卒業後、電通に宣伝用カメラマンとして就職。六四年、写真集『さっちん』にて太陽賞受賞。七二年よりフリーに。代表作に『センチメンタルな旅』『愛しのチロ』『センチメンタルな旅・冬の旅』『旅少女』『写狂人大日記』『色情狂』『日本人ノ顔』シリーズなど。

53―エリック・ロメール
映画監督。一九二〇年、フランス・パリ生まれ。大学で文学を専攻し、教師の資格を得て、リセで教鞭を執る。五一年、アンドレ・バザンらによって創刊された『カイエ・デュ・シネマ』に寄稿、のち六年間編集長を務める。五九年、長編『獅子座』を監督。代表作に『海辺のポーリーヌ』『春のソナタ』『パリのランデブー』『我が至上の愛〜アストレとセラドン〜』など。二〇一〇年没。

54―クリント・イーストウッド
俳優・映画監督。一九三〇年、アメリカ・カリフォルニア州生まれ。五九年からCBSで放映されたテレビ西部劇『ローハイド』で有名に。出演した代表作に、『荒野の用心棒』『夕陽のガンマン』『ダーティハリー』シリーズ、監督兼任の代表作に『許されざる者』『マディソン郡の橋』『ミリオンダラー・ベイビー』『グラン・トリノ』、監督作に『父親たちの星条旗』『硫黄島からの手紙』『アメリカン・スナイパー』など。

55―エドワード・ヤン
映画監督。一九四七年、上海生まれ。二歳で台北に移住。八一年『一九〇五年的冬天』で脚本と製作助手を担当。翌年、オムニバス映画『光陰的故事』で監督デビュー。代表作に『恐怖分子』『牯嶺街少年殺人事件』『エドワード・ヤンの恋愛時代』『カップルズ』『ヤンヤン 夏の想い出』など。侯孝賢とともに台湾ニューシネマを代表するひとりと称された。二〇〇七年没。

56―『恐怖分子』
エドワード・ヤン監督による一九八六年製作の台湾映画。日本公開は九六年。

57―『牯嶺街少年殺人事件』
エドワード・ヤン監督による一九九一年公開の台湾映画。日本公開は九二年。

58―『ヤンヤン 夏の想い出』
エドワード・ヤン監督による二〇〇〇年製作の台湾映画。同年、日本公開。カンヌ国際映画祭監督賞受賞作。

59―『悲情城市』
侯孝賢監督による一九八九年製作の台湾映画。日本公開は九〇年。

第6章
世界の映画祭をめぐる

ゴールではなく
スタートとして

世界三大映画祭の構図

第一作の『幻の光』をヴェネツィア国際映画祭に出品し、映画祭というものに初めて参加してからはや二十年。これまでに延べ一二〇ほどの映画祭に参加してきましたが、その積み重ねのなかでようやく、映画と映画監督にとって映画祭とは何かが見えてきたように思います。

ヨーロッパの映画祭のスタンダードは、なんといってもフランスのカンヌ国際映画祭です。僕は五回ほど参加しています。一九四六年にフランス政府が開催して以来（中断した年あり）、毎年五月にコート・ダジュール沿いのリゾート地カンヌで開催されています。例年数千人の映画製作者、バイヤー、俳優が集まり、新作映画を世界の映画配給会社へと売り込むプロモーションの場、通称「マーケット（国際見本市）」があります。また最高賞は「パルム・ドール」、審査委員大賞が「グランプリ」と呼ばれます。

次に大きなものがドイツのベルリン国際映画祭[*1]。一九五一年にスタートし、毎年二月に開催されています。僕はデビュー作の『幻の光』がパノラマ部門に一度だけ出品されました。傾向としては社会派の作品が多く集まり、最高賞の「金熊賞」をドキュメンタリー作品が受賞することもありますし、近年だと二〇〇二年に宮崎駿《はやお》[*2]監督の『千と千尋の神隠し』[*3]が受賞しています。

三つ目がイタリアのヴェネツィア国際映画祭です。ここも僕が参加したのは一度だけ。一九三二年に始まった、世界最古の国際映画祭で（中断期間あり）、毎年八月末から九月上旬に開催。観光客のごった返す本島ではなく、ヴェネツィアから水上バスで二十分ほどの高級リゾート地リド島で行われる、ほのぼのした映画祭です。

この三つは「世界三大映画祭」と言われていますが、実際にはヴェネツィアはアクセスが不便で、また長らく「商業」よりも「芸術」の映画祭として位置づけられていたため、二〇〇二年にマーケットが設けられたものの、バイヤーが積極的に参加しない映画祭になってしまいました。

逆につくり手だけの映画祭だから楽しいと言えば楽しい。のですが、僕が参加した九五年はまだマーケットもなく、ビジネス要素がほとんどないため、島で上映して美味しい生ハムメロンを食べて休日はヴェネツィアでゴンドラに乗って、と楽しい時間をキャスト、スタッフとのんびり過ごしました。伝統があり、三大映画祭のひとつであることは変わらないけれども、注目度も、集まってくる人の数も、カンヌとベルリンに比べて最近は低いのが現状です。

ただ、日本では一九五一年に黒澤明監督[*4]の『羅生門』[*5]が最高賞の「金獅子賞」を受賞した記憶が強いので「映画祭といえばヴェネツィア」という雰囲気がまだまだあります。が、世界的にはカンヌのひとり勝ち状態がつづいています。これは開催国の映画産業の隆盛や衰退ともかなり直接的な影響関係にあると思います。ヨーロッパの映画作家たちは作品が完成したら、もっともビジネスチャンスの広がるカンヌを目指すのが常識だし、特にフランスでは「ヴェネツィアのコンペよりはカンヌの『ある視点』部門のほうがベター」という考え方が主流です。

ただ、映画祭というのは自分たちが発見した作家というのをとても重視するんですね。カンヌだったら新人監督賞の「カメラ・ドール」を獲った監督の次作を「おかえり」と言って、迎えつづける。そうやって監督との密接な信頼関係を築き、審査員を依頼し、「ファミリー」を形成していくという流れです。その意味では僕自身はここ数年カンヌへの参加がつづいていますが、やはりヴェネツィアが発見した作家であるという出自は、僕のキャリアにはずっとついてまわることになるのです。

北米でいちばん重要なのは何といってもトロント国際映画祭です。日本ではモントリオールのほうが、コンペがあるし、日本作品が受賞することが多いので馴染みが深いかもしれませんが、映画祭の世界地図のなかで占めるポジションは明らかにトロントのほうが高い。

また昨今のバイヤーたちはヴェネツィアまで行かずに、カナダのトロント国際映画祭に行きます。ヴェネツィアで上映された作品のなかでめぼしいものは、ほぼすべてここで上映されますし、この映画祭で観客賞を受賞した作品がオスカーを手にすることがつづいたため、トロントをワールドプレミアに選ぶハリウッド作品も増えてきて、近年、映画祭は急激に派手に華やかになってきました。実際に来場客数ではカンヌ、ベルリンに次ぐ規模となりました。僕も九・一一の同時多発テロが起きて参加を見送った『DISTANCE』以外のすべての作品が招待を受けています。ヨーロッパ内であれば、スペインのサン・セバスティアン国際映画祭[*6]もかなり規模が大きいですし、オランダのロッテルダム国際映画祭[*7]は新しい才能を発見する場所になっていて、充実しています。

政治、音楽、建築などの意見も求められる

海外の国際映画祭をとりまくジャーナリズムは、日本に比べてかなり健全だと思います。たとえば審査員たちの評価が必ずしも絶対ではない。プレス（記者）の評価と審査員の評価がズレることもありますし、その場合、審査員の決定に記者たちがブーイングを浴びせることもあります。プレスと審査員が互いに批評精神を持っているというのは、大事なことです。

僕自身の経験では、サン・セバスティアンに『ワンダフルライフ』で参加したとき、上映後に拍手と床を踏む音が半々に起きました。床を踏むのは批判で、ブーイングの代わり。その意思表示の仕方がおもしろかった。彼らは本編上映前に出る映画祭のスポンサーの企業名にも

ブーイングします。たとえば「ネスレ」は親イスラエルの企業だということで、ネスレのロゴがスクリーンに出ている間ずっとブーイングという状況にも接したことがあります。

ブーイングよりもきついのが途中退席です。

映画祭ではバイヤーたちのためにマーケット試写もありますが、彼らは「買わない」と思ったら十五分で劇場を出て行きます。同時並行で五、六本上映されているので、別の試写に行くのです。カンヌも最初のころはマーケット試写と公式上映を分けずにやっていたからでしょう、上映途中でバタバタと椅子の音をさせて出て行くのはさすがに一緒に観ている監督が耐えがたいからか、いまはなくなりました。

こんな経験もありました。

『幻の光』でヴェネツィアに参加したとき、授賞式でフランス映画が受賞した際に、会場のなかにいた映画祭と関係のない女性が「フランスの核実験反対！」という垂れ幕を持って壇上に駆けあがったのです。僕自身も核実験にはもちろん反対ですが、この監督とは関係ないじゃないかと正直思っていました。核実験賛成の映画を撮っているわけじゃないんだから、と。

ところが、会場中がスタンディングオベーションになったのです。これには驚きました。座っているわけにもいかないし、でも立って拍手というわけにもいかないし、自分が壇上にいる監督の立場だったらどう感じるだろうなどといろいろ考えましたが、その場で明快な答えは出ませんでした。ただ、映画監督というのは、そういう場合にも何らかの態度表明、何らかの発言をしていかないといけない職業なのだということを、初めて参加した映画祭で痛烈に思い知らされました。

日本の映画監督は、基本的に映画の話しかしない人が多いです。特に僕らの世代は、映画の話なら話せるのですが、政治の話や、音楽、建築などの教養については不勉強で話せない。なぜなら日本には、専門学校や芸術大学の一学科としてはあるものの、国立の映画大学が存在せず、ほとんどの映画監督は専門的に映画を大学で学んだわけではなく独学か自主製作出身だからです。僕らよりひと回り下の世代の監督たちは大学の映画学科出身者が増えているように思いますが、それでもトータルで芸術に対して学び教養の豊かな人は、僕の知るかぎりあまりいない。もちろん、そのような教養と、映画をつくる能力は必ずしもイコールではないと思いますが。だから海外だと、アトム・エゴヤン[*8]みたいにオペラも演出するという監督が何人もいますが、日本からはおそらく出てこない。

これがフランスだと、映画監督の多くは国立の映画学校出身で、相当なエリートでありインテリです。たとえばベトナムからフランスに移住したトラン・アン・ユン監督はフランス語も英語も話せるし、村上春樹、川端康成、三島由紀夫などは僕よりも精通している。フランスでは映画学校に受かるのは司法試験より難しいと言われているし、韓国の映画学校もアメリカの

NYU（ニューヨーク大学）の映画学科も通っているのはエリートで、しかもお金持ちです。

だからこそというべきか、映画監督という職業の社会的ポジションはとても高いです。ただ、それでおもしろいものがつくれているかというと、それは別問題で、彼らにしてみれば「エリート教育どころか大学で専門的に映画を学んでいない日本の監督たちが、なぜ映画をつくれるのか」不思議らしい。とはいえ、日本も国立の東京藝術大学が二〇〇五年に「大学院映像研究科映画専攻」を設置しましたし、遅ればせながら日本の映画教育がどのように展開していくのかは注視しています。

東京国際映画祭が「アジア最大の映画祭」になれない理由

一九八五年から始まった東京国際映画祭は、残念ですが、世界から見ると非常に位置づけの低い映画祭です。

最近ようやくディレクター・ジェネラル（二〇一二年まではチェアマン）といわれるトップが各国の映画祭を回ってリサーチをするようになりましたが、それまでは他国の映画祭を知らずにスタートしてしまったので、映画祭の体《てい》を成していませんでした。

たとえば、コンペのセレクションに歴史が存在しない。私たちが発見した作家を世界に向けて評価し、「おかえり」と言って再び迎え、育てていくような継続的な関係を作家とつくれてこなかったことが、いちばんもったいないと思います。

当初は海外から来た監督や役者のケアもなっていなかった。メイン会場というのが明確になくて、たとえば、どこに行くと誰に会えるのかもわからなかった。渋谷のＢｕｎｋａｍｕｒａが一応メインになっていたのですが、その地下のオープンスペースで侯監督と談笑していたら十八時に、もう閉めるから出てくれと言われ、コーヒーを持ったままウロウロした記憶があります。仮にも「アジア最大の映画祭」というのであれば、監督が来日して一週間なら一週間どう過ごすのか、食事はどうするのかをケアしてあげてほしい。海外の監督、特にアジアから来た監督たちにとっては、東京の物価が高すぎて食事もままならないことがあります。篠崎誠監督に聞いた話ですが、映画祭で友人になったイランの監督が東京国際映画祭に招待されたとき、お金が足りなくてホテルでカップ麺を食べていたので、浅草に連れていってお好み焼きをごちそうしたんだとか。最近少しは改善されてきたのかな、このあたりの問題点は。

これがヨーロッパの映画祭だと、それぞれ独自色を出して、それこそ「おもてなし」に演出があります。

たとえば一九八二年に始まったトリノ国際映画祭では、三十年以上もの間、市民がプライドを持って映画祭を支えています。僕は三度ほど参加していますが、映画祭に参加した初日に滞在日数分の食券と、食券で食べられるレストランに印がついた地図を渡されました。映画祭の公式パスを首から提げていると、ウェイターに「どこから来たんだ、日本か？　クロサワ知ってるぞ」などと声をかけられ、その土地の美味しいものが食べられるし、街の人々と自然と交流できる仕組みになっている。これは素晴らしかった。

フランスのナント三大陸国際映画祭でも、滞在日数分のお小遣いを渡されて「街で美味しいものを食べて過ごしてください」と言われます。これは実に素晴らしいシステムだと思う。映画祭というのは映画を上映すればそれでいいというものではなく、街全体で映画と映画人を歓迎する精神がなければ成功しないのです。

食事の話だけだと僕がただの食いしん坊みたいなので（そうなんだけど）、他の魅力もお話しすると、フランス西部の港町のラ・ロシェルで行われる映画祭は、規模も小さく、ノン・コンペティション映画祭だし、マーケットがあるわけでもないのですが、一九七三年から四十年以上もつづいています。僕は二〇〇六年にレトロスペクティブ[*9]としてテレビドキュメンタリーも含めて上映していただいたことがあり、夏休みも兼ねて一週間滞在しました。確か、街中がワールドカップで盛り上がってたんじゃなかったかと記憶していますが。

そこで映画祭の事務局を通して地元の高校生からの取材オファーがありました。高校で映画を専攻しており、僕の作品もＤＶＤで観たので、取材したいと。インタビュアーもカメラマンも照明もみんな高校生。「フランスの監督で誰が好きですか」というようなつたないインタビューでしたが、これは本当に嬉しい経験で、三件くらい受けました。また、保育園の先生が子どもたち四〇人くらいを連れて、アメリカの喜劇俳優バスター・キートンのサイレント映画特集を観せているのにも遭遇しました。この上映はもちろん無料。映画祭はそのような映画教育の場にもなっているのです。

決してヨーロッパがすべて良くて、日本がダメだとは思わないですが、コンペのセレクション、参加者へのケア、地域との良好な関係性、映画教育の役割を担う感覚という点では、東京国際映画祭は世界の国際映画祭レベルからそうとう後れているというのが僕の印象です。

これはきっと、日本では映画のマーケットが国内のみで成り立ってきたからでしょう。無理して海外に出なくても、映画祭をやらなくても、国内でビジネスが成り立ってきた。大手の東宝、松竹、東映の良い時代が長くつづいたので、「なぜ無理して海外に行くのか?」という発想がいまだに根強く残っていて、そこから脱却できない。対してヨーロッパは、もともと世界言語として映画を捉える価値観がありますし、自国だけではマーケットが成り立たなくなっていることも大きな要因です。海外のマーケットを視野に入れ、映画祭に出品するのが常識になっています。

映画祭はニッポンアピールの場ではない

東京国際映画祭は、二〇一三年に就任したディレクター・ジェネラルの椎名保《やすし》さんが、二〇一四年に「アニメーション作品に特化したかたちにしたい」という方向性を打ち出しました。これが今後成功していくかはともかく、そういう明確な打ち出しがないと、誰も東京国際映画祭にわざわざ来て映画を観ようという気持ちにならないと思います。

しかし非常に残念なことに、この年の映画祭のキャッチコピーはひどく無神経なものでした。「ニッポンは、世界中から尊敬されている映画監督の出身国だった。お忘れなく。」――。海外から来た映画人たちがこのコピーを読んで（もちろん英語訳が下にある）、どのような気持ちになったかを考えると、恥ずかしさを通り越して怒りさえ覚えます。映画祭は日本映画のアピールを目的にする場ではありません。

映画祭というのは、「映画の豊かさとは何か？　そのために私たちは何ができるのか？」を考える場です。映画を神様に譬《たと》えるつもりはありませんが、映画の僕《しもべ》として自分たちに何ができるのかを思考し、映画という太い河に流れる一滴の水としてそこに参加できる喜びをみなで分かち合う、それが映画祭です。決して「映画が私たち日本の経済に何をもたらしてくれるか？」をアピールする場ではありません。広告代理店や経産省が主導でアイデアを出すから、こんなに恥ずかしいことが平気で行われてしまうのです。

他にも「TOKYOが、カンヌ、ベネチア、ベルリン、を超える日が、やってくる⁉」というコピーもあったそうですが、現状のレベルで歴史ある三大国際映画祭を超える日は永久にありえないでしょう。赤絨毯《あかじゅうたん》を敷いて、そこにハリウッドの有名俳優や女優を歩かせるというミーハーで二番煎じの映画祭では、いつまでも世界から人を呼ぶことはできない。TOKYOがカンヌを目指すのか、釜山を目指すのか、トロントを目指すのか、その方向性を明確に示すべきです。

僕は個人的には赤絨毯の華やかなカンヌではなく、トロント国際映画祭に学ぶのが良いのではないかと思います。トロントは都市型の国際映画祭で、前述しましたがコンペがない。二週間の休暇を取った映画好きのカナダ人とアメリカ人が集まって、映画祭のパスを持ち、劇場では公開されないような良質な世界の映画を観るというのが趣旨です。これなら東京もできそうな気がしませんか。

もしくは場所を京都に移動し、時期を桜の時期か紅葉の時期にして行う。世界の映画人たちに「行きたい」と思わせる場所で開催するのも効果があるかもしれません。そもそも東京という場所が映画祭を開催する街としてふさわしいのかどうかという、根本的な疑義が僕にはあります。

釜山国際映画祭の発展に学ぶこと

アジアの映画祭で圧倒的に評価が高いのは、[*10]釜山《プサン》国際映画祭です。一九九六年創設なので、歴史としては東京国際映画祭のほうが古いのですが、予算は東京の五〜六倍。つまり、国としての取り組み方が違います。

僕が釜山に最初に行ったのは第三回だったと思いますが、そのころは映画祭としてはまだまだ未熟で、上映中に携帯電話に出る人もいたし、海外の映画監督にボランティアスタッフがいたるところでサインをねだるような状況でした。でもいまではそういう素人臭さはなくなり、規模も大きく、韓国中のスターが集まるたいへん成熟した映画祭になりました。

これは、創設年から二〇一〇年までの十五年間、執行委員長をされ、「釜山国際映画祭の父」と呼ばれる[*11]キム・ドンホ氏が、世界中の映画祭を回って学んだことを反映させた結果にほかなりません。

キム氏は韓国政府が日本映画の一般上映を禁じていた時代に、第一回からドキュメンタリー映画三本を含む一三本の邦画を招待しています。映画祭を始めたきっかけについては「当時は韓国映画が海外の映画祭にようやく招待されはじめたころで、世界にもっと広めたいという想いがあった。戦略を明確にするために、アジア圏の映画を中心にすることを決め、人材を育成することを目標にした」と語っていますが、実際にアジアの若手監督の企画を審査し、製作資金を助成するＰＰＰ[12]というプログラムをつづけてきました。

その結果、バイヤーたちも来るし、新しいつくり手たちも企画書を持ち寄り、そこでプロデューサーたちとミーティングを持てるようになりました。三〇カ国・地域の一七四作品で始まった映画祭は、いまや七〇カ国以上、三〇〇本以上の映画が集まる巨大イベントになりました。

ただ、フランスと同じく国の威信をかけて開催している国家イベントなので、国威発揚のための場という側面があるのは否めないし、まだまだ世界への発信というよりは、「韓国人のための韓国人による映画イベント」という傾向はあります。招待ゲストとして行くと、正直ちょっと気恥ずかしい瞬間がある。プレスの質問もまだまだ「韓国料理で何が好きですか？」「韓国で一緒に仕事がしたい役者は誰ですか？」というものが多いです。

しかし監督もプレスも配給会社もみんな若いので、エネルギーというか活気があります。「三八六世代」という一九六〇年代生まれで、八〇年代に大学生で学生運動に参加している世代を指す言葉があるのですが、韓国の映画界はいま彼らが担っています。たとえばポン・ジュノ監督やパク・チャヌク[13]監督など、留学経験があって英語を話せる人がみな四十代に入ってからハリウッドに渡っている。韓国でのキャリアに比べれば必ずしも成功はしていないですが、そういう上昇志向が圧倒的に高いことも、韓国の監督の特徴です。

ただ、そんな映画祭も順風満帆にはいっていません。釜山国際映画祭は一昨年、[*14]セウォル号転覆事故のドキュメンタリー上映をめぐって行政側と対立し、助成金を削られ、トップの交替を要求されています。存続すら危ぶまれる状況なので、国の垣根を越えて映画人が連帯し、映画祭を応援するべく、いま抗議の声を挙げているところです。日本からも僕や黒沢清監督らが、映画祭を支持するメッセージを送っています。

成熟した映画祭、国立の映画大学、高校の映画カリキュラム、アートハウスへの助成と、韓国は国全体で映画を支えています。しかし残念ながら日本にはまだひとつもありません。

たとえば前述のとおり、国立の映画大学がないのは先進国では日本だけであり、海外ではひどく驚かれます。日本は映画を文化だと思っていないし、小津安二郎や[*15]溝口健二の初期の作品の断片すら遺していない。もちろん、映画が単なる「文化」になってもつまらないし、映画祭が「国家事業」になってもつまらないけれど、韓国のこの二十年を振り返ると、日本は本当に映画という文化を守り育てることを真剣に考えない国だなとガッカリしてしまいます。

ささやかで忘れられない思い出

映画祭では、映画監督は一般的に上映に立ち合い、プレスとの質疑応答を行い、その国の配給会社が決まっていれば公開へ向けてのパブリシティ展開を並行してするので、取材をひっきりなしに受けることになります。

あとは映画祭関係者との食事会やパーティーに参加し、映画祭が用意してくれた自由参加のイベント――たとえばナイアガラの滝観光とか、クルーザーで黒海一周とか――にも時間があれば参加します。僕はそういうのにはあまり参加しません。たいていはホテルの部屋でのんびり本を読んだり、ＤＶＤを観たりしています。これはこれで贅沢な時間です。

最近は、よほど行きたい場所以外は、公開が決まってキャンペーンに活用できるところだけを選んで行くようにしています。

映画祭に行く観客にとっては、公開が決まっていなくて映画祭でしか観られないものを観る、つまり商業的ではない映画を観るというのがいちばん大事です。しかし、作品を持っていく側からすると、配給会社が決まっていないと、プロの通訳を雇う資金がなくて困ることがあります。

一度、オランダの映画祭でテレビ出演のオファーがあって僕と橋口亮輔監督とで出たのですが、日本語を勉強している女子大生が通訳で、彼女の日本語をなんとか理解しようと聞き直しているうちに番組が終わってしまったことがありました。だからいまは配給会社を決め、プロの通訳についてもらって、ビジネスの一環として映画祭に参加しています。

ただ、印象に残っているのはだいたい、ビジネスとは関係のない映画祭ばかりです。一九九八年、ナントでジャ・ジャンクー監督[*16]の『一瞬の夢』[*17]と僕の『ワンダフルライフ』が「金の気球賞（グランプリ）」をダブル受賞し、プレゼンターの侯孝賢監督と三人で写真を撮ったのは素敵な思い出です（左頁）。しかも、この時はたまたま街中で侯監督と会って、道ばたのお店でフルーツ・ガムを買ってくれた。さすがにこれは食べられなくて、ホテルの部屋に戻って写真を撮りました。

スペインのバルセロナ近郊のリゾート地で行われるシッチェス[*18]・カタロニア国際映画祭に招待されたときは、映画祭の一環でビクトル[*19]・エリセ監督の『ミツバチのささやき』[*20]が街の映画館で上映されていて、それを観に行きました。その後、映画祭で主演のアナ・トレントと会えたのも嬉しかった。もう二十九歳だったけれど、映画の中の黒目がちの瞳そのままでした。僕は片言の英語で「いまあなたの映画を映画館で観てきました」と伝えました。

やはり、映画祭で好きな人や尊敬している人に会えるというのは大きいです。

左から、ジャ・ジャンクー監督、侯孝賢監督、著者

アメリカ・コロラド州のスキーリゾート地で行われるテルライド映画祭[*21]は、映画好きが休暇を取って映画を観まくるという映画祭なのですが、そこではギリシャのテオ・アンゲロプロス監督[*22]に会えました。当時はトム・クルーズの別荘が山の麓にあって、ハリソン・フォードとジョージ・ルーカス監督もパーティーで見かけました。

トロントに行ったときには、アトム・エゴヤン監督が『秘密のかけら』という新作を撮影中だったので、陣中見舞いに行きました。お昼どきだったので並んでご飯を食べたのも懐かしい思い出です。

インドの映画祭に行った時はもうカルチャーショックの連続でした。『ワンダフルライフ』が上映予定だったのですが、フィルムが空港で行方不明になって、結局一週間の滞在中には届かなかった。それでも映画祭のディレクターには笑いながら「This is INDIA.」と肩を叩かれました。同じ時期に滞在していた韓国のある監督は、カタログを手に「僕の映画の上映予定がどこにも記されていない」と映画祭のスタッフに怒っていました。で、数日後、大慌てで彼がタクシーに乗り込んでいるのでどうしたのかと思ったら、いま、上映しているから来てくれといきなりホテルの部屋に電話がかかってきたのだとか。集まった観客は上映予定の作品とは違う映画を観せられているわけですが、みな途中で帰らずに最後まで観てくれた、と聞いてちょっとホッとしましたが。

学びの場として

ティーチインを自分が行うようになったのは、第1章で書いたとおり、ナントでのティーチインの体験が非常に豊かだったからです。

ティーチインは、批評とはまた違う意味で、自分の映画がどういうふうに届いているのか（または届いていないのか）が手に取るようにわかります。特に外国だと、通訳が入るので、聞いている人を観察をする時間がある。それは自分が映画監督として鍛えられる時間でもあります。

僕が国内でティーチインを始めたのは『ワンダフルライフ』からでした。映画の公開中に監督自身が劇場でティーチインを行うというのは、たぶん日本では僕が初めてだと思います（映画祭ではおそらくやっていたと思いますが）。最初のころは単純に楽しくて行っていましたが、いまは僭越《せんえつ》ながら、観客のリテラシーを育てる場になればいいなという想いもあってやっています。

このように、僕にとって映画祭というのは、学びの場でもあります。特に他の国の監督たちと話すと、日本が置かれている状況がいかに特異なのかが見えてくるし、自分の作品が外国人の目に触れたときにどう見られるかというのを考えざるをえません。そのあたりの認識は、二十年映画をつくりつづけ、各国の映画祭で彼らと出会うことで、かなり成熟したのではないかと思います。

註

1―ベルリン国際映画祭
ドイツのベルリンで一九五一年からスタートした国際映画祭。コンペティション部門、パノラマ部門、フォーラム部門、レトロスペクティブ部門、子ども映画部門、ドイツ映画部門の六つの公式部門がある。カンヌ国際映画祭、ヴェネツィア国際映画祭と並び「世界三大映画祭」のひとつに数えられる。毎年二月に開催。

2―宮崎駿
映画監督・アニメーター。一九四一年、東京生まれ。学習院大学政治経済学部卒業後、東映動画に入社。その後、制作会社をいくつか経ながら『ルパン三世』『アルプスの少女ハイジ』『未来少年コナン』などに携わる。八二年より『アニメージュ』で連載が始まった『風の谷のナウシカ』が映画化されヒット。八五年にスタジオジブリを設立。代表作に『天空の城ラピュタ』『となりのトトロ』『もののけ姫』『千と千尋の神隠し』『崖の上のポニョ』など。二〇一三年、『風立ちぬ』の公開をもって、映画製作から引退を宣言。現在、初の3DCGアニメ『毛虫のボロ』を製作中。

3―『千と千尋の神隠し』
宮崎駿監督による二〇〇一年公開のアニメ映画。観客動員二三五〇万人、興行収入三〇四億円と、邦画史上第一位となる。ベルリン国際映画祭金熊賞、アカデミー賞長編アニメ賞受賞作。

4―黒澤明
映画監督。一九一〇年、東京生まれ。三六年、P.C.L.映画製作所（のちに東宝と合併）に助監督として入社。四三年、『姿三四郎』で監督デビュー。ダイナミックな映像表現とヒューマニズムに徹した作風で「世界のクロサワ」と評された。代表作に『羅生門』『生きる』『七人の侍』『用心棒』『天国と地獄』『赤ひげ』『乱』など。九八年没。

5―『羅生門』
黒澤明監督による一九五〇年公開の映画。邦画初のヴェネツィア国際映画祭金獅子賞、アカデミー賞名誉賞受賞作。

6―サン・セバスティアン国際映画祭
スペイン北部のサン・セバスティアンで一九五三年からスタートした国際映画祭。毎年九月に開催。

7―ロッテルダム国際映画祭
オランダのロッテルダムで一九七二年からスタートした国際映画祭。毎年一月下旬に開催。現在、コンペティションは長編初監督作または二作目にかぎっている。

8―アトム・エゴヤン
映画監督。一九六〇年、エジプト・カイロで生まれる。三歳でカナダに移住。トロント大学で国際関係学を学んだのち、七七年に短編映画を製作。八四年、長編『Next of Kin』で監督デビュー。九四年の『エキゾチカ』でカンヌ国際映画祭国際批評家連盟賞を、九七年の

『スウィート ヒアアフター』で同映画祭グランプリを受賞。代表作に『アララトの聖母』『フェリシアの旅』『秘密のかけら』『CHLOE／クロエ』『デビルズ・ノット』『白い沈黙』など。

9―レトロスペクティブ
回顧上映。

10―釜山国際映画祭
大韓民国の釜山で一九九六年からスタートした国際映画祭。アジアの新人監督作品を中心に扱う。毎年十月に開催。

11―キム・ドンホ
一九三七年、大韓民国・江原道生まれ。六十歳まで役人として文化政策を担当。官職を退いたあと、一九九六年に釜山国際映画祭を創設、二〇一〇年まで執行委員長を務めた。現在は名誉執行委員長。一三年、映画祭を舞台にした短編映画『JURY（審査員）』を発表した。

12―PPP
一九九八年に始まった、釜山国際映画祭の期間中に開かれる企画マーケット「プサン・プロモーション・プラン」の略称。有望な監督や製作者と投資家、共同製作者の出会いの場として話題作を輩出しつづけている。二〇一一年よりAPM（アジア・プロジェクト・マーケット）と名称を変えた。

13―パク・チャヌク
映画監督。一九六三年、大韓民国・ソウル生まれ。西江大学校で哲学を学ぶが、在学中に「西江映画共同体」を結成。九二年『月は…太陽が見る夢』でデビュー。二〇〇四年、監督・脚本作『オールド・ボーイ』でカンヌ国際映画祭審査員特別グランプリを受賞。代表作に『JSA』『復讐者に憐れみを』『美しい夜、残酷な朝』『親切なクムジャさん』『サイボーグでも大丈夫』『渇き』『イノセント・ガーデン』など。

14―セウォル号転覆事故
二〇一四年四月十六日に大韓民国の大型旅客船「セウォル（世越）号」が全羅南道珍島郡の観梅島沖海上で転覆・沈没した事故。乗員・乗客四七六人のところ、二九五人の死者、九人の行方不明者を出す大惨事となった。

15―溝口健二
映画監督。一八九八年、東京生まれ。日活向島撮影所に入社し二十四歳のときに『愛に甦る日』で監督デビュー、女性映画の巨匠と呼ばれ、国内外の映画人に影響を与えた。代表作に『祇園の姉妹』『西鶴一代女』『雨月物語』『山椒大夫』など。五六年没。

16―ジャ・ジャンクー
映画監督。一九七〇年、中国・山西省生まれ。北京電影学院へ入学し、卒業制作の『一瞬の夢』がベルリン国際映画祭の新人監督賞と最優秀アジア映画賞を受賞。代表作に『プラットホーム』『青の稲妻』『世界』『長江哀歌』『四川のうた』『罪の手ざわり』など。

17—『一瞬の夢』
ジャ・ジャンクー監督による一九九七年製作の中国・香港合作映画。日本では、九九年公開。ベルリン国際映画祭最優秀新人監督賞・最優秀アジア映画賞受賞作。

18—シッチェス・カタロニア国際映画祭
スペイン・バルセロナ近郊の海辺のリゾート地シッチェスで一九六八年からスタートした国際映画祭。毎年十月に開催。ファンタジー系作品を中心に扱う。

19—ビクトル・エリセ
映画監督。一九四〇年、スペイン・バスク地方生まれ。スペイン国立映画学校に入学して映画製作を学び、在学中には雑誌に映画評論を書いた。六九年、オムニバス作品『挑戦』の最終章で監督デビュー。七三年、『ミツバチのささやき』を撮り、同年のサン・セバスティアン国際映画祭でグランプリ受賞。八三年の『エル・スール』、九二年の『マルメロの陽光』と、短編映画を除けば長編三作という寡作な監督として知られる。

20—『ミツバチのささやき』
ビクトル・エリセ監督による一九七三年製作のスペイン映画。日本公開は八五年。サン・セバスティアン国際映画祭グランプリ受賞作。

21—テルライド映画祭
アメリカ・コロラド州テルライドで一九七四年からスタートした国際映画祭。毎年九月に開催。

22—テオ・アンゲロプロス
映画監督。一九三五年、ギリシャ・アテネ生まれ。アテネ大学法学部を卒業後、兵役を経て、フランスのソルボンヌ大学、高等映画学院に留学。六八年、短編ドキュメンタリー『放送』で監督デビュー。七〇年、初の長編映画『再現』を監督したのち、ギリシャの現代史を題材にした三部作『1936年の日々』『旅芸人の記録』『狩人』を発表し、世界的名声を獲得。代表作に『アレクサンダー大王』『霧の中の風景』『ユリシーズの瞳』『永遠と一日』など。「20世紀三部作」として『エレニの旅』『エレニの帰郷』を発表後、二〇一二年、三作目を撮影中にバイクにはねられ死亡。

第7章
テレビによる
テレビ論
2008-2010

『あの時だったかもしれない
〜テレビにとって「私」とは何か〜』2008
『悪いのはみんな萩本欽一である』2010

テレビにもっとも
欠けているのが、
テレビ批評

『あの時だったかもしれない
〜テレビにとって「私」とは何か〜』

２００８

佐々木昭一郎さんのドラマを偶然見て

僕は、まさしくテレビを見て育った「テレビっ子」です。

三人姉弟の末っ子で、両親がけっこう高齢だったのもあり、子どものころは一緒に時代劇を見ていました。それも、『水戸黄門』『銭形平次』『遠山の金さん』など時代劇のなかでも保守的な番組で、『必殺仕事人』ではありませんでした。

自らテレビを積極的に見るようになったのは、『ウルトラマン』シリーズを経て、連続ドラマです。最初は『ありがとう』『だいこんの花』『肝っ玉かあさん』あたりのホームドラマがスタートでした。一番好きだったのは「東芝日曜劇場」[*1]。これを毎週楽しみに見ている小学生は、周りにはあまりいなかったと思います。あとは平日の夕方に再放送されていた『青春とはなんだ』や『これが青春だ』に始まる学園ドラマ。当時はけっこう、熱い少年だったんですね。この流れで、『おれは男だ!』や『ゆうひが丘の総理大臣』あたりまではすべて見ています。

中学時代は「東芝日曜劇場」の『うちのホンカン』[*2]シリーズや『ばんえい』[*3]など八千草薫《やちぐさかおる》や小林桂樹《けいじゅ》が出演していたドラマが好きでした。これらはすべて北海道が舞台で、大学時代に倉[*4]本聰《そう》の脚本だと知ったのですが、最後にHBC（北海道放送）という制作会社の名が出るのが強烈に印象に残っていて、実は就職試験で面接を受けています（残念ながら営業職だったので辞退しました）。

あとは『俺たちの旅』[*5]『傷だらけの天使』[*6]『前略おふくろ様』なども好きでよく見ていました。ときどき「なぜテレビをやるんですか?」と訊かれることがあって、僕は「ふいに出会うのがテレビの魅力だと思うから」と答えています。お金を払って劇場に観に行ったものだけが、人の心に残るわけではない。偶然見て強烈な印象を受け、その後の人生に少なからず影響を与えたテレビ番組というのが、人には何本かあると思うのです。それが僕の場合は、『帰ってきたウルトラマン』や、佐々木昭一郎[*7]さんのドラマです。

佐々木昭一郎はNHKのテレビドラマの演出家で、八〇年代前半にNHKスペシャル枠で

『川』シリーズという番組が放送されました。[8]『四季・ユートピアノ』[9]『川の流れはバイオリンの音〜イタリア・ポー川〜』[10]『春・音の光　川《リバー》スロバキア編』など、どれも非常に音楽的で詩的で、テレビドラマという枠を完全に超えており、いま見てもとても斬新です。たぶん16ミリだと思いますが、全編フィルム撮影で、カメラは手持ち、照明は自然光のみ。このザラザラした質感と、全編に流れる音の繊細さが、なんとも言えない魅力を放っています。

ストーリーは、どの作品も栄子という女性がピアノの故郷やバイオリンの故郷などを訪ねるというドラマです。ただし、栄子を演じる中尾幸世さんは役者ではなく、その土地で栄子が出会った人たちもみな現地の方々で役者ではありません。つまり、出演者と土地はドキュメントだけど構造自体はフィクションという、とても不可思議な構成なのです。番組が始まった時点でテレビから流れてくる空気が違っているというか、民放ドラマの一般的スタイルとはまったく一線を画す独自の世界観がそこにはありました。

佐々木さんはテレビの人というよりは、むしろ音楽の人です。芸能局ラジオ文芸部でラジオドラマの演出家としてキャリアをスタートさせて、一九六六年には[11]寺山修司と組んだ[12]『コメット・イケヤ』で[13]イタリア賞ラジオドラマ部門グランプリも受賞しています。その後は六八年に

『あの時だったかもしれない
〜テレビにとって「私」とは何か〜』
二〇〇八年五月二十八日放送／TBS BS−i「報道の魂」／九〇分／ATP賞優秀賞【概要】TBSから独立し、テレビマンユニオンを設立した故・村木良彦と故・萩元晴彦の生前のロング・インタビューと、ふたりが関わった一九六〇年代のドキュメンタリー映像を織り交ぜ、テレビ激動期の姿を浮かび上がらせる。

テレビドラマ部に異動し、初のテレビドラマ『マザー』[*14]で[*15]モンテカルロ・テレビ祭最優秀作品賞、先の『四季・ユートピアノ』ではイタリア賞テレビドラマ番組部門グランプリ、国際[*16]エミー賞優秀作品賞などを受賞しました。ただこうやって受賞歴を並べても、佐々木さんの作品の魅力とオリジナリティーを語ることにはまったくなりませんが。

佐々木さんの作品はドラマと呼ぶほど物語が明快に展開していくわけではないので、夜の二十一時台でも視聴率が三〜四パーセントくらいだったと思います。NHKですら視聴率が命ですから、受賞することが少なくなった時点で、佐々木さんは役者を使ってテレビドラマを撮ることを余儀なくされます。独自の世界観は失われていき、九五年に定年と同時にNHKを退局しました。その後は一時テレビマンユニオンに所属していた時期もあり、二〇一四年には[*17]『ミンヨン 倍音の法則』という映画を監督・脚本されています。

佐々木さんの作品は、生意気なことを言えば、当時放映されていたどの日本映画よりも僕にとっては新鮮でした。「テレビでこんなことができるんだ！」という大きな衝撃を受けました。そんな僕にとって、佐々木さんの作品と次項の村木良彦との出会いが、映画からテレビへ自分の向かうべき方向を変えさせた大きなきっかけであることは間違いありません。「こういうことが可能なら、自分もテレビで何かできるかもしれない」と思って、僕はテレビの世界に足を踏み入れたわけです。

でもそれは、テレビがすごかったというより、佐々木さんと村木さんがすごかったんだということに、後になって気付くわけですが。

村木良彦と著作『お前はただの現在にすぎない』

小説家というか、ものを書いて飯を食える人になりたいと漠然と考えて大学に入ったものの、テレビ少年だった僕は授業にはほとんど出ずに、たて続けに出版された倉本聰や向田邦子、山田太一、市川森一《しんいち》のシナリオ集をひたすら読んでいました。また映画にもハマり、大学には行かずにアルバイトで稼いだお金はすべて本と映画につぎ込みました。しかし、映画業界が斜陽となり、撮影所システムも崩壊した時代に、どうしたら映像の仕事に就けるかもわからず、脚本家への道を進もうかという気持ちも少なからずありました。

そんなとき、大学四年生の終わりでしたが、『星空のむこうの国』[*18]という有森也実《ありもりなりみ》さんのデビュー作で、とても可愛らしいファンタジー映画を池袋の文芸坐で観たのです。初期の大林宣彦《のぶひこ》[*19]監督のような雰囲気を持つこの作品にとても好感を持ちました。監督は僕と同年齢の小中《こなか》和哉[*20]さん。もともと8ミリの自主製作で有名な監督で、これが初の商業映画ということでした。小中さんが自分と同い歳だったことにおそらく焦ったのだと思うのですが、彼のプロフィールを見ると「メディアワークショップ卒業」[*21]とあり、調べると、映画学校ではなくテレビの学校だということがわかりました。

それで僕はこのメディアワークショップに通うことになるのですが、入塾の面接官が、TBSで山田太一のドラマのプロデューサーをしていた大山勝美[*22]さんと、テレビマンユニオンの村木良彦さんだったのです。

村木良彦は、もともとはTBSのディレクターです。しかし、六八年に非制作現場への配転を萩元晴彦とともに拒否し、直後に起こったTBS成田事件[*23]、田英夫ニュースキャスター解任[*24]の両事件を含めて九十日に及ぶ「TBS闘争」[*25]が勃発。翌年にTBSを退社した村木は、七〇年に萩元晴彦、今野勉らとともに、番組制作会社テレビマンユニオンを設立します。

八二年には、放送局と制作者を対等の関係にする「イコールパートナー」を目的に、全日本テレビ番組製作社連盟[*26]（ATP）を設立。八四年にはテレビマンユニオン代表を辞職して、本人曰く「ニューメディアのほうへシフトする」ためにメディア開発拠点「Today & Tomorrow」を設立、代表取締役に就任します。同時に人材育成の私塾「メディアワークショップ」の設立に参加し、八七年まで代表取締役塾長を務めました。僕が彼に会ったのはちょうどこのころです。

その後もテレビ業界の改革に対する情熱は衰えることなく、九四年には最後の東京ローカル局「東京メトロポリタンテレビジョン（MXTV）」のゼネラルプロデューサーとして、ハイビジョン化、二十四時間放送、ビデオ・ジャーナリストの採用など、新しいメディアのかたちを模索していったのです。

メディアワークショップの授業は週二回で、クラスは約三〇名ほどでした。毎回先生が違っていて、どちらかというとカルチャースクール的な要素が強かったので、授業自体は特別おもしろかった印象はありません。僕はそこで山田太一や小栗康平[*27]の話を興味深く聞いた記憶がありますが、いちばんの収穫はなんといっても村木良彦が制作した『あなたは…』[*28]『マスコミQ[*29]第一回・私は…（新宿篇）』『同（赤坂篇）』『わたしのトウィギー』『クール・トウキョウ』『ハノイ・田英夫の証言』『わたしの火山』などのテレビ番組を見たことです。佐々木昭一郎につづく、「テレビでこんなことができるんだ！」という衝撃でした。

また村木を知ったことで、前述の『お前はただの現在にすぎない――テレビになにが可能か』も読みました。村木良彦、萩元晴彦、今野勉の三人による「テレビに対する試行錯誤」は非常に興味深く、特に村木の理念や哲学は、彼の作品以上に僕をテレビに向かわせるのに充分な影響力がありました。と、振り返っていま書くとそうなるのですが、正直、テレビ制作の経験のまったくない当時の僕が、この『お前はただの現在にすぎない』をどれだけ理解できていたかは、心もとないかぎりです。むしろ、僕を強烈に魅了したのは、村木良彦本人だったのではないかと思います。とにかく格好良かった。色気があって。その語りはあくまでも穏やかでインテリジェンスがあり、声を荒げたり、人の悪口を言うようなことは皆無でした。それでいて、つくるもの、書くものは、激しい怒りと透徹された思考に貫かれていた。僕は初めて魅力的な、同性としてほれられる大人の男に出会ったのだと思います。

精神的な父の死、その喪の作業

村木良彦は、僕がテレビを生業《なりわい》にしたきっかけのような存在ですが、彼のようなディレクターになろうと思ったことはありません。いわば、僕にとって村木さんは精神的な父親でした。『ワンダフルライフ』から『空気人形』までのプロデューサー安田匡裕さんが僕の精神的かつ経済的な父親だったように。ふたりの〝父〟は亡くなってしまいましたが、いまもなお、自分が何かを考えるときに「村木さんならどう考えるだろう」「安田さんならどう言うだろう」と一つひとつ心のなかで参照していく相手です。

二〇〇八年、僕は『あの時だったかもしれない～テレビにとって「私」とは何か～』という番組を制作しました。

これは村木良彦と、同じくテレビマンユニオンの創設者だった萩元晴彦の生前のインタビューに、彼らが取り組んだ六〇年代のテレビドキュメンタリーの番組の映像を織り交ぜて構成した番組です。当時の番組内容をここに転記します。

二〇〇八年一月二十一日。メディアプロデューサーの村木良彦が亡くなった。村木は一九五九年にラジオ東京（現TBS）に入社。六六年に萩元晴彦とドキュメンタリー番組『あなたは…』を共同演出する。街頭録音形式で一七の同じ質問を次々と一般の人にぶつけていくという斬新な方法が当時大きな反響を呼び、その後のテレビドキュメンタリーに多大な影響を与える作品となる。ふたりの演出する番組の根底には、「テレビとは何か？」という本質的な問いが常にあった。その後、萩元は『日の丸』を制作。政府から「偏向番組」と批判を受け、放送界全体を巻き込む大きな事件となる。村木が演出した『ハノイ・田英夫の証言』も反米的すぎると政府から批判され、田英夫がキャスターを辞任、村木本人も制作現場を追われることになった。番組では、六八年前後のテレビの青春時代に、自らの青春を重ね合わせながらテレビと真摯に向き合おうとしたふたりの制作者にスポットを当て、生前の彼らのインタビューを中心に、テレビの分岐点となった四十年前の「事件」を問い直すことにより、テレビが「今」と向き合おうとするあまりに疎かにしてきた自己検証を、テレビを通して行う。

当時、僕はＣｏｃｃｏの取材を前年の十二月より始めており、村木さんが亡くなった一月二十一日は急いで慶應病院へと会いに行き、翌日には沖縄ロケへと向かっています。

そんな最中、ＴＢＳ報道局のプロデューサー秋山浩之さんから、「是枝さんが以前、村木さんをインタビューしていると聞いたのですが、それを元に番組をつくりませんか？」という連絡をもらったのです。最初は断りました。インタビューとはいえ、十三年も前に行われた、しかもテレビマンユニオン入社希望の大学生に向かってしゃべっている話だし、僕が直接質問しているわけではないので、番組にできるかどうか見当がつかなかった。

けれど沖縄ロケから戻ってきて、インタビュー素材を倉庫から出して見直してみたら、とてもおもしろかった。同業者や評論家ではないので萩元も村木も気を許したのか、ざっくばらんに、わかりやすい言葉で、自分の制作者としての青春時代を語ってくれていました。それでＴＢＳの映像ライブラリーに残っている六〇年代当時の番組や関連資料を引っ張り出して、見直す作業を進めました。番組はほとんど過去に目にしたものだったけれど、資料は初めて見たものが多かったです。それらは「六〇年代のテレビというものをどう捉えるか」という資料であると同時に、「テレビがあり得たかもしれない、もうひとつのかたち」も示唆しているように思え、おかげで番組の骨格も見えてきました。

テレビに何が可能か

番組では、村木の「テレビの敵は芸術とジャーナリズムだ」という言葉を紹介していますが、これは非常に深い言葉です。

まず「ジャーナリズム」についてですが、実はテレビ報道というものは、ニュースを含め、新聞とラジオニュースをモデルにしています。その際に、近代ジャーナリズムが拠《よ》って立っている「客観・中立・公平」という客観主義・客観報道をテレビに持ち込んだ。一方、村木たちは、テレビにはテレビの新しい報道のかたちというものが形成されるべきだと考えていた。村木は、生中継がそれを壊せるひとつの方法ではないかと考えていたところがある。萩元も、そのテレビの特性のひとつを「As it is」というフレーズで表現しています。「あるがままに」提出する。つまり、ディレクターという「権力」によって再編されたものとして作品を提示するのではなく、もっと状況を時間に開放していくこと。それこそがテレビであり、だからこそ、テレビはすべての「権力」(それは作家自身も含めて)に対しての「反権力」なのだという自己認識がありました。つまり、テレビはもっと野蛮なものでいいはずだという考え方で、テレビ報道が「生放送に代表されるテレビならではの魅力」を失っていくことを危惧して、「敵だ」

という言い方をしています。

次に「芸術」ですが、テレビドラマは映画を模倣するところから始まり、「映画みたい」と言われることが褒め言葉だと思われていました。村木はそうではなく、映画から離れてテレビドラマはどうあるべきかを考え、突き詰めていくことが必要だと思っていた。また、芸術は作家のもので、映画で言えば監督のものですが、そういうものとしてテレビ番組があることに異論があって、むしろ「作家」でくくられないものを目指していた。

それが、第1章で『お前はただの現在にすぎない』から引用した、「テレビはジャズだ」という言葉です。その場その時間を同時に共有した者たちによってつくられて流れて消えていくもの、レコードというかたちでパッケージ化されないジャズをむしろテレビは目指すべきだというわけです。

だからこの本は三人の著者がいますが、どこを誰が書いたか明らかにしていないのは、作家性をそこに反映させないというテレビ的な共同作業として一冊の本を書いた結果です。そういう意味ではかなり過激な本と言えます。

僕は映画を始めてから作家のような見られ方をされるようになり、「村木チルドレン」としては、少々後ろめたさを感じていました。『誰も知らない』を撮ったあとだったと思いますが、たまたま代々木八幡駅の踏切で電車の通過を待っている時に村木と一緒になり、「いま作家になりつつある自分と、村木さんが当時やろうとしていた作家でくくられない番組や作品づくりというものとの間で、僕自身に少しずつ乖離が生じてきた気がする」と正直に気持ちを吐露しました。村木さんは否定はせずに、いつものように穏やかに微笑んで「多チャンネル時代に入って逆にいま人がテレビを見ようと思うときに、個人の名前で見る時代になってきたから、全然かまわないんじゃないか」と言葉をかけてくれました。

村木さんは決して「こうあらねばならない」と言わずに、「こういうことも可能なのではないか」という言い方をする人でした。『お前はただの現在にすぎない』についても、「テレビとは何かについて書かれた本だ」と言われると必ず「テレビとは何かなんて誰も言っていない。テレビに何が可能か、という言い方をしているだけだ」と否定された。それはつまり「テレビとは何かと言った時点でそれは定義となり、限定される。テレビはこうあらねばならない、テレビはこうあってはならない、と言わないのがテレビだ」という考えだったのだと思います。萩元、今野も同様でした。

さて、僕のつくった番組は、放送後の反響がかなりありました。僕の番組に対してというよりは、村木・萩元が当時制作した番組への反響ですが、初めて彼らの作品を見たときの僕と同じく「こんなおもしろいことがテレビでできたの？」という意見が多かった。しかし、そういう言葉自体が「いかにテレビがつまらないと思われているか」の裏返しであるなら、テレビに関わってきた人間としては責任の一端を感じずにはいられません。

〝テレビマンの気概〟が存在したころ

この番組づくりを通して、あらためて感じたことがあります。

「テレビがあり得たかもしれない、もうひとつのかたち」と前述しましたが、村木や萩元が取り組んでいた時代と現在では、テレビの置かれている状況が違います。当然ですが、当時と同じことをやればおもしろいというわけではありません。

たとえば番組内で紹介した『マスコミQ第一回・私は…（新宿篇）』『同（赤坂篇）』は、中継車を街に持ち出し、集まってきた人に一分間をあげて自由な内容でしゃべらせ（ただし、ひとりだけ役者を仕込んでおく）、入ってきたニュースを脇で緑魔子が読み、広告はテロップでその都度入れる「中継ドキュメンタリー」という体裁をとっています。つまり、ひとつの空間のなかでいま現在起きていることを、〝ひとつの時間の流れ〟としてワンカットで見せていくわけです。村木良彦は「テレビの特性とは何か？」という問いに「時間と想像力の同時進行」と答えていたのですが、まさに「時間と想像力が同時進行していくのがテレビなのではないか？」という仮説のもとにつくられたひとつの実験番組と言えるでしょう。

しかし当時の新聞評では「話の内容に意味がない」とか「だらだらしてつまらなかった」など散々な言われようでした。確かに一般市民が一分間で語る内容に劇的なおもしろさはなかったかもしれない。ただ、ディレクターがそこで何をしようとしていたのか、テレビをどう捉えようとしていたのか、ということが見えてくると、俄然《がぜん》おもしろさが伝わってきます。

テレビの生中継の魅力とは、編集というかたちで時間がぶつ切りにされないことです。丸ごとひとつの時間を見せて、何かが変化していくプロセスを見た人にも共有してもらうということ。それは、ドキュメンタリーやテレビという時間芸術にとってはすごく重要だし、そのことによって（放送局、政府、ディレクターなどすべての）権力の介入を防げるというメリットもあります。

ただ、物理的にナマで中継されていくことと見た人間のなかで共有される中継感は別のものではないだろうか、という気がするのです。つくり手が番組を再構成したとしても、要するにナマではなくても、見た人間にとってナマなものとしてプロセスが体験できればいいのではないか。つまり大切なのは「生」ではなく「中継」のほうなのではないか？　その捉え方は、確かにテレビ的というよりは映画的なものかもしれないですが……。

たとえば録画して見ることが当たり前になった現代において、生中継の魅力が最大限に活かされているのはスポーツとニュースです。僕は局の人間ではなく、そのふたつには関わりようがないから、「生中継」というものを自らのテレビ論の柱に据えにくいというのはあるかもしれません。

テレビが生まれて数年は「テレビとは何か」という自問自答をしないでもすみました。しかし、六〇年代後半にテレビ生誕十年を迎え、自らのアイデンティティについて考えざるをえない時期にさしかかっていた。そのころの番組がおもしろいのは、「テレビとは何か」というディレクターの問いと模索が読み取れるからでしょう。

でもそのような自問自答は七〇年代で終わってしまった。村木の言葉を借りれば、「本質を問うというラディカルな作業は企業が安定していくに従って排除されていく」わけです。要するにテレビ局が一流企業になってしまったので、そのなかで自らを問うという行為は排除されざるをえなくなってしまった。

村木や萩元は、そんな自問自答が終わった時期でも、相当なバッシングをものともせず番組をつくっていました。当時、TBS局内に貼り出された回覧板的な資料には、「村木良彦がつくるものは何がなんだかさっぱりわからない」と書かれています。ラディカルなものは当時でも主流にはならなかったのです。

つまり、おもしろい番組ができたのは、時代が良かったからではない。叩かれること、受け入れられないことをわかってもなお制作しつづけた、テレビマンの〝気概〟とでも言うべきものがあるかないかの違いです。

彼らはあえてテレビを選びとって入社した人たちです。村木も、当時のTBSドラマを背負っていたような鴨下信一さんや[*30]久世《くぜ》光彦《てるひこ》さんも東大出身で、一流企業に入ろうと思えば入れただろうし、すでに斜陽産業でありながらもテレビよりはまだ上だと思われていた映画業界だって入れたでしょう。そんな時代にテレビを選んでいる時点で、彼らは変わり者＝異端だったろうし、「何をやるか?」という覚悟を最初から持っていた人たちなのだと思います。

また、この六〇～七〇年代前半にかけて特徴的なのが、「テレビっておもしろそうだな」と、テレビ以外の人間が思っていたことです。民放をリードしていたTBSのディレクターの周りには、それこそ寺山修司、谷川俊太郎、[*31]武満徹といった演劇人、詩人、音楽人が集っていた。そういう異文化、異業種との交流のなかで非常にレベルの高い番組というのが生み出されていたというのも、羨ましい。

村木、萩元、今野、三人三様の魅力

メディアワークショップで出会った村木良彦の第一印象は、知的で色っぽい人。当時四十代半ばですが、すでに成熟した知識人でした。

でも本当のカッコ良さがわかったのは、自分が仕事を始めて、『お前はただの現在にすぎない』を読み直してからです。大学時代に初めて読んだときは、なんとなく彼らを左翼だと思っていました。「日の丸」を切り口に市民の魂の反動化（萩元曰く）を撃つような番組を建国記念の日に放送したり、組合闘争を経てTBSという大企業から飛び出し、テレビマンユニオンをつくる……、だから左翼なんだと。しかし知れば知るほど、政治的な匂いのしない人たちでした。労働組合の闘争に巻き込まれていくことは拒否して、「お前らも敵だ」と言いはじめる。「つくりたいものをつくる」という自分たちの哲学を守るときに、企業の上層部だけでなくその自由さを認めようとしなかった組合も敵である、というスタンスをとったことに、僕は非常に感銘を受けました。

僕はテレビマンユニオンに入ったのち、自分でドキュメンタリーを撮るようになってから、村木さんにはときどき会って話を聞くようになりました。そのとき村木さんはもうテレビ番組はつくっておらず、テレビマンユニオンからも距離をとっていたので、普段はほとんど会話するチャンスがなかったのです。『あの時だったかもしれない』で使った一回目のインタビューも、『ドキュメンタリーの定義』という番組をつくるために話を聞きに行ったときのものを使っています。その後も映画を撮るたびに、時間をもらって話を聞いてもらっていました。貴重な時間だったとつくづく思います。

萩元晴彦さんとは直接のやりとりはほぼありません。僕がテレビマンユニオンに入ったときには、サントリーホールのオープニングシリーズ総合プロデューサー（一九八六年就任）やカザルスホールの総合プロデューサー（八七年就任）など音楽方面に軸足を移していて、何本かはドキュメンタリー番組を制作しつつも、ほとんど今野勉としか組んでいませんでした。山師のように非常に言葉巧みで、どこまでが本当でどこからがつくり話なのか、まったくわからない。根っからのプロデューサー気質《かたぎ》というか、人と人をどう出会わせるかというのが好きだし得意な人でした。

ただ、僕が入社試験を受けたときに評価してくれたのは実は萩元さんで、最終面接で面接官と言い合いになったときに「いや、彼が言っていることはそういうことじゃなくて、もう少し本質的なテレビ論なんじゃないか」とフォローしてくれたのを覚えています。その後、廊下ですれ違ったときなどに、「是枝くん、あの企画書良かったぞ」と声をかけてくれる、そんな程度の交流はありました。

今野勉さんとは、二〇一二年二月、[*32]座・高円寺ドキュメンタリーフェスティバルで対談させていただきました。その対談で驚いたのは、今野さんは依頼された仕事で断ったものがないこと。基本的にすべて受けるというスタンスです。

たとえば今野さんは、一九七七年に放送された[*33]江藤淳原作、仲代達矢と吉永小百合主演の

『海は甦える』[*34]という、日本のテレビ史上初の三時間ドラマを演出しています。これは日本海軍近代化にエネルギーを注いだ明治の英傑・山本権兵衛の半生を軸に、開国から日露戦争までを描いた作品です。

もし僕にその企画の依頼があったら、断ります。左翼ではないけれど、いくらなんでも勝った戦争の英雄を主人公に描きたくはない。しかし今野さんは、「日露戦争の英雄譚《たん》にしないためにはどうしたらいいか」を考えたそうです。

まず、山本権兵衛が品川の遊郭を訪れ、そこで働きはじめた女性を遊郭から脱出させて、妻にするという話を仕込む。もうひとり、海軍留学生としてロシアに赴任し、そこで子爵令嬢と恋に落ちる広瀬武夫という実在の人物も描く。つまり、今野さんは、ドラマをそのふたりの女性の話に変えたわけです。しかも今野さんはこの三時間ドラマをのちに四十五分に編集していますが、そこでは女ふたりの話が主軸になっており、個人的には三時間バージョンよりずっとおもしろかった。

そういう今野さんのようなタフさを持ち合わせてないと、テレビの一線では活躍できないんだなとあらためて感じました。

第2章でも書きましたが、僕は一年間テレビマンユニオンにいて、制作現場に反発して出社拒否となり、個人で長野県の伊那小学校を撮りはじめました。しかしすぐに伊那小を番組にしたいと考え、テレビマンユニオンのメンバー総会で「申し訳ありませんでした。もう一度働かせてください」と謝罪したことがあります。その瞬間、ずっと黙っていた今野さんがこう言ったのです。

「将来、演出家になろうとしている人間が、たかが社内の人間とのいざこざで喧嘩をしたり、出社拒否をしたりするというのは、柔《やわ》すぎる。演出家というのはタフなネゴシエーションを外部のスタッフや役者としなければいけない職業だ。そんなことでは演出家にはなれない」

それまで態度が悪いとか生意気だとか言われてもまったく平気だったのですが、この今野さんの言葉はかなり堪《こた》えました。三十年近く経ってもはっきりと覚えています。やはり今野さん本人が相当タフであることの証拠だし、本当の意味での大人なのでしょう。

そういう大人が何人かいてくれたおかげで、僕はテレビをやめずにいられたのだと思います。

『悪いのはみんな萩本欽一である』

2010

七〇年代、テレビを解体した人々

二〇〇九年秋、放送倫理・番組向上機構[*35]（BPO）は「バラエティー番組に関する意見書」を発表。これはテレビ局に対する〝批判を踏まえたエール〟であり、とても内容の深いものでした。

NONFIXでずっと組んでいたフジテレビのプロデューサーの小川晋一さんは、その年に編成局次長に就任したこともあって、この意見書に対してリアクションを起こそうと考えたようです。まず、批判の的になっていた『めちゃ×2イケてるッ！[*36]』のスタッフに一本番組をつくらせ、同時に局員ではない外部の人間に「いまバラエティーをどう捉えているか」をテーマに一本撮らせようと考え、僕に依頼してきたのです。

それを受けてつくったのが、『悪いのはみんな[*37]萩本欽一である』という番組です。

僕は「テレビのバラエティーが顰蹙《ひんしゅく》を買いつづけている原因をつくった犯人は、萩本欽一である」とあえて仮定し、萩本さんを公開裁判にかけるというドキュメンタリーを考えました。これまでのバラエティー史を映像で辿りながら、意見書で取り上げられた「イジメ」「俗悪」「素人いじり」などバラエティーが嫌われる七項目を検証、弁護側証人として「既存のものを壊していくのがテレビの笑い」と定義する日本テレビ『[*38]電波少年』の元T部長こと[*39]土屋敏男氏、元「[*40]ひょうきんディレクターズ」の[*41]三宅恵介氏を呼び、証言してもらうという構成です。

なぜ萩本欽一さんだったかといえば、七〇年代のテレビを語るうえで欠かせない四人のうちのひとりであると個人的に思っていたからです。

というのも僕は立命館大学で、二〇〇五年から十一年間「映像論」という講義をしていたのですが、そこでは全一五回、主に六〇年代のテレビ番組を取り上げ、「テレビの草創期にどういう試みが行われていたのか」を学生たちに教えてきました。その延長線上で、ではテレビにとって七〇年代とは何だったのかを考えるようになったのです。

『悪いのはみんな萩本欽一である』
二〇一〇年三月二十七日放送／フジテレビ「チャンネルΣ《シグマ》」／六〇分【概要】二〇〇九年秋のBPOの「バラエティー番組に関する意見書」を受け、「私たちのフジテレビバラエティ宣言」を採択したのにともない、関連特番として放送。バラエティー番組の歴史と功罪を独自の観点で検証した。

七〇年代の特徴としてあげられるのは、「ジャンルの横断」、そして「解体」です。六〇年代とは違うかたちの〝テレビに対する批評〟が出てくるわけです。

その立役者のひとりが[*42]田原《たはら》総一朗です。

田原さんは一九六四～七七年まで、東京12チャンネル（現・テレビ東京）でディレクターとしてドキュメンタリー番組を制作していました。そのうちのひとつ『[*43]ドキュメンタリー青春』は、番組そのものが田原総一朗による〝ドキュメンタリー論〟だった。たとえば、番組に出演する恋人同士に「このふたりにはカップルということで演じてもらいました」というコメントを入れるなど、「ドキュメンタリーは全部やらせである」ということを視聴者にわからせる番組をつくったのです。

もうひとりが[*44]伊丹十三です。伊丹さんは映画監督という肩書きがいまは一般的かもしれませんが、一九七一年、テレビマンユニオンが制作する人気番組『[*45]遠くへ行きたい』に出演して以来、テレビの可能性とおもしろさに目覚めて、その後は出演のみならず制作スタッフとして活動するようになります。

たとえば七五年放送の『[*46]太平洋戦争秘話「緊急暗号電、祖国ヨ和平セヨ！」～欧州から愛をこめて～』ではテレビマンユニオンの今野勉と組んで、ドラマとドキュメンタリーという異なるジャンルを融合させた「ドキュメンタリードラマ」を制作しました。

主人公は藤村義一《よしかず》中佐。戦時中にドイツ、スイスの日本大使館に赴任、敗戦数カ月前にアメリカ情報局OSS（CIAの前身）の責任者アレン・ダレスと接触し、和平工作を試みたという実在の人物です。仲代達矢がこの中佐を演じているのですが、ドラマが進行する最中、いきなりレポーターの格好で出てきた伊丹十三が「いまこちらでは藤村とダレスが交渉を始めています」と中継を始めてしまうのです。

このように伊丹さんはドキュメンタリーとドラマを衝突させ、解体していく役割を「伊丹十三」という本人に担わせました。ご自分のテレビ論・テレビ観がとても投影されていたと思います。

ドラマの分野で「解体」を進めたのは、演出家の久世光彦です。『悪いのはみんな萩本欽一である』でも取り上げましたが、六〇年代は脚本家の橋田壽賀子《すがこ》[47]を中心に古典的、保守的なホームドラマが放送されていました。それを、久世さんが壊しにかかった。向田邦子さんと組んで、ドラマのバラエティー化を始めたのです。

たとえば浅田美代子や天地真理のような当時の旬のアイドルをキャスティングする、シーンによってはほぼアドリブで撮る、ドラマなのに全編生放送するなど、ある意味やりたい放題でした。

衝撃的なのが『ムー一族』[48]の第三〇回。これは創業九十年の足袋《たび》屋「うさぎ屋」を舞台にしたホームドラマなのですが、その冒頭に久米宏がうさぎ屋の茶の間に登場し、当時の人気番組『ぴったし カン・カン』[*49]を生放送で再現するのです。しかも、「これからこの赤坂のTBSの周りをかけっこする人は、誰と誰？」という質問に、ドラマの登場人物が答え、最終的に郷ひろみと清水健太郎がTBSの周りを走る映像がドラマと並行して中継で入る。保守的なはずのホームドラマをどこまで壊せるか、久世さんは果敢に挑戦していました。

それはきっと、久世さんの映画に対する対抗意識というか、テレビでしかできないものを徹底的に追求していった姿勢の現れだと思います。非常にシニカルな〝テレビ屋〟としてのプライドといってもいいかもしれません。しかも、久世さんがずば抜けていたのは、夜の九時台でそういった番組を放送し、視聴率三〇パーセントを取っていたことです。すごいですよね。

「解体」の背景には哲学がある

そして、四人目が萩本欽一。バラエティーという分野でこの「解体」を行った人です。

まず、テレビバラエティーにはふたつの源流があります。

ひとつはTBS系で放送された時代劇風コメディ番組『てなもんや三度笠』[*50]や、毎日放送でいまもつづく長寿コメディ番組『よしもと新喜劇』[*51]などに代表される、ホールや演芸場で行われる劇をそのまま中継や録画をして放送するバラエティーです。

もうひとつが、これはアメリカから来ているスタイルだそうですが、『シャボン玉ホリデー』[*52]に代表される、歌あり踊りありコントありの歌謡ショーの流れを汲むバラエティーです。そのふたつが長らくテレビバラエティーの王道だった。

それに対し、萩本さんは何を試みたのかというと、マイク一本持って、カメラとともにスタジオから街に出て、一般人を巻き込んでいったのです。それは、非常に画期的なことであると同時にテレビの素人化、つまりテレビを「芸がなくても出られる場所」に変えてしまった。これは大きな転換点でした。「人の失敗はおもしろい」というのを発見したのも萩本さんです。素人いじりもそうだし、NG大賞もそう。テレビバラエティーという分野において、大きな流れが萩本欽一から始まったのです。このあたりの萩本欽一の捉え方は、この番組に被告人側の証人として出演してくれた日本テレビの土屋さんの考え方を踏まえたものです。番組の打ち合わせでお会いした時に、土屋さんから萩本欽一をめぐってテレビを「壊す」という言葉が出たことで、番組のテーマは「破壊」であるということが、はっきり見えました。

萩本さんがどうして素人を巻き込んでいったのかといえば、コンビ「コント55号」を組んでいた坂上二郎[*53]さんに比べて、自分にあまり才能がないとわかっていたからではないかと思います。二郎さんは歌が唄えるし、お芝居ができる。欽ちゃんにはそれができない。本人のコンプレックスが違うかたちで花開いた、ということがひとつ言えるかもしれません。

『悪いのはみんな萩本欽一である』という番組タイトルにはかなり毒っ気があるのはわかっていますが、これは最初から決めていました。フジテレビ側は「おもしろいけど、本人が了解しないとできないですよね」と言っていたけれど、僕自身は本人がのってくると思っていた。

そこで萩本さんの事務所に出向き、タイトルそのままの企画書を見せて「テレビバラエティーの方向性を変えた萩本さんの功罪について、今回は罪の部分にスポットを当てたい」と正直に話しました。あとで聞いたら、ご本人はタイトルを見た瞬間に「うまいね」と言ったそうです。そこが粋ですし、同時に誰にどう否定されようが自分のしたことに対するプライドもあったのではないかと推察します。

萩本さんには打ち合わせで一度お会いして、三時間ほど話を伺いましたが、僕が何を撮って何を批判しようとしているのかを探っているという印象を受けました。「僕はどういう服を着ていけばいいの?」「バラエティーなの? ドキュメンタリーなの?」「視聴率はどれくらい欲しいの?」ということも尋ねられ、出演者という感覚よりはプロデューサーとしての意識が強い人だなと思いました。

収録は六時間ちょっと。萩本さんはさすがに後半疲れてきて、「24時間テレビの司会を引き受けて以後、お笑いをやりにくくなった」とやむなく本音が出てきた感じがします。それを聞いて「これで番組になったな」と思いました。

番組制作のために欽ちゃんのバラエティー番組をあらためて見たとき、バラエティーの奥の深さや、萩本欽一という人が「視聴率一〇〇パーセント男」[*54]と呼ばれた時代に何を残し、何を破壊していったのかを捉え直すことは、非常に有意義でした。

また、萩本さんは『スター誕生！』[*55]で初代司会者を務めていましたが、そこで関わった森昌子、桜田淳子、山口百恵というアイドル歌手を自分の番組に出演させて、コントをさせました。清水由貴子もそうですが、自分が出発点で関わってしまった人に対して「なんとか芽を出させてあげよう、違う側面を引き出そう」という責任の取り方、目の掛け方が人一倍ある方だと思った。それは、番組をつくって初めて知ったことでした。

三宅さんと土屋さんに関しては、ある時代のテレビバラエティーをつくりあげたという自負があるし、この番組出演を楽しんでいただけたのではないでしょうか。笑いというのはいちばん旬が短いものです。それはつくり手も同じで、何十年も笑わせつづけられる人はそんなにいない。そんななか、ふたりがチャレンジした番組は、こうして時代を重ねても批評に堪えうるものだったと僕は感じました。

たとえば土屋さんの『電波少年』は、そうとう用意周到な準備をされた番組です。しかし制作側にそのことを読み込む力がないと、ただ乱暴にキャストを扱えばいいという誤解が生まれる。表面的な過激さだけを真似るのは危険な行為です。その方法論がなぜ選ばれたのか、背景には必ず哲学が存在するということに思い及ばなければならない。テレビは時代と密接な形でその時だからこそ選ばれた方法があるのに、いまは単純にスタイルとして選ばれ、芸のないタレントがたくさん集まって、ただ罰ゲームをしているみたいな番組が量産されてしまう。これでは三宅さんや土屋さんの功績が無惨に損なわれるだけです。

僕は『あの時だったかもしれない〜テレビにとって「私」とは何か〜』『悪いのはみんな萩本欽一である』と、つづけてテレビを批評してきましたが、テレビでテレビを考えることは、メディアリテラシーとしてとても重要だと思います。つくり手を教育するというと偉そうですが、テレビ業界はリテラシーのない業界なので、第一世代が次々と亡くなったり、引退していく状況の中で、やはり長く携わってきた人がいま一度テレビを批評的に見て捉え直すことは必要なのではないか。テレビでテレビを批評して番組になり得る、という意識を個々の制作者が持てば、テレビはもっとおもしろいメディアになると思うのですが。

それに、各局アーカイブの素材が五十年分あるのに、ノスタルジーという観点でしか取り上げないのはもったいない。日本人というのはつくづく歴史に学ばない人種というか、大河ドラマは英雄譚ばかりだし、昔の良質なドキュメンタリーを地上波放送して過去を捉え直すということを、もう少し積極的にやるべきだと思っています。

註

1―「東芝日曜劇場」
TBS系列のドラマ番組。一九五六年十二月～二〇〇二年まで東芝一社提供だった。以降は「日曜劇場」として放送。

2―『うちのホンカン』シリーズ
TBS系列「東芝日曜劇場」で放送された北海道放送制作のテレビドラマシリーズ。一九七五年五月～八一年十二月まで全六作放送。

3―『ばんえい』
TBS系列「東芝日曜劇場」で放送された北海道放送制作のテレビドラマ。一九七三年九月三十日放送。芸術祭優秀賞受賞作品。

4―倉本聰
脚本家。一九三四年、東京生まれ。東京大学文学部卒業後、五九年、ニッポン放送に入社。勤務のかたわら、脚本家としての活動を行う。日本テレビの『パパ起きてちょうだい』でデビュー。六三年、退社してフリーの脚本家に。七七年、富良野市に移住。八一年、富良野を舞台にした家族ドラマ『北の国から』で話題に。代表作に『前略おふくろ様』『昨日、悲別で』『ライスカレー』『優しい時間』『風のガーデン』など。

5―『俺たちの旅』
日本テレビ系列で放送された、ユニオン映画制作の青春群像ドラマ。一九七五年十月～七六年十月まで全四六回放送。放送後、単発のスペシャル特番が三作制作された。

6―『傷だらけの天使』
日本テレビ系列で放送されたテレビドラマ。一九七四年十月～七五年三月まで全二六回放送。九七年には阪本順治監督により映画化もされている。

7―佐々木昭一郎
テレビドラマ演出家。一九三六年、東京生まれ。立教大学経済学部卒業後、六〇年にNHKに入局、芸能局ラジオ文芸部でラジオドラマの演出を手がける。六八年、テレビドラマ部に異動し、『銀河テレビ小説』のADなどを務める。六九年、『マザー』が初のテレビドラマ。代表作に『夢の島少女』『紅い花』『四季・ユートピアノ』『川』三部作など。

8―『四季・ユートピアノ』
NHK総合テレビで放送されたテレビドラマ。一九八〇年一月十二日放送。文化庁芸術祭テレビドラマ部門大賞、イタリア賞テレビドラマ番組部門グランプリ、国際エミー賞優秀作品賞など多数受賞。

9―『川の流れはバイオリンの音～イタリア・ポー川～』
NHK総合テレビで放送されたテレビドラマ。一九八一年五月一日放送。『川』三部作の一作目。文化庁芸術祭テレビドラマ部門大賞、イタリア市民賞を受賞。

10―『春・音の光 川《リバー》スロバキア編』
NHK総合テレビで放送されたテレビドラマ。一九八四年三月二十五日放送。『川』三部作の三作目。文化庁芸術祭テレビドラマ部門優秀賞、芸術選奨文部大臣賞など受賞。

11―寺山修司
歌人・劇作家。一九三五年、青森生まれ。五四年、早稲田大学教育学部に入学、歌人として活動。翌年、ネフローゼのため長期入院となり、退学。処女戯曲『忘れた領分』が早稲田大学の大隈講堂で上演。五九年、谷川俊太郎の勧めでラジオドラマを書きはじめる。六七年、劇団「天井桟敷」を結成。七四年、映画『田園に死す』が公開。「言葉の錬金術師」「サブ・カルチャーの先駆者」などの異名をとり、膨大な文芸作品を遺した。八三年没。

12―『コメット・イケヤ』
NHKラジオで放送されたラジオドラマ。寺山修司脚本。一九六六年八月三十一日放送。イタリア賞ラジオドラマ部門グランプリ。

13―イタリア賞
イタリア放送協会が主催する、世界でもっとも歴史と権威のある国際番組コンクール。一九四八年創設。最高賞は「イタリア賞」。

14―『マザー』
NHK総合テレビで一九七〇年八月八日に放送されたテレビドラマ。モンテカルロ・テレビ祭最優秀作品賞・最優秀創作シナリオ賞、芸術選奨新人賞を受賞。

15―モンテカルロ・テレビ祭
モナコ公国が主催する、テレビ番組の国際コンクール。世界四大映像祭のひとつ。一九六一年創設。

16―国際エミー賞
米国テレビ芸術科学アカデミーが主催する、エミー賞の一部門。アメリカ以外のテレビ番組が対象。一九六九年創設。テレビドラマをはじめとする番組のほか、テレビに関連するさまざまな業績に与えられる賞。

17―『ミンヨン 倍音の法則』
佐々木昭一郎監督による二〇一四年公開の映画。

18―『星空のむこうの国』
小中和哉監督による一九八六年公開のファンタジー映画。原作は小林弘利の同名小説。

19―大林宣彦
映画監督。一九三八年、広島生まれ。成城大学文芸学部在学中から8ミリで作品を発表。六〇年に大学中退。六四年、仲間とともに実験映画製作上映グループ「フィルム・アンデパンダン」を結成、反響を呼ぶ。同時期より本格的なCMディレクターとしても活躍、十年間で二〇〇〇本を超え、国際CM賞も受賞した。七七年、『HOUSE』で商業映画を初監督。代表作に、自身の出身地、尾道を舞台にした「尾道三部作」(『転校生』『時をかける少女』『さびしんぼう』)、『天国にいちばん近い島』『異人たちとの夏』『ふたり』『青春デンデケデケデケ』『はるか、ノスタルジィ』『あした』『なごり雪』『転校生〜さよな

ら あなた〜』『その日のまえに』など。二〇一六年夏、最新作『花かたみ』のクランクインが予定されている。

20―小中和哉
映画監督。一九六三年、三重生まれ。成蹊高等学校在学時、映画研究部の先輩が製作した映画に出演。八一年、自主映画『いつでも夢を』を製作。立教大学卒業後、メディアワークショップで映像を学び、八六年、『星空のむこうの国』で劇場映画デビュー。主に『ウルトラマン』シリーズなどの特撮作品や、SFファンタジー作品を中心に活躍。代表作に『四月怪談』『なぞの転校生』『ULTRAMAN』『東京少女』『七瀬ふたたび』『赤々煉恋《せきせきれんれん》』など。

21―メディアワークショップ
村木良彦が設立した人材育成の私塾。一九八七年まで代表取締役塾長を務める。

22―大山勝美
テレビプロデューサー・演出家。一九三二年、鹿児島生まれ。早稲田大学法学部を卒業後、五七年にラジオ東京（現・TBS）に入社。『岸辺のアルバム』『想い出づくり。』『ふぞろいの林檎たち』などのプロデュース・演出を手がけ、久世光彦とともに〝ドラマのTBS〟全盛期を築いた。九二年に定年退職後は、「株式会社カズモ」を設立し、『蔵』『天国までの百マイル』『長崎ぶらぶら節』などのドラマを制作。二〇一四年没。

23―TBS成田事件
一九六八年三月十日、成田空港建設反対集会取材の最中、TBSのドキュメンタリー制作スタッフのマイクロバスにプラカードを所持した反対同盟の農婦七人と三人のヘルメットを着けた若い男性を乗せたことが発覚し、政府・自民党から非難・抗議を受け、計八人が処分を受けた事件。のちのTBS闘争のひとつとなった。

24―田英夫ニュースキャスター解任
「JNNニュースコープ」の初代メインキャスターだった田英夫氏が、番組で北ベトナムでのベトナム戦争取材を放送し、「北ベトナムは負けていない」と発言。報道姿勢そのものを反米的と見なした自民党側が、TBS首脳部へと圧力をかけた。再免許更新なしをちらつかせる最終段階まで経営首脳部は解任圧力に抵抗したが、TBS成田事件の影響もあり、田英夫は番組を降板した。

25―TBS闘争
田英夫ニュースキャスター解任事件やTBS成田事件など、一九六〇年代後半、番組内容や報道の取材方法をめぐって起きた闘争。

26―全日本テレビ番組製作社連盟（ATP）
日本の主要なテレビ番組製作会社が加盟する業界団体。村木良彦は設立に奔走し、八四年から副理事長、九二年から理事長、九五年から顧問を務めた。

27―小栗康平
映画監督。一九四五年、群馬生まれ。早稲田大学第二文学部を卒業後、ピンク映画の世界に。その後、フリーの助監督として活動。八一年、『泥の河』で監督デビュー、モスクワ国際映画祭で銀賞受賞、アカデミー賞外国語映画賞にノミネートなど「日本映画の鬼才」と評される。代表作に『死の棘《とげ》』『眠る男』『埋もれ木』『FOUJITA《フジタ》』など。

28―『あなたは…』
TBS系列で放送されたドキュメンタリー番組。一九六六年十一月二十日放送。構成は寺山修司。芸術祭奨励賞受賞。

29―『マスコミQ第一回・私は…(新宿篇)』『同(赤坂篇)』『わたしのトウィギー』『クール・トウキョウ』『ハノイ・田英夫の証言』『わたしの火山』
TBS系列で放送されたドキュメンタリー番組。一九六七年六月から六八年一月にかけて放送。

30―久世光彦
演出家・テレビプロデューサー。一九三五年、東京生まれ。東京大学文学部卒業後、ラジオ東京(現・TBS)に入社。六五年、向田邦子のテレビシナリオデビュー作となった『七人の孫』を演出。以降、『時間ですよ』『寺内貫太郎一家』『ムー』『ムー一族』などテレビ史に残るテレビドラマを制作。七九年に退社後、制作会社「カノックス」を設立。代表作に向田邦子作の『眠る盃《さかずき》』『夜中の薔薇』『女の人差し指』をはじめ、『時間ですよふたたび』『時間ですよたびたび』『キツイ奴ら』『明日はアタシの風が吹く』『小石川の家』『メロディ』『センセイの鞄』『向田邦子の恋文』『夏目家の食卓』『東京タワー ～オカンとボクと、時々、オトン～』など。また八七年からは『昭和幻燈館』を皮切りに小説・評論・エッセイなど多数の著作を遺した。二〇〇六年没。

31―武満徹
作曲家。一九三〇年、東京生まれ。主に独学で作曲を学ぶ。作品は、コンサート・ピースから電子音楽、映画音楽、舞台音楽、ポップソングまで多岐にわたる。代表作に「弦楽のためのレクイエム」「ソン・カリグラフィI」「環《リング》」「テクスチュアズ」「地平線のドーリア」「ノヴェンバー・ステップス」「カトレーン」「遠い呼び声の彼方へ!」など。九六年没。

32―座・高円寺ドキュメンタリーフェスティバル
テレビ、映画の枠を超えて、ドキュメンタリーの魅力と可能性を再発見する映画祭。二〇一〇年よりスタートし、毎年二月に「座・高円寺」にて開催。

33―江藤淳
文芸評論家。一九三二年、東京生まれ。慶應義塾大学文学部を卒業後、大学院に進む。五八年、文藝春秋から『奴隷の思想を排す』を上梓。翌年大学院を中退。小林秀雄の死後は「文芸批評の第一人者」とも評された。六六年に仲間三人と『季刊藝術』を創刊・主宰。六九年から「毎日新聞」の文芸時評を約九年にわたって担当。また、東京工業大学、慶應義塾大学などの教授も歴任。九八年に妻を亡くし、翌年自死。享年六十六歳。

34—『海は甦える』
江藤淳著。全五巻。一九七六～八二年、文藝春秋刊。一九七七年にドラマ化。

35—放送倫理・番組向上機構（BPO）
日本放送協会（NHK）や日本民間放送連盟（民放連）とその加盟会員各社によって出資、組織された任意団体。理事会、評議員会、事務局と三つの委員会によって構成されている。

36—『めちゃ×2イケてるッ！』
フジテレビ系列で放送されているナインティナインがメイン司会を務めるバラエティ番組。一九九六年十月より放送。

37—萩本欽一
コメディアン・タレント。一九四一年、東京生まれ。駒込高校卒業後に東洋劇場に入団。同系列の浅草フランス座へと出向してストリップの幕間コントで腕を磨く。ここで専属コメディアン・安藤ロール（のちの坂上二郎）と知り合う。六六年、坂上二郎とコント55号を結成。フジテレビの公開生放送『お昼のゴールデンショー』で人気爆発。コント55号として数多くのレギュラー番組を抱えた。七一年、『スター誕生！』の初代司会者でソロ活動開始。翌年にはラジオ番組『欽ちゃんのドンといってみよう!!』、七五年より公開テレビ番組『欽ちゃんのドンとやってみよう！』がスタート。代表作に『欽ドン！良い子悪い子普通の子』『欽ちゃんのどこまでやるの!?』『欽ちゃんの週刊欽曜日』『ぴったし カン・カン』『オールスター家族対抗歌合戦』など。二〇一五年より駒澤大学仏教学部に在学中。

38—『電波少年』
日本テレビ系列で放送されたバラエティ番組のシリーズ。一九九二年七月～二〇〇三年二月まで放送。『進め！電波少年』『進ぬ！電波少年』『電波少年に毛が生えた 最後の聖戦』とつづいた。

39—土屋敏男
テレビプロデューサー。一九五六年、静岡生まれ。一橋大学社会学部卒業後、七九年に日本テレビに入社。ワイドショーの現場を経て、バラエティ番組制作に携わるが、低視聴率がつづき、編成に異動。再度制作に戻ってつくった『電波少年』シリーズが高視聴率となる。番組内では「Tプロデューサー」または「T部長」として知られる。

40—ひょうきんディレクターズ
フジテレビ系列で一九八一年五月～八九年十月まで放送された『オレたちひょうきん族』のディレクター、三宅（デタガリ）恵介、佐藤（ゲーハー）義和、山縣《やまがた》（ベースケ）慎司、永峰（アンノン）明、荻野（ビビンバ）繁が結成。

41—三宅恵介
テレビディレクター。一九四九年、東京生まれ。慶應義塾大学経済学部卒業後、七一年にフジポニー（フジテレビ制作子会社）に入社。八〇年にフジテレビへ転籍。七五年、『欽ちゃんのドンとやってみよう！』のスタッフとして本格的にバラエティ番組の制作に参加。以降、三十五年以上にわたりバラエティ番組制作一筋。代表作に『ライオンのごきげんよう』『明石家サンタの史上最大のクリスマスプレゼントショー』『笑ってる場合ですよ!』『森田一義アワー 笑っていいとも!』『あっぱれさんま大先生』『平成教育テレビ』など。

42―田原総一朗
ジャーナリスト・ニュースキャスター。一九三四年、滋賀生まれ。早稲田大学第一文学部卒業後、岩波映画製作所に入社。カメラマン助手を務める。六四年、東京12チャンネル（現・テレビ東京）開局とともに入社。ディレクターとして『ドキュメンタリー青春』『ドキュメンタリーナウ!』などを手がける。七七年に退社して、フリーのジャーナリストに。代表作に『朝まで生テレビ!』『サンデープロジェクト』『選挙ステーション』『激論!クロスファイア』など。

43―『ドキュメンタリー青春』
東京12チャンネルで放送されたドキュメンタリー番組。東京ガス一社の提供で、田原総一朗を含め、三人が交代で演出していた。

44―伊丹十三
映画監督・俳優。一九三三年、京都生まれ。高校卒業後、新東宝編集部に入社。映画編集の仕事を経て、商業デザイナーに。六〇年、大映に入社し、「伊丹一三《いちぞう》」という芸名で俳優になるも翌年退社。六七年、「伊丹十三」と改名し、映画やテレビで存在感のある脇役として活躍。七〇年代からテレビマンユニオンに参加し、ドキュメンタリー番組制作に関わる。八四年、『お葬式』で映画監督デビュー。監督としての代表作に『タンポポ』『マルサの女』『ミンボーの女』『大病人』『静かな生活』『マルタイの女』など。九七年没。

45―『遠くへ行きたい』
日本テレビ系列で放送されている、読売テレビ制作の紀行番組。一九七〇年十月～現在まででつづく長寿番組である。

46―『太平洋戦争秘話「緊急暗号電、祖国ヨ和平セヨ!」～欧州から愛をこめて～』
テレビマンユニオン制作のドキュメンタリードラマ。一九七五年十二月十八日放送。テレビ大賞優秀番組賞受賞作品。

47―橋田壽賀子
脚本家。一九二五年、大韓民国ソウル生まれ、大阪育ち。日本女子大学文学部卒業、早稲田大学第二文学部中退。四九年、松竹に入社して脚本部所属となる。五二年、映画『郷愁』で初めて単独で脚本を執筆。五九年、独立。六四年、『袋を渡せば』で作家デビュー。同年、ドラマ『愛と死をみつめて』の脚本が話題に。代表作に『おしん』『春日局』『渡る世間は鬼ばかり』など。

48―『ムー一族』
TBS系列で放送されたコメディ仕立てのホームドラマ。一九七八年五月～七九年二月まで全三九回放送。

49―『ぴったしカン・カン』
TBS系列で放送された人気クイズ番組。一九七五年十月～八六年三月まで放送。

50—『てなもんや三度笠』
TBS系列で放送された、朝日放送制作のテレビコメディ番組。一九六二年五月～六八年三月まで全三〇九回放送。

51—『よしもと新喜劇』
毎日放送で放送されている、吉本新喜劇の喜劇舞台公開中継番組。一九六二年九月～現在までつづく長寿番組である。

52—『シャボン玉ホリデー』
日本テレビで放送された音楽バラエティ番組。一九六一年六月～七二年十月まで全五九一回放送。

53—坂上二郎
コメディアン・俳優。一九三四年、鹿児島生まれ。五三年、『のど自慢素人演芸会』で鹿児島県代表に選ばれ優勝したのを機に、歌手を目指して上京。歌手の付き人や専属司会者を経て、「浅草フランス座」のコメディアンに。六六年に萩本欽一とコント55号を結成、人気を博す。コンビ活動中断後は、ドラマや映画で活躍。七四年、歌手としてリリースした「学校の先生」が約三〇万枚のヒットに。二〇一一年没。

54—「視聴率一〇〇パーセント男」
TBS『欽ちゃんの週刊欽曜日』の最高視聴率三一・七%、TBS『ぴったし カン・カン』の最高視聴率三七・六%、フジテレビ『オールスター家族対抗歌合戦』の最高視聴率二八・五%と、各番組の合計した視聴率の数字からついた異名。

55—『スター誕生！』
日本テレビで放送された、視聴者参加型歌手オーディション番組。一九七一年十月～八三年九月まで全六二九回放送。

第8章
テレビドラマでできること、その限界
2010-2012

『後の日』2010

『ゴーイング マイ ホーム』2012

デジタルで
一度撮って
みようかな

『後の日』

2010

幸せを疑うという発想に惹かれて

二〇一〇年、「妖しき文豪怪談」というシリーズが、NHKデジタル衛星ハイビジョンにて四夜連続で放送されました。

これは日本の文豪の短篇小説を映像化したドラマ・パート（番組前半・約三五分）と、ドラマのメイキング映像および文豪の生涯から作品の背景に迫るドキュメンタリー・パート（約二五分）で構成されたシリーズものです。

監督は全員で四人。落合正幸[*1]監督は川端康成の『片腕』、塚本晋也[*2]監督は太宰治の『葉桜と魔笛』、李相日《リサンイル》[*3]監督は芥川龍之介の『鼻』、そして僕は室生《むろう》犀星《さいせい》の「童子《どうじ》」「後の日の童子」の二作品を融合させた『後の日』という作品を描いた。各作品とも、もともとの文豪作品に漂う幽玄夢幻の〝怪しさ〟に焦点を当てています。

そもそもの成り立ちは、筑摩書房のちくま文庫『文豪怪談傑作選』というシリーズとコラボして日本古来の怪談をドラマで再現する、という落合監督のアイデアだったと聞いています。NHKのプロデューサー浜野高宏さんから企画が持ち込まれた段階では、落合監督以外に誰に撮ってもらうか、検討中という話でした。

僕が選んだ室生犀星の「童子」「後の日の童子」は、前者が若い夫婦が幼い長男を亡くすまでの話、後者は死後三カ月を過ぎて、その幼子が夫婦のもとに毎夕やってくる、という哀切に満ちた幻想譚です。

この話を選んだ理由はいくつかありますが、まずはこの作品が日本の近代小説において過渡期に位置するということです。明治中期、西欧から「個」という近代的自我の思想が日本に移入され、また国家主義的傾向への反発から、小説は自己を内面的に掘り下げようとする傾向が出てきます。こうして始まったロマン主義における内面の模索は、事実をありのままに直視し、内面の自然性を解放する自然主義へと移行します。その代表が夏目漱石です。そのことにより、小説はきっと進化したのだと思いますが、同時に世界の側の大事なものを切り捨てていった部分があるように思います。

それはともかく、死んだ人が幽霊になって出てくる古典としての怪談があるとすると、室生犀星の「後の日の童子」は、小説が内面世界へと向かう途中に位置づけられている。死んだ人間が怖いのではなく、生き残った人間たちの内面に生まれる妄想の話であることが、おもしろいなと思いました。

次に惹かれた理由は、「あとに遺された人たち」の話であること。

実はこの小説は室生犀星自身の話でもあります。犀星は大正十二年に、溺愛していた長男「豹太郎」をわずか十三カ月で亡くしていますが、その夫婦の悲しみを「童子」に綴ったのち（ちなみに赤ん坊の名は豹太郎です）、実際に妻にふたり目が宿っているときに「後の日の童子」を執筆している。

描かれているのは父親の葛藤です。子を失った後にふたり目が生まれ、幸せなはずの犀星は「ふたり目を産んでしまったことを、その子を私たち夫婦が可愛がっていることを、死んでしまった長男はどう思うだろうか？」と思い悩み、それを想像で小説に描いているのです。「自分たちの幸せを幸せだと思っていいのか」と疑ってみる、そういう発想を持つ室生犀星は、人間として信頼できるなと思いました。

もうひとつ興味深いのが歯のエピソードです。

『後の日』
二〇一〇年八月二十六日放送／NHKデジタル衛星ハイビジョン／四九分【あらすじ】最愛の長男を幼くして失った若い夫婦の前に、ひとりの子どもが現れる。この子は長男の幽霊なのか、あるいは……。夫婦は子どもと交流を始めるが、やがて彼は突然姿を消してしまう。【出演】加瀬亮、中村ゆり、澁谷武尊 ほか【撮影】山崎裕【プロデューサー】浜野高宏、熊谷喜一【原作】室生犀星

母親が「長男の歯がなかなか生えない」と心配していたのに、死んだあとに焼いたら、お骨のなかに歯が燃え残っていた。それで母親はその歯をとっておくというエピソードをドラマでも使ったのですが、初めて読んだときはゾッとするほど怖かった。母親の子に対する執着と、「生えていたんだ」と死後に安心するという複雑な感情が存在して、なんとも言えない怖さがありました。

デジタルビデオの可能性と限界

さて、二〇一〇年当時というのは、フィルム撮影がものすごい勢いで失われていく時期でもありました。企画を引き受けたのは、デジタル撮影でどれくらい〝ドラマ〟が撮れるのか、フィクションの世界が撮れるのかを、自分の手で確認したいと思ったからです。

それと、怪談はデジタル撮影にはいちばん向かないカテゴリーです。暗部がまっ黒にならないしボケあしも表現になりがたいからです。使用した機材はキヤノンのEOS 5D Mark Ⅱというデジタルカメラでしたが、比較的深度が浅く、ボケあし[*4]は使えました。暗いところをどのように残していくかが怪談では重要なので、あえてチャレンジしました。

たとえば、夜のシーン。日本家屋の部屋に蚊帳《かや》をつり、暗い照明のなか、夫婦のシルエットが浮かぶというシーンを撮ったのですが、これは残念ながら部屋を暗くして見ないと美しくない。明るい部屋で見ると、テレビ画面に自分のいる部屋が映り込んでしまうからです。でも視聴者の皆さんに「暗くして見てください」と言うわけにもいかず、そこがちょっと難しかった。

デジタルなので当たり前なのですが、撮ったものを「データ」という言い方にも慣れませんでした。しかもその撮影データが一部開かなくなり、いろんな方法を試したけれど、最終的に開けなかった。その後は、データが開くかどうかの確認のために、シーンを一回撮影するごとにデータをコピーして、再生できるかチェックしなければいけなかった。その時間はさすがに無駄だなと感じました。

もちろん、ドキュメンタリーでは何度もデジタルで撮影していますが、そのときはテープが回っているのが見えるので、撮れていることが実感としてわかるし、安心できました。フィルムからビデオへ、そしていまやチップへと、録画された媒体の質感がどんどん軽くなってきて、その変化にまだついていけていないというのが僕の正直な気持ちです。世界的にもその変化に対応できるかできないかが勝負というところがあります。

たとえば『ノルウェイの森』[*5]をデジタルで撮影したトラン・アン・ユン監督の考え方は明快です。彼曰く、「デジタルで撮るときに多くの人が間違うのは、フィルムのクオリティを擬似的に真似ること。だから失敗するんだ」。つまり、デジタルにはデジタルの良さがあるはずで、フィルムへの郷愁をそこに込めなくていい。「僕らはもはや現実をフィルム的にではなくデジタル的に見ているのであって、その感覚を反映すべきなんだ」と。意図的に平板な、くっきりとした画づくりを意識すべきだ、という発想を持っていました。ただ、それが『ノルウェイの森』の世界観に合うかどうかは、個人的には少し疑問です。彼の発想を実現するのであれば、カメラマンはフィルムを撮りつづけているリー・ピンビンではなかったんじゃないかなと思うんですけどね。

カメラが中央に存在している風景

EOS 5D MarkⅡは、使いやすさとコストが安いという点では合格点だと思います。たとえば、学生がいままでよりも圧倒的にクオリティの高い、少なくともクリアな映像を撮れるでしょう。

でも、カメラが圧倒的に軽い。

その長所短所はあって、それこそカメラに存在感がないので、子どもを自然に撮る際に、フィルムの大きなカメラが大きな音を立てて回るよりは、ずっと自然なものが撮れると思います。相手に緊張感を持たなくていいのと、ゲリラ的に撮ったりするのにはとても有能な機材です。ただ、移動撮影したときなどに、カメラの軽さが画にどうしても出てしまう。

あまり精神論を言いたくないのですが、三人がかりでないと運べないほどの重たいカメラが、どーんと撮影現場の中央に存在している風景は、「ここが現場である」という依《よ》り代《しろ》として必要な瞬間もある、ということです。ある程度の重さがカメラには必要なのではないでしょうか。

それから、その依り代となる重いカメラに、みんなの意識が集中する良さもあります。EOS 5D MarkⅡだと小さいので、カメラから映像を引っ張ったモニター画面をみんなで見てしまう。カメラと役者のいる場所ではなく、モニターに現場の意識が集中してしまうわけです。それも良し悪しで、緊張から解放される役者もいるかもしれないけれど、一方では現場の全員が芝居に集中している良さはどんどん消えていくだろうと思います。

やはり完成系がパソコン画面やモニターに瞬時に画として出てしまうことは、何かしら写真家やカメラマンに影響していくのではないでしょうか。

李相日監督の『悪人』[*6]『許されざる者』[*7]や、阪本順治[*8]監督の『どついたるねん』[*9]『顔』[*10]などを撮影されている笠松則通[*11]さんという日本を代表するカメラマンは、「カメラマン自身がカメラを信用しなくなっている」と憂いていました。

それこそ笠松さんのような昔気質《かたぎ》のカメラマンはみんな、自分のアシスタントにもカメラのファインダーを覗かせなかった。僕が映画監督になったときも、「どんな画を撮っているのか、見せてください」と覗かせてもらうのに躊躇がありました。当時はモニターに画も出さなかったのです。

たぶん、映画の現場でカメラマン以外のスタッフや役者がモニター画面で画をチェックすることが一般的になったのは、日本だと伊丹十三監督がきっかけではないかと思います。伊丹さんはテレビの現場も経験していて生粋《きっすい》の映画人ではなかったので、そういう試みができたのでしょう。

フィルム上映は自然に3Dになっている!?

あとは、デジタルだと「何かあってもあとでなんとかなる」という意識があります。たとえば撮影時に映ってしまった不適当なものを消すことができる（「バレ消し」と言います）。それは便利だけど、一瞬一瞬への集中力を削《そ》ぐので、一発勝負という感じがどうしても減っていく。それも良し悪しです。

話を聞くと、これからのデジタルは映ったものすべてにフォーカスが合っていて、後処理で「ここだけ残して他はすべてぼかし」というようなことができるようになるらしい。いずれはカメラマンが専門職ではなくなるかもしれません。

　確かに一枚ずつの画のクオリティでいえば、フィルムとそれほど変わらなくなっていくと思います。しかし、いまのＤＣＰ[*12]（デジタルシネマパッケージ）上映ではブレがない。当たり前ですが、画がまったく揺れない。でも笠松さん曰く「フィルム上映はブレがある。つまり像が微妙に動いているから、自然に３Ｄになっているんだ」と。これは半分冗談だとしても、私たち人間はフィルム上映に立体的な奥行きを感じるけれど、それはフィルムの特性にブレがあるおかげであり、ＤＣＰはブレないから、それをあとでメガネをかけて３Ｄにして見ているのは馬鹿げているという趣旨でした。非常にユニークな意見ですよね。

　このように、デジタルはまだ過渡期であり、保存方法も含めて今後どこへ着地するのか、いまは誰もわかっていません。僕自身もデジタルの良さみたいなものを、まだコストダウン以外には実感できていないので、フィルムで撮れるのであればもう少し何本か撮りつづけたいなと思っています。

　ところで『後の日』は、同年東京[*13]フィルメックス、ロッテルダム国際映画祭、サン・セバスティアン国際映画祭でも上映されたのですが、そこで感じたのが〝映画作品〟にはさすがに見えないということ。理由は気にしていたデジタル撮影ではなく、音でした。撮影時に、劇場で上映するレベルの音の広がりや幅を考えた仕上げをしていないので、スクリーンで見ると、画よりむしろ音が埋まっていないと感じるのです。

映画だと本編の編集二日＋MA[*14]一週間ですが、テレビの一時間ドラマだと、本編一日＋MA一日。映画では立体的にいろんな音をつけていく、その時間のかけ方と現場での音の広げ方は、ドラマではいまのところ時間的にも予算的にもできません。

というのも、テレビでは放送される音域（音の幅）が決まっているので、ささやき声や足音などを録ったとしても、大きく入れておかないと放送時にカットされてしまう。大きな音も同じ。本来は音の強弱ではなく音の遠近を表現したいのに、テレビ音声の特性上、それも難しい。ただ今後、音響システムの優秀なテレビが一般家庭に普及していけば、テレビドラマでも音を立体的につくれる日が来るかもしれません。

『ゴーイング マイ ホーム』

2012

脚本・演出・編集すべてを兼任した連ドラ

二〇一二年十～十二月に放送された『ゴーイング マイ ホーム』は、念願だった連続ドラマです。

CM制作会社に勤める坪井良多が、疎遠だった父の病をきっかけに故郷の長野に帰り、父が伝説の生き物「クーナ」を探していたことを知る、という話で、ちょっとだけファンタジーを交えたホームドラマです。良多は『歩いても 歩いても』につづいての主演となった阿部寛さん、その妻に山口智子さん、ふたりの娘に蒔田《まきた》彩珠《あじゅ》ちゃん、良多の姉にYOUさん、母に吉行和子さん、父に夏八木《なつやぎ》勲《いさお》さん、父の友人に西田敏行さん、その娘に宮崎あおいさんと、豪華なキャストが揃いました。平均視聴率は七・九パーセントとふるいませんでしたが、やりたいことはやりきれたと自負しています。

そのひとつが、映画と同じように自分でオリジナルの脚本を書き、全話演出をし、編集も手がけたことです。連ドラは昔から脚本家も複数、演出家も複数という場合が多い。もちろん数人いることで脚本の質を保ったり、ワンクールの撮影二カ月というハードスケジュールを手順良くこなしたりできるという、良い面があります。

けれど、そういう連ドラのいわば確立されたシステムによって、つくり手や視聴者が窮屈になってしまっている側面もあると思うのです。そこで、「脚本・演出・編集をひとりが兼ねて全話を撮っても連ドラは成立する」ということを知ってもらえたら、テレビの捉え方が広がるのではないかと思った。テレビドラマで育った自分にとって、とてもチャレンジし甲斐のあることでもあった。

技術的なことで言うと、撮影部、照明部、美術部、録音部、演出部すべて、映画『歩いても歩いても』と同じスタッフで布陣を組みました。

通常のテレビドラマのスタジオ収録では、マルチカメラ方式といって同時に複数のカメラで芝居を撮影します。このとき副編集室という部屋にすべてのカメラの映像が送られており、演出家はそこにいてリアルタイムで各カメラマンに指示を出すので、ほとんどセットに降りてこない人もいるようです。

映画ではたいていカメラはひとつ、いわゆるワンカメです。ですから同じシーンを違う方向から撮影するし、カメラが移動するごとに照明や美術セットのセッティングも変更します。『ゴーイング マイ ホーム』では、このワンカメ撮影を採用したので、時間はかかるけれど、ワンカットごとに映画的なクオリティの高い画面づくりができました（ちなみに使用したのはキヤノンのＥＯＳ Ｃ３００ ＭａｒｋⅡというデジタルカメラです）。

ＣＧは信用していない

脚本は、なるべく台詞の主語や固有名詞を出さずに、「あれ」や「これ」などと代名詞で済ませるように試みました。台詞の長さも、映画と同じく、三行以内。今回は初めて組む役者さんが多かったのですが、皆さんそれをおもしろがってくれたと思います。

嬉しかったのは、山口智子さんの「普段は私の出るドラマを見もしないし感想も言わない旦那が、今回は『よかったな』って言ってくれ

写真提供：関西テレビ

『ゴーイング マイ ホーム』
二〇一二年十月九日～十二月十八日放送／関西テレビ・テレビマンユニオン／全一〇回【あらすじ】冴えないサラリーマンが、疎遠だった父が倒れたのをきっかけに故郷の長野に帰る。そこで彼は父が伝説の小さな生き物「クーナ」を探していたことを知り、彼の〝それなりに幸せ〟だった人生に異変が……。【出演】阿部寛、山口智子、宮﨑あおい、ＹＯＵ、夏八木勲、阿部サダヲ、吉行和子、西田敏行 ほか【撮影】山崎裕【照明】尾下栄治【プロデューサー】豊福陽子（関西テレビ）、熊谷喜一

たんですよ」という言葉。それと、現場でアドリブの台詞が多いと聞いていた西田敏行さんがほぼ脚本どおりに演じられているので、「ノッていないのかな」と心配していたら、「脚本がきちんと書かれているので、これで充分なんです」と言ってくださったこと。

他の挑戦としては、「クーナ」という小人の妖精たちのシーンでCGを使わなかった。なぜなら、CGを信用していないからです。そこにいない人はどう合成してもいるようには見えないし、そこにないものは、ない、というのが現在の僕の感じ方です。嘘はばれる。

たとえば『猿の惑星：新世紀《ライジング》』[*15]の、馬に乗った猿が隊列を組んでいるシーンは本当にゾクッとするほどいいなと思いましたが、猿が歩いたり何か投げたりするシーンになると、やはり筋肉の動きが出ないし、一頭の重量感が伝わってこない。肉体の重心がどこにあるかというのは、ハリウッドのCGでもまだまだ弱いなと思います。だったら、稚拙でも、着ぐるみを着た人間が重たいものを投げたほうがいいのではないかと思うのです。

とはいえ、十年後にハリウッドの大作映画の監督依頼があれば、CGを駆使して、ジョニー・デップとか撮っているかもしれないですが……。そのときは僕の新しい挑戦を笑って見守ってくれたら嬉しいです。

【美術】三ツ松けいこ【音楽】ゴンチチ【主題歌】「四つ葉のクローバー」槇原敬之（WORDS&MUSIC）【フードスタイリスト】飯島奈美【広告美術】森本千絵

「ずっと見ていないとわからないドラマ」を

テーマやメッセージを語るのは無粋なことだし、好きではないのですが、この作品に関しては、「人の戻るところは場所なのか、人なのか、記憶なのか」というテーマを念頭に脚本を書きました。「クーナ」という小人の妖精を父に代わって探そうとした結果、良多は東京の生活では意識していなかったこと、たとえばダム建設で崩壊したコミュニティーや東日本大震災[*16]のせいで長野に引っ越さざるを得なかった福島出身の親子の存在、東京から捨てておかれるような地方の現状などに触れていくつくりとなっています。

企画自体は放送の三年前からスタートしていたので、最初は『あなたがいなくなったあとに』というタイトルで、父親が亡くなったあとに主人公がどう生きていくのかという話を考えていました。

しかし、二〇一一年三月に東日本大震災が起きたことで、テーマはより明快になり、ある意味保守的になった部分はあります。

保守的といっても、僕は決して「家族がいちばん」だとは思ってはいません。ただ、ちょっと話が飛躍するかもしれないですが、「インターネットを漂っている人がなぜ右翼というかナショナリストになるのか？」。この問いを考えていくと、人とつながっている実感がない人がネットへこぼれ落ちたときに、彼らを回収するいちばんわかりやすい唯一の価値観が「国家」というものでしかなかったのだということに、気づかされるのです。現代の日本は、地域共同体はもはや壊滅状態だし、企業共同体も終身雇用制の終焉とともに消えたし、家族のつながりも希薄になっている。そこで、共同体や家族に代わる魅力的なもの・場所・価値観（それを「ホーム」と言ってもいいかもしれませんが）を提示できないかぎり、彼らは国家という幻想に次々と回収されていくでしょう。

もしくは、ひとりでいることに耐えられなくなっていることも考えられます。個を強くすることと、人と暮らす豊かさを提示すること。そんな思考のあれこれが、この『ゴーイング マイ ホーム』には反映されています。

さて、僕の映画やドラマに顕著なのが「何を見せないか、何を語らないか」ということに挑戦することです。それ自体が、たぶんいまのテレビからは失われた価値観かもしれない。なにしろ、いまは見ていなくてもわかるテレビ、背中を向けていてもどんな話かわかるドラマをつくらないといけないから。

何年経っても天邪鬼《あまのじゃく》の僕は、逆にこの連ドラで「ずっと見ていないとわからないドラマ」を目指した（ある意味、途中参加を拒否するドラマを関西テレビはよく了承してくれたなあと思います）。

　ただし、プロデューサーからは「伏線は一話で回収してほしい」と言われました。「話をまたいで伏線を回収しようとしても、誰も覚えていないから」と。これが犯人探しのドラマだったら伏線が張り巡らされていてもよかったけれど、日常的なドラマで小ネタを回収するのは、いまの忙しい視聴者にとっては確かに難しかったのかもしれません。

　それでも、自分では失敗したとは思っていないし、チャンスがあれば（これに懲りずに）またチャレンジしたいです。

　そういえばドラマ放映後、三谷幸喜[*17]さんと対談したときに「是枝さん、連ドラでやりたいこと全部やったでしょう。僕は連ドラでやりたいことをやったことは一度もありません。映画もそうです」と言われて驚きました。

　三谷さんはドラマや映画ではエンターテインメントとして楽しませることを意識しているので、やりたいことは芝居でしかしていないそうです。僕が「やりたいことを全部やったのですが、視聴率が低くて」と話すと、「あれで視聴率が取れると思っているんですか!?」と叱られました。三谷さんに言われるなら清々《すがすが》しいというか、本望です。

　その三谷さんですが、彼はいつも取材をしないで書くのだそうです。すべて想像で書く。

　唯一取材をして書いたのが、三夜連続スペシャルドラマ『わが家の歴史』[*18]で、主演の柴咲コウさんが演じた八女政子という人物に、自分の母親の実話を重ねて書いたところ、初めて「リアリティがない」と言われたのだとか。それまで取材をせずにどんなに荒唐無稽《こうとうむけい》なことを書いても、そう言われたことがなかったそうで、「唯一リアルな話を書いたら『あんな人いない』と言われてショックだった。いかにリアリティというものがいい加減かということをつくづく感じた」とおっしゃっていて、三谷さんらしい逸話だなと思いました。

放送の著作権はなくていい

テレビドラマと映画で決定的に違うことは、僕の場合はほとんどありません。現場で行う演出家としての作業はまったく同じ。「テレビだからもう少し違うことしようかな」とか「カットをもう少し細かく割ろうかな」ということもないし、演技を少しオーバーにすることもない。

しかし、ひとつだけ大きな違いがあるとしたら、テレビをつくるときにはドラマであろうがドキュメンタリーであろうが、「パブリックに参加をする」という意識を持っていることです。

映画は何かというと、表現という言葉を使いたくはないけれど、やはり監督個人の「表現」なんだろうなと思う。映画はどこまでいっても監督のものであり、監督のものであるべき。つまり、映画は「パーソナルな作品である」ということです。そして、パーソナルであるままに「映画」という大きな河の一滴であるという意識を持ちうる。つまり、具体的にそこで生まれ育った故郷とは別の「郷土」（パトリ）というものを持ちうる。これは、もちろん国籍や民族や言語に閉鎖的にならない郷土であり、健全な「郷土愛」（パトリオティズム）を育むことができます。

ですから、映画の著作権は本来は監督にあるべきだと思うけれど、テレビ、言い換えると放送の場合は、著作権はなくてもいいなと思っています。

パブリックに参加をするというのは、つくり手もスポンサーも何かの利害関係・利潤追求のためではなく、多様で成熟したパブリックの空間をそこに形成するために集うということです。いちばん曖昧で目に見えないけれど豊かな世界＝パブリックというものに、みんなで参加し、寄与し、加担する。それが放送の根本にある哲学であり、価値だと思うのです。

スポンサーはものを売るためではなく、そういう魅力的な空間をつくることによって、社会を成熟させ、結果的にものが売れていくべきだと思うし、そういう発想で参加するのが放送です。だから、肖像権などいろんな問題はあるけれど、基本的に放送は著作権フリーにして、再利用可ということにすべきだと思う。社会の財産、共同体の財産ということにして、アクセスを自由にして、放送のためなら何にでも使用が許可されるというふうに変換していかないといけない。でないと、放送が何のためにあるのか、見ているほうもつくっているほうもわからなくなってしまい、いつの間にかインターネットの世界に蹂躙《じゅうりん》されてしまう。そう思うのです。

樹木希林さんはマネジメントをご自分でされているので、お仕事依頼の際はご自宅に電話をするのですが、必ず留守電になって、「過去に私が出演したものに関する利用のお願いはすべてOKですので、好きに使ってください」というような内容が流れます。カッコいいですよね。お金を要求したりしませんのでどうぞお好きに、というのは、これ以上ないくらい美しい態度です。

放送業界はすべてそうあるべきだし、NHKなんてまさにそうあるべき。受信料を取って番組をつくって放送しておきながら、素材を使おうと思うと法外な値段を要求するのは間違った行為だと僕は思います。ぜんぜん〝皆様のNHK〟なんかじゃない。

とにかく、ニュースもドラマもすべての放送はこれから社会の共有財産として、再利用可・アクセスフリーにしていくべきだし、つくり手も視聴者の皆さんもそのように意識を変えていってくれたらと願っています。そうやって放送が積極的に役割を果たすことでパブリックを豊かにしていくことが、結果的に、ばらばらになった人々へ他者との出会いと連帯の場を提供し、ナショナリズムに回収されることを防ぐセーフティーネットになるのではないかと思っています。

註

1―落合正幸
テレビドラマの演出家・映画監督。一九五八年、東京生まれ。日本大学藝術学部卒業後、共同テレビ入社。代表作のテレビドラマ『世にも奇妙な物語』では三五作品を監督。九七年、『パラサイト・イヴ』で映画監督デビュー。『催眠』『雪山』を監督後、二〇〇三年よりフリー。代表作に『感染』『シャッター』『怪談レストラン』『呪怨 終わりの始まり』『呪怨 ―ザ・ファイナル―』など。

2―塚本晋也
映画監督。一九六〇年、東京生まれ。中学時代から8ミリフィルムで映画を製作。日本大学藝術学部卒業後はCM制作会社に入社するも、四年で退社。八八年、『電柱小僧の冒険』でぴあフィルムフェスティバルのグランプリ受賞。翌年の『鉄男』でローマ国際ファンタスティック映画祭のグランプリ受賞。代表作に『双生児～GEMINI～』『ヴィタール』『悪夢探偵』『KOTOKO』『野火』など。

3―李相日
映画監督。一九七四年、新潟生まれ。神奈川大学経済学部卒業後、日本映画学校（現・日本映画大学）に入学。卒業製作がぴあフィルムフェスティバルで、グランプリを含む史上初の四部門独占。その後はフリーの助監督として活動し、『BORDER LINE』でデビュー。代表作に『69 sixty nine』『スクラップ・ヘブン』『フラガール』『悪人』『許されざる者』など。

4―ボケあし
被写体にはピントを合わせ、周囲をボケさせる表現手法。もともと個々のレンズのボケの風合いのことを「ボケ味」といい、「味」を「足」と聞き間違えたことによる誤用と考えられる。

5―『ノルウェイの森』
村上春樹の同名小説をトラン・アン・ユン監督が映画化。二〇一〇年公開。

6―『悪人』
吉田修一の同名小説を李相日監督が映画化。二〇一〇年公開。

7―『許されざる者』
李相日監督による二〇一三年公開の時代劇映画。九二年に公開されたクリント・イーストウッド監督・主演による同名映画のリメイク版。

8―阪本順治
映画監督。一九五八年、大阪生まれ。横浜国立大学教育学部在学中より、石井聰亙、井筒和幸、川島透の現場にスタッフとして参加。大学中退後、八九年、赤井英和主演の『どついたるねん』にて監督デビュー。代表作に『トカレフ』『傷だらけの天使』『顔』『新・仁義なき戦い』『KT』『亡国のイージス』『魂萌え！』『カメレオン』『座頭市 THE LAST』『大鹿村騒動記』『北のカナリアたち』など。最新作『団地』は二〇一六年六月に公開予定。

9―『どついたるねん』
阪本順治監督による一九八九年公開の映画。

10―『顔』
阪本順治監督による二〇〇〇年公開の映画。「松山ホステス殺害事件」福田和子をモチーフに描いている。

11―笠松則通
撮影監督。一九五七年、愛知生まれ。日本大学藝術学部卒業後、小川プロダクションに入社。代表作に石井聰亙監督作『狂い咲きサンダーロード』、阪本順治監督作『大鹿村騒動記』、松岡錠司監督作『バタアシ金魚』『きらきらひかる』『東京タワー ～オカンとボクと、時々、オトン～』、荒戸源次郎監督作『赤目四十八瀧心中未遂』、緒方明監督作『いつか読書する日』など。

12―DCP（デジタルシネマパッケージ）
35ミリフィルムに替わる、デジタルデータを用いた映画（デジタルシネマ）の上映方式。

13―東京フィルメックス
二〇〇〇年にスタートした、毎年秋に東京で開催される映画祭。「作家主義」を標榜し、アジアを中心とした各国の独創的な作品を上映する。また、会期中は東京国立近代美術館フィルムセンターで関連企画が実施される。

14―MA
「マルチ・オーディオ」の略称。背景音楽や効果音を選定し、台詞のアフレコなどを行う、音声編集作業のこと。

15―『猿の惑星：新世紀《ライジング》』
マット・リーヴス監督による二〇一四年製作のアメリカのSF映画。同年、日本公開。一一年公開の『猿の惑星：創世記《ジェネシス》』の続編であり、シリーズ八作目にあたる。

16―東日本大震災
二〇一一年三月十一日に発生した東北地方太平洋沖地震と、それに伴って発生した津波およびその後の余震によって引き起こされた大規模地震災害。この地震によって福島第一原子力発電所事故が誘発された。

17―三谷幸喜
劇作家・脚本家・映画監督。一九六一年、東京生まれ。日本大学藝術学部在学中の八三年、劇団「東京サンシャインボーイズ」を結成（九四年に充電期間に入る）。並行して放送作家としても活動。深夜ドラマ『やっぱり猫が好き』で注目を集め、その後、『古畑任三郎』『王様のレストラン』『竜馬におまかせ！』などの連続ドラマの脚本を手がけた。九七年『ラヂオの時間』で映画監督デビュー。代表作に『みんなのいえ』『THE 有頂天ホテル』『ザ・マジックアワー』『清須会議』など。二〇一六年は、NHK大河ドラマ『真田丸』のオリジナル脚本を手がけている。

18―『わが家の歴史』
フジテレビ系列で二〇一〇年四月九日から三夜連続で放送された、開局五十周年記念ドラマ。

第9章
料理人として
2011-2016

『奇跡』2011
『そして父になる』2013
『海街diary』2015
『海よりもまだ深く』2016

しばらく監督を
休業しようと
思っていた

『奇跡』

2011

「新幹線」というモチーフを与えられて

ＪＲ九州からプロデューサーの田口聖さんを介し、「九州新幹線の全線開業をモチーフにした企画に興味ありませんか」という話が来たのは、「映画をいったん休みます」と休業宣言して少し経ったころでした（これについては後述します）。

正直言うと、地域協賛モノや企画モノは制約が多すぎてたいがい失敗するので、断ろうと思っていたのですが、「ＪＲ九州が全面的にバックアップするので、電車が撮り放題ですよ」と言われ、心が動いてしまった。また、曾祖父が鹿児島出身であること、自分にも子どもが生まれ、『誰も知らない』とは違った子どもの映画を撮ってみたいという思いも膨らみ、引き受けることにしました。

結果的に本作は、僕のキャリアのターニングポイントになりました。外からモチーフを与えられてオリジナル脚本を書きおろすというのは、初めての経験だったからです。

頭に浮かんだイメージは、『スタンド・バイ・ミー』[*1]のような、子どもたちが線路の上を歩いているシーンです。しかし、福岡・鹿児島間をシナリオハンティング[*2]してみると、新幹線の線路はもちろん歩けないし、高架が多く、遠くの山やビルの屋上から眺めないかぎり、目線に入らない。線路を歩くのは無理だけど、こうやって見える場所を探しながら歩いていること自体はとてもおもしろいなと気付いて、プロットを「九州新幹線がすれ違う瞬間に立ち合うと奇跡が起こる、という噂を信じて旅に出る子どもたちの話」に変更しました。

それで考えたのが、「ボーイミーツガール」モノです。両親が離婚して鹿児島の母親の実家に引き取られた男の子が、やはりなんらかの事情を抱えている博多の女の子と、新幹線を見に行って出会うというお話。それが兄弟の話に変わったのは、小学生のお笑いコンビ「まえだまえだ」の前田航基くん、旺志郎くん兄弟との出会いがあまりに大きかったからです。

彼らは、一般の子たちに混じってオーディションに来ました。僕はふたりのことをよく知らなかったのですが、あまりに存在が際立っていて、オーディションの翌日には脚本を書き直しはじめたくらいです。おかげでその後の子役オーディションはたいへんでした。それまですごくいい演技ができていたのに、まえだまえだのふたりと一緒に演じた途端にリズムが壊れる子や、彼らの強烈な関西弁に引っ張られて自分も関西弁になってしまう子もいました。

まえだまえだ兄弟に負けない子どもを見つけること。それから、子どもたちの「この人になら撮られてもいいな」という直感と「この子を撮ってみたい」という僕の想いがいかにマッチングするかも重要視しました。技術やネームバリューではない、相性の良さが、僕の子どもの映画にはいちばん大切です。そうして見つかった子ども七人には、それまでの映画同様、脚本を一切渡さずに、当日のシーンの説明と台詞を口伝えするという撮影方法を徹底することにしました。

そういう瞬間瞬間の子どもの演技が活きるためには、それをきちんと受けてくれる達者な大人の役者が必要です。今回は樹木希林さん、橋爪功さん、大塚寧々さん、オダギリジョーさん、夏川結衣さんなどが、その立場を引き受けてくれました。橋爪さんなどは「僕も台詞は口伝えのほうが楽だな」と言ってくれたし、他の役者さんたちにもその瞬間のアンサンブルを総じておもしろがってもらえたようで、ホッとしました。

『奇跡』
二〇一一年六月十一日公開【配給】ギャガ【製作】ジェイアール東日本企画、バンダイビジュアル、白組、ほか【特別協賛】九州旅客鉄道（JR九州）／一二八分【あらすじ】両親の離婚により鹿児島県と福岡県で離ればなれに暮らす小学六年生の兄・航一と四年生の弟・龍之介。いつかまた家族四人で暮らしたいと願うふたりの兄弟は、九州新幹線がすれ違ったときに願い事が叶うという噂を聞きつけ、友だちと計画を立てはじめる。【受賞】サン・セバスティアン国際映画祭 最優秀脚本賞、アジア太平洋映画祭 最優秀監督賞 ほか【出演】前田航基、前田旺志郎、林凌雅、永

撮影前には希林さんに誘われて、鹿児島でふたりきりで食事をしたのですが、普段はまったくそんなことをしないのに、天ぷらを食べながらテーブルの上に脚本を開いて、「監督。わかっていると思うけど、今回は子どもたちが主役の映画だから、大人の役者にアップや見せ場は必要ないからね」と言ってくれました。おかげで「子どもの映画を撮る」という覚悟が決まって、撮影中も悩まずに済んだことを感謝しています。

吉星之介、内田伽羅、橋本環奈、磯邊蓮登、オダギリジョー、大塚寧々、樹木希林、橋爪功、夏川結衣、原田芳雄 ほか【撮影】山崎裕【照明】尾下栄治【美術】三ツ松けいこ【録音】弦巻裕【音楽】くるり

脚本に欠かせないオーディションとロケハン

僕はとても天邪鬼な性格なので、子どもの成長がこの映画のテーマのひとつとするならば、「奇跡を願いに行って、願わずに帰ってくる話」にしようと思いました。「なぜ願わないのか？」は置いておいて、とにかく願わずに帰ってくるけれど成長している子どもの話にしようと思ったのです。

これはプロットを見せた関係者から、「両親それぞれ子どもがいないことに気がつき、新幹線で熊本まで追いかけ、家族四人でやり直そうと抱き合って終わると泣けるんじゃないか」と言われたことがきっかけです。生意気を言うようですが、「それは奇跡ではないし、成長でも

ない」と思いました。自分が描きたいのはそれとは正反対の世界だったのです。こういうことに気付かせてくれるのですから、どんな意見でも、言われたほうがいい。これは決して皮肉ではありません。

その脚本を、より魅力的にリアルに仕上げるには、僕の場合はオーディションやロケハン*3が欠かせません。

オーディションでは、「子ども四人で、親には内緒で新幹線を見に行きたい。でも四〇〇〇円かかる。どうしたら貯められるかを話し合って」というシチュエーションを子どもに与え、自由にしゃべってもらいました。これは演技力を確認するだけでなく、脚本をリサーチする意味も兼ねています。たとえば映画のなかの「お父さんが昔のウルトラマン人形を持っているから、それを売れば大丈夫」という台詞も、オーディションで聞いた子どものアイデアです。

どんな奇跡が起きてほしいかを話し合うシーンで橋本環奈《かんな》さんから出てきた「ゆとり教育がもういっぺん復活するといいな」という台詞も、僕だったら絶対に思いつきません。「死んだ愛犬が生き返ってほしい」という台詞はオーディションで「叶えたい奇跡」を訊いた時にそう答えてくれた子が何人かいたので、死んだものが生き返るということを信じられるのは小学四年生くらいが最後なんだなと、これも採用しました。

そうこうしているうちに、やっと「なぜ願わないのか」の理由につながる「世界」という言葉も出てきました。

これは長男が離れて暮らしている父親と電話をしていて、その父親に言われる言葉です。長男はそのときは意味がわからないけれど、その言葉が心のなかで大きくなり、新幹線がすれ違う瞬間に「自分の両親はもう二度と元通りにならないし、世界は自分の思い通りにはならないんだ」ということに気がついて帰ってくる。そして弟へとその言葉は受け継がれ、弟が父親へと返していく、という一連の流れがイメージできました。

ラストシーンができたのも、クランクインの二週間前のこと。

鹿児島のロケハンで長男の住む家が見つかり、桜島を臨むベランダに長男を(イメージ上で)立たせたときに、祖父と同じように指を舐《な》めて風向きを確かめ、「今日は(桜島の灰が)積もらへんな」という台詞が書けた。それが、鹿児島で生きていくことを受け入れていく長男の成長であり、未来を感じさせることなんだ、と自分自身が腑に落ちたわけです。

テーマはディティールを詰めるなかで生まれる

このように僕の場合は、テーマというのは撮る前にわかっているわけではなく、作品の細かなディティールを詰めていくなかで同時並行的に生まれていく傾向が強いです。

ただ、テーマやメッセージというのは自分として意識しているだけなので、なるべく取材でも答えないようにしています。作品には僕がいま生きている世界や考えていることが反映されているだろうから、あえて言葉にすることで僕が把握している以外のテーマやメッセージが切り捨てられるのを避けたいのです。

逆に僕の言葉などは求めず、作品に漂う意識下のテーマやメッセージをすくいあげて言葉にしてくれる記者や映画評論家がたまにいると、とても嬉しいです。

『奇跡』でいうと、「コスモス畑だけ視点が変わっている」と指摘してくれた記者がいました。「今回は常に子どもに寄り添って物語が進んでいるのに、コスモス畑の最後のシーンだけカメラがコスモス畑にあって、去っていく子どもたちを見送っている。空絵に子どもの声だけが聴こえて、あのシーンだけ時間が子どもに寄り添わずに、外の時間の側にいる。それがとても印象的でした」と言ってくれたのです。

確かにあの瞬間だけ、コスモスを置いていなくなった人という「過去」と、その場所で子どもたちが採ったコスモスの種をいずれ蒔くという「未来」と、時間をちょっと前後に広げています。それは主人公が失われてしまったものと、これからつづく未来というものに意識を広げていく話にしようと思ったから、そこだけ時間の同時進行を外しました。でも、狙いとはいえ、カメラの位置をちょっと変えただけなので、そこを読み取ってくるというのは素晴らしいなと思います。

もうひとり、映画評論家の*4蓮實《はすみ》重彦さんのコメントも嬉しかった。

蓮實さんは、僕が大学時代に立教大学で「映画表現論」という、当時の東京の映画好きの大学生がみんな通っていたような特別な授業をされていました。周防正行さん、黒沢清さん、青山真治さん、篠崎誠さん、*5万田邦敏さんなどはみんなその授業の〝卒業生〟。僕は早稲田の学生で、モグリで通っていたので「蓮實門下生」とは言えませんが、とにかく非常に刺激的な授業でおもしろかった。大学で唯一欠かさず通った授業です（よその大学ですけど）。

さて、一般的な映画評論だと子どもが無邪気でいきいきと描かれている点を良しとされますが、蓮實さんはまったく違っていました。水泳帰りの長男がバスの窓辺に座っていて、窓からの風に髪がなびくショットと、熊本で泊めてもらった家で、女の子が髪を梳《す》いてもらっているショット。そのふたつの子どもの表情が大人として撮られていて素晴らしい、と書いてくれたのです。

そのふたつのショットは、実際にふたりを大人として――子どもではなく、いろんなものを背負った人間として、撮ろうと試みていました。だから蓮實さんの指摘は監督冥利《みょうり》に尽きるというか。

子どもの撮影で気をつけているのは、大人以上に尊敬して撮ろうと意識することです。ひとりの人間として、大人の役者と同じように撮る。とはいえ、何カットかは台詞なしに彼らが抱えているある種のナマな感情を意識させるショットにしなくてはいけないので、これはかなり難しいです。

たとえば長男がバスの窓際に座るシーンは、「風が吹き込んで濡れた前髪が風を受けて気持ちいいのを感じて」と伝えました。航基くん自身もスイミングに通っていた経験があったから、すぐにわかってくれました。鏡を見ている女の子の場合は、「このシーンは何を考えているのですか？」と質問されたので、「このお母さんは大切な娘と離れて暮らしているんだよ」と、自分自身の未来と重ねてもらうようにしました。ただ、感情の説明はしません。

何かをじっと見ている表情を、見ている先を映さずに撮ると、何を見ているのかも含めて観客はフレームの外を想像し、ふとその人物の内面へと寄り添ってくれます。だから、子どもを撮るときにいちばん大切な演出は、子どもをどこに置くかだと僕は思っています（それは大人の役者も同じかもしれませんが）。

子どもの目を通して社会を批評する

ロケハンやオーディションだけでなく、現場でもいろんな発見があります。

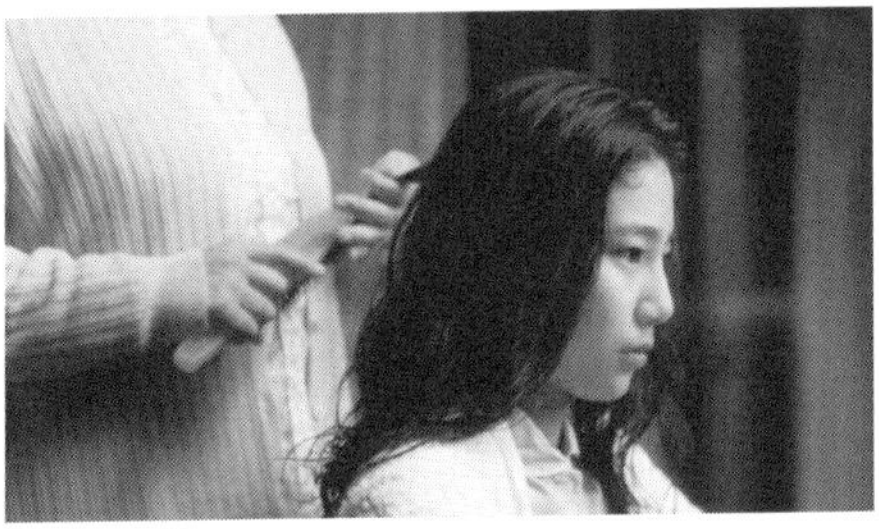

たとえば「死んだ愛犬が生き返ってほしい」と願った少年が、鹿児島中央駅に戻ってきたとき、「犬はもう生き返らないんだな」と理解する、それが成長だなと僕は思っていました。それで鹿児島中央駅の階段を下りるシーンで、「いっぺん立ち止まって、リュックのなかをのぞいて、やっぱり生き返ってないのを確認して、もう一度歩き出して」と少年に指示をしたところ、「マーブル（犬の名前）は生き返らないの？」と訊かれました。「うん、生き返らないんだ」と返すと、「えー、ハッピーエンドにしてよー」と言われたのです。

考えたらタイトルは『奇跡』なわけで、子どもたちはそれぞれ何らかの奇跡が起こるんじゃないか、と想像していたのかもしれません。

それで演出を少し変えることにしました。それまでずっとふたりの少年のあとを付いてまわっていた男の子が、そのときは自分でリュックのチャックを閉め、先頭に立って階段を下りる、というシーンにしたのです。走り出す順番を変えるだけで、子どものちょっとした意識の変化を描ける、という発見は、彼の言葉なしには生まれませんでした。いまでも大好きなカットです。

先ほどの、感情の説明をしない、という点を、不安に思うつくり手もいるかもしれませんが、説明してしまうと、それを表現しなくちゃいけないと思ってしまう役者が往々にしています。「悲しいよ」と言えば台詞に悲しみを込めようとする、それをとにかく僕は避けたい。

特に航基くんはとても賢いので、説明すると表現してしまうし、表現できてしまいます。でも僕が求めているのはそういうことではない。むしろ航基くんはしゃべる以上に、黙っているときの表情が映像として魅力的。だからしゃべりは弟に任せて、航基くんには見つめる、考えるという沈黙の側を背負ってもらいました。

たとえばラストシーンで「今日は積もらへんな」と言うのも、「お祖父ちゃんが言っていたのを、そのまま真似して」と指示しただけで、どういう意味があるかということは一切説明しませんでした。映画が仕上がって、試写を観た記者に「ラストで、ここで生きていくんだと決心した航一くんの成長した姿に感動しました」と言われて「そうなんや⁉ あのラストにはそういう意味があるんや！」と初めて気がついたくらいで、そのときばかりは僕を振り返って「すげえな、監督」と見直してもらいました。

ところで僕は第5章で、「なぜ死者を撮りつづけるのか？」という外国人記者の問いに「日本にはご先祖様に顔向けできないという考えがある」と答えた話を書きました。こうした価値観は現在薄れつつありますが、死者とは揺るぎない存在であり、その死者を一方に見ることで、いまの大人を客観的に批評することができると僕は思っています。

子どもというのも、大人にとってそういう存在です。まだ社会の一員になりきっていない子どもの目を通して、僕たちが暮らすこの社会を批評することができるのです。

僕のイメージでは、過去、現在、未来を縦軸にすると、死者は縦軸に存在し、時を超えて僕たちを批評してくれる存在。子どもは同じ時間軸にいるものの、水平に遠く離れたところから僕らを批評してくれる存在という感じです。

僕の映画に死者と子どもが重要なモチーフとしてよく出てくるのは、社会を外から批判する目を両者に感じているからでしょう。

東日本大震災のときに……

『奇跡』は九州新幹線開通がモチーフの映画でしたが、その九州新幹線が二〇一一年三月十二日に開通するというタイミングで、前日に東日本大震災が起こりました。開業式は中止され、開通を祝うCMも放送見合わせとなりました。

僕はその瞬間、渋谷の映画館ル・シネマで、『英国王のスピーチ』[*6]を観ていました。六階なのでかなり揺れたのですが、映写は何事もないかのように進んでいたのを覚えています。さすがに客席がざわつきはじめ、半分以上が外に出ました。僕も出ましたが、エレベーターは止まっているし、ロビーには窓がないので、表がどうなっているかわからない。この揺れ方だとビルが倒れているかもしれない。

僕は娘を保育園に迎えにいこうと階段を下り、運良くタクシーを拾うことができて帰宅。いろんなものが散乱している部屋を横断してテレビを点《つ》けると、どのチャンネルも津波の生中継を映し出していました。いままで見たテレビのなかでもっともインパクトの強い映像でした。

その後は通常番組がすべて飛んで、報道番組一色になりました。自分は「テレビディレクター」という肩書きがあるにもかかわらず、テレビがこれほど求められているときに、外部の制作会社だということで報道に関われず、視聴者でいることしかできなかった。そのことに危機感、焦燥感を持ちました。

テレビマンユニオンのような外部の制作会社がＮＨＫと番組をつくるときは、必ずＮＨＫエンタープライズという制作会社を窓口にして共同制作をしなければならないというルールがあります。そのＮＨＫエンタープライズから「被災地での取材の自粛要請」がメールで来たことも、ショックでした。これはつまり「いま東北で制作中のＮＨＫの番組をストップしてほしい」という、やんわりとした要請です。ＮＨＫから直接取材の自粛要請があるなら、まだ話はわかる。しかし、同じ制作会社であるＮＨＫエンタープライズからそのような要請があることに、僕は納得できなかった。しかも、日本中の制作会社がこの件に関してあまり反発をしなかったことに、ますます焦りを感じました。

それで僕は、テレコムスタッフの長嶋甲兵さんやクリエイティブネクサスの井上啓子さんなど、同世代のディレクターたちと集まって話し合いました。少なくとも現地へ行って何か撮ったほうがいいのではないか。テレビ局の人間にすべてを任せ、制作会社が節電に協力して十六時に帰っていていいのか、と。その疑問はみんなも同じく共有していたので、TBSの「ニュース23」の制作スタッフに会いにいくことにしました。

当時はTBSだけで五〇クルー、各地方局合わせるとおそらく三〇〇クルーくらいが被災地で撮影していたらしいのですが、彼ら局の人間にすら放送する枠がほとんどないことを説明されました。「毎日全国から送られてくる系列局の映像を処理するだけで精一杯」だと。当然、外部の制作会社のことまでは頭が回らなかったろうと思います。

かけがえのない大切なものは日常の側に

であるなら仕方がない。僕らはテレコムスタッフ、クリエイティブネクサス、テレビマンユニオンの三社で合同チームをつくり、取材へ向かう資金も自分たちで調達しました。四月一〜三日、僕はカメラマンの山崎裕さんと一緒に気仙沼、陸前高田、石巻、女川などを回りました。

しかし、あまりに状況がひどすぎて、僕にはとても人にカメラを向けられなかった。あの場所に行ったことは、ゆくゆくはなんらかのかたちで作品に反映するかもしれない。でもこのときは、とりあえず行って、見て、あの土地に立って匂いを嗅いで、帰ってきました。それが震災に対する僕の行動の、第一弾でした。

いったいどういう関わり方なら自分にもできるのだろう？

そう考えていた矢先、僕が被災地を訪れたことを知った崔《さい》[*7]洋一監督から連絡がありました。崔さんは日本映画監督協会[*8]の理事長を務めていることもあって、震災をテーマに監督がそれぞれ映画をつくるというアイデアと、監督それぞれが自作のフィルムを被災地に持っていって上映するというアイデアを提案されました。後者には阪本順治さんや李相日さん、西川美和さんなどが協力したと聞いています。

僕も協力したいと思ったのですが、『奇跡』の上映について懸念がありました。というのも震災以降、試写を観た記者の取材がすべて震災がらみの質問ばかりになり、このまま上映するとつくり手もそう思っていると思われかねないと感じたからです。家族が元どおり一緒に暮らすために桜島の噴火という天災を望む子どもの話ですからね。

しかも上映に際しては「明るい映画を」と言われて驚きました。たとえば「図書館が流されたので本を送りましょう」という場合、明るい本だけ送ったりはしないでしょう。しかし映画の場合は明るいものを、と要望される。もしそんな状況下で『奇跡』を上映したら、「人のつながりや子どもの明るさで癒されてください」と言われる危険性があるかもしれない。

迷った末、五月に仙台と福島で、料金の一三〇〇円は全額「あしなが育英会」に寄付をするという、チャリティー上映会をさせてもらうことにしました。これが第二弾です。僕は両日とも上映に立ち会ったのですが、ティーチインをしながら観客の皆さんの表情を見て、「子どもの成長物語として温かく受け取ってもらえたのではないか」という実感を持ち、少しホッとしました。

その後、福島の上映にいらしていた福島県立相馬高校の放送部の顧問の先生から、放送部の部員三人が「NHK杯 全国高校放送コンテスト」に向けてドキュメンタリーをつくっているので、その生徒たちへの激励のメッセージが欲しい、と劇場で直接依頼されました。「だったら直接会いにいきます」と返事をし、後日、相馬高校を訪れました。僕は被災地を撮らないと決めていたけれど、撮っている子どもの応援だったらできるかもしれないと思ったから。それが第三弾で、これは「東北発☆未来塾」[*9]という番組にまとまって、二〇一四年にNHK Eテレで放送されています。

東日本大震災から五年が経ちましたが、当時のことはいまも生々しい記憶として身体に残っています。当時、つくり手たちは自分のつくるものに価値があるのか、そもそもいま何かをつくることが正しいのかという不安や焦燥を抱えていました。そして、それぞれの思考や手探りの経験を経て、もう一度、つくるという日常に戻っていったのだと思います。

僕自身も、日々生活をしているなかで、世界の手触りが変わった実感があるし、作品にそのような気持ちが反映していないといえば嘘になるでしょう。でも、自分が描いてきたものに関して言えば、震災前と震災後で明らかな違いはないのではないかなと思うのです。

もし僕の映画に共通したメッセージがあるとするなら、かけがえのない大切なものは非日常の側にあるのではなく、日常の側のささやかなもののなかに存在している、ということ。思えば『奇跡』はそれをわりとストレートなかたちで描いた映画といえるかもしれません。

『そして父になる』

2013

自分と子どもをつなぐものは「血」なのか、「時間」なのか

福山雅治さん主演の映画『そして父になる』は、福山さんご自身から僕にコンタクトをしてくれたことがきっかけで生まれた作品です。

あるとき共通の知人の映画関係者を通して、「一緒に何かやる前提ではなく、お互いに会ってよい空気が生まれたらそのあとのことを考える、という気楽な感じでお会いしませんか」というお話をいただきました。嬉しさとともに、正直「僕がつくるようなものも観ているんだ?」という驚きもありました。

実際にお会いして感じた印象は、「とても謙虚で賢い」「その場にいる人を楽しませるエンターテナー」。そして表現することに対してとても真摯で、しかもさらなる成長を望んでいるよう

な貪欲さもあると感じました。

そこで福山さんから、〝福山雅治主演映画〟ではなく、「作家性の強い監督の世界の住人になってみたい」というお話をされました。「主役じゃなくてもいいんです。もちろん主役でもかまいませんけど」と。なんだかその言い方がとてもチャーミングでステキだなと思いました。僕自身も「福山雅治」という役者との出会いを経れば、今までの自分とは違うかたちの映画ができるのかな、と不安が期待に変わり、それでプロットを書いたのがそもそもの始まりです。

プロットは、心臓外科医の話、絵描きの話、時代劇、そして『そして父になる』の原型と全部で四本ありました。何回か彼とキャッチボールをしながら企画を膨らませていくなかで、せっかく撮るのであれば福山さんのいままでにない側面を引き出したいなと思い、最後の父親役はその可能性が高いのではないかと個人的には考えました。福山さんも当初は自分が父親に見えるか不安に思われたようですが、「少しずつ父性を獲得していく父親の話なので、むしろ最初は父親に見えないほうがいいんです」と伝えると、安心したようでした。

物語のモチーフは「赤ちゃんの取り違え事件」です。

ふたつの家族それぞれの息子が出産後の病院で取り違えられ、六年後にその事実が発覚します。一方の父親は、一流大学を卒業後に大手建設会社に勤め、都心の高級マンションで妻と息子と暮らしており、いわゆる勝ち組エリート特有の傲慢さが鼻につく人物です。もう一方は、地方で小さな電器店を営み、パートタイマーとして働く妻と六歳を筆頭に三人の子どもと賑やかに暮らす、裕福さとは縁のない人物です。福山さんには前者を演じてもらいました。

取り違えというモチーフを選んだのは、やはり自分が父親になったことが大きかった。五年間の娘の成長を目の当たりにするうち、自分と子どもをつなぐものは「血」なのか、「時間」なのかをよく考えるようになりました。

参考文献の『ねじれた絆[*10]——赤ちゃん取り違え事件の十七年』に書かれていたことも刺激的でした。取り違え事件は実際に昭和四十年ごろに全国で多発しており、調べたかぎりでは、ほとんどのケースが「血」を選んで、互いの子どもを交換しています。しかし、『ねじれた絆』で書かれた沖縄のふた組の家族の場合は、互いの子どもを交換しなかった。だから、現代の設定にしたこの映画のなかでも「血」に閉じない着地点を提示できるなら、いま描く意味があるのではないかと思ったのです。

©2013 フジテレビジョン・アミューズ・ギャガ

『そして父になる』

二〇一三年九月二十八日公開【配給】ギャガ【製作】フジテレビジョン、アミューズ、ギャガ／一二一分【あらすじ】エリート人生を歩いてきた主人公・良多は、ある日、六年間大切に育ててきた息子が出産後の病院内で他人の子どもと取り違えられていたことを知る。血縁か、これまで過ごしてきた時間か、二組の家族は葛藤と苦悩の末、ある決断を試みる。【受賞】カンヌ国際映画祭 審査員賞、サン・セバスティアン国際映画祭 観客賞、バンクーバー国際映画祭 観客賞 ほか【出演】福山雅治、尾野真千子、真木よう子、リリー・フランキー、二宮慶多、黄升炫、風吹ジュン、樹木希林、夏八木勲 ほか【撮影】瀧本幹也【照明】藤井稔恭【美術】三ツ松けいこ【衣装】黒澤和子

キャラクターを「観察」しながら立体化する

モチーフの選び方はそれまでと変わりないですが、作品自体は、僕のそれまでの作品と比べると、エンターテインメント性が高いものになっているように思います。シーンシーンの描写に比重を置き、ストーリー的に前に進まないものもおもしろければ残していく、というのがこれまでの演出だとしたら、今回は物語の輪郭をはっきりさせて、主人公のキャラクターを冒頭十分でわからせ、彼に少しずつ圧を加えていき、それをどう乗り越えていくか、というオーソドックスな作劇を意図しました。すべてのシーンがストーリーに奉仕するというか、物語を前へ進めていくかたち。いわば、ドキュメント的手法を抑制するようにしたわけです。

またメインキャラクターのそれぞれに「血」と「時間」をめぐって決め台詞的なものを用意しました。たとえば福山さん演じる野々宮良多の「やっぱりそうだったのか」、リリー・フランキーさん演じる斎木雄大の「時間だよ……、子どもは時間」、良多の父の後妻が言う「夫婦だって一緒にいれば似てくる」などがそうです。

良多のキャラクターも、血のつながった自分の息子に箸の持ち方を教えたり、キャンプ道具

を買って、望まれる父親像に一生懸命近づこうと努力したりする一方で、相手家族の父親がお金の話をすると軽蔑するくせに、本人は「なんで電器屋にあんなこと言われなくちゃいけないんだ」と口走る、ある種の鈍感さがある。そのような二重性を持つ立体的な人物に描くことを常に念頭に置きました。自分自身のすごく厭なところ、見せたくないところを、記憶を辿って掘り起こしつつ、福山さんのキャラクターも観察しながら、「この人だったらこういうとき、どう言うだろう?」というのを考えて立体化していったのです。作品づくりには記憶と観察と想像力の三つが大きいのですが、この映画の場合は特に観察が大きいと思います。

実は撮影したけれど使わなかったシーンがあって、家出をした息子を迎えにきた良多に雄大が「子育てはピッチャーじゃなくてキャッチャーなんだ」と言う台詞があります。福山さん演じる良多は父親が投げたい球を投げるピッチャー型で、リリーさん演じる雄大は子どもがどんな球を投げてきても受け止めるキャッチャー型という、まったく違うタイプをその台詞で表現していました。雄大がちょっと格好良すぎたのでカットしましたが。

意外だったのが、福山さん本人は役者としてはキャッチャー型だったこと。非常にコミュニケーション能力が高く、相手の芝居をきちんと受けて芝居ができる柔軟な方でした。お会いする前は、自分の演じたい演じ方がもっと明快にあると思っていたので、そこは助かりましたし、驚きでもありました。

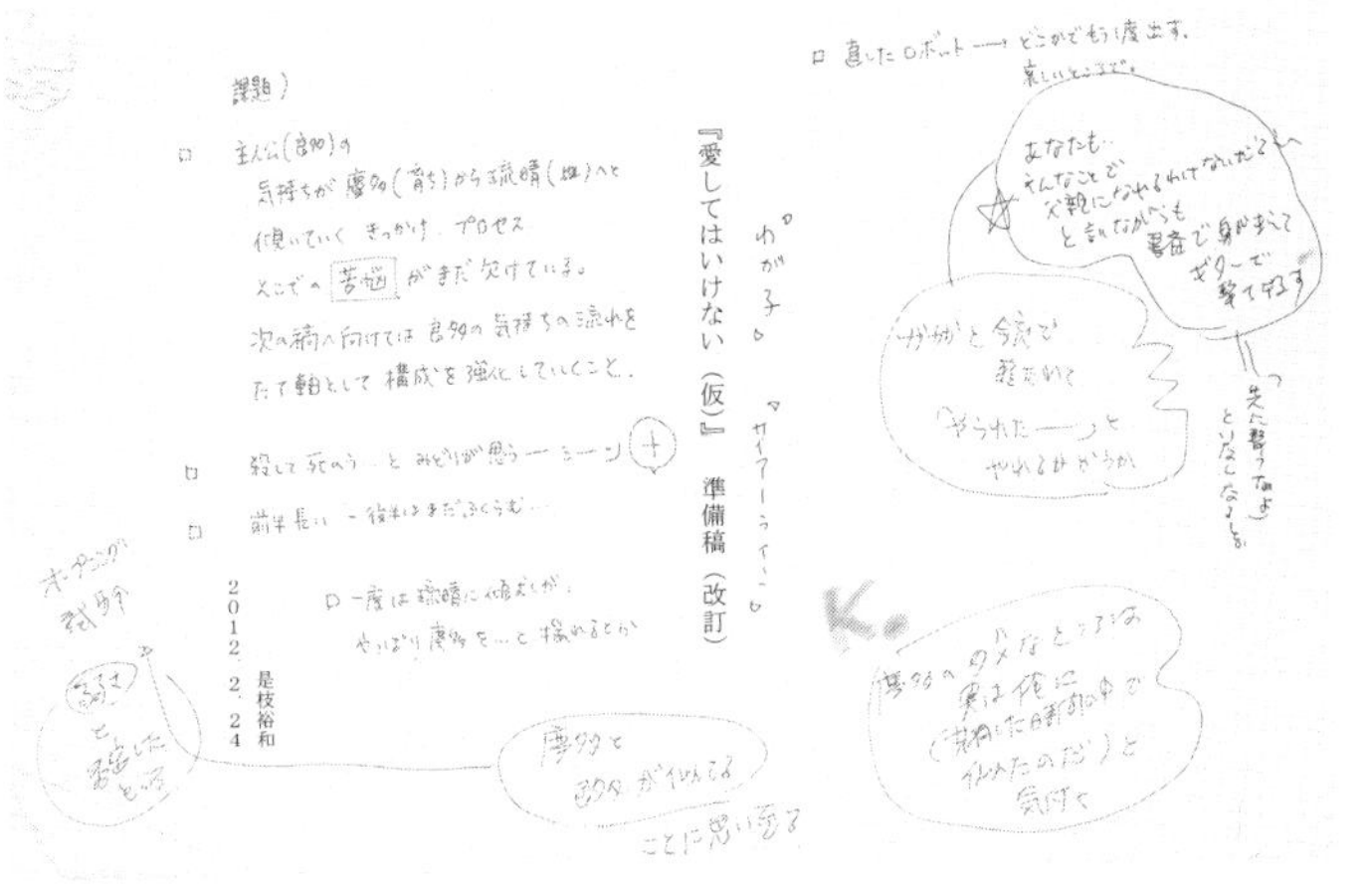

『そして父になる』準備稿の表紙

また音楽をやっているから耳がいいのかなと思うのですが、息子の受験に付き添うシーンで口にする「（この学校は）儲かってるんじゃないか？」とか、雄大に提案する「大学の同期に弁護士がいるから」、斎木家を初めて訪ねたときに古ぼけた店の外観を見て言う「おいおいおい」など、台詞の端々《はしばし》に役柄の嫌なエリートの感じを出して、良多の持つ良い面とのコントラストを上手に表現してくれました。

被写体としてはどう撮ってても絵になってしまうので、そこは注意して、美しいと思っていた横顔はいちばん印象的なシーンにとっておくといった工夫をしています。

キャストに助けられた現場

「キャスティングが作品の八割を決める」と前にも書いたかもしれませんが、『そして父になる』も、とてもバランスのとれた配役に恵まれたなと思います。

僕はキャスティングが決まった段階で、子役以外は声をイメージしながら脚本をリライトする。途中で本読みを何回かするので、そこでも言い回しや語尾を変えながら、最終的にはアテ書きになるのです。

それでも決定稿が出た段階で、自分のなかでは六〇点。ふた家族の顔合わせの現場では、別々の楽屋に入ってもらい、そこでどのようにお弁当を食べるのか、待ち時間をどのように過ごすのかを観察し、脚本に反映しました。雄大の「スパイダーマンって蜘蛛《くも》だって知ってた?」というのも、リリーさん本人が子役の緊張をほぐそうと話しかけた言葉をそのまま取り入れています。

さて、僕は本当にいつもキャストに助けられたなと思うのですが、今回も大きなものがふたつあります。

ひとつは、被写体に引っ張られて、キャラクターがより魅力的になっていったこと。実は第一稿では、雄大の役はもっと嫌らしく、雄大の妻・ゆかりももっと知性の感じられない役でした。しかし、リリーさんと真木よう子さんをキャスティングし、撮りはじめていったら、役者おふたりの人格や持ち味がにじみ出て、とても深みのあるキャラクターになっていったのです。

それが顕著に出たのが、良多がショッピングモールで「（息子）ふたりとも引き取ってもいい」と無神経な提案をしたため、雄大が「お前、金で子ども買うんか」と叩くシーンです。僕はバシッと叩くことをイメージしていたのですが、リリーさんは弱々しくペチンという感じで叩いた。そのときに、雄大の逡巡《しゅんじゅん》、彼のそれまでの人生が見えたのです。演出していくなかで着地点が変わっていくというのは、僕にとっては撮影の醍醐味ですから、非常に嬉しいシーンでした。

もうひとつは脚本に対して、彼らから率直な意見をもらえたこと。

実は事前に「脚本で気になる台詞があったらどんどん意見を言ってください」と伝えていたのですが、それで復活したシーンがあります。

家のなかでキャンプごっこをした翌朝、良多が六年間育てた息子の慶多の撮った写真を見て、図らずも泣くシーン。ちょうどその前の夫婦のベランダのシーンでいいカットが撮れたので、これ以上は背中を押す必要はないかなと思って、脚本から削除しました。ところが真木さんとリリーさんから「あのシーンはあったほうがいいんじゃないか」という意見が出てきた。

福山さんに聞いたら「残すか残さないかは監督に任せますが、あったほうがそのあとが演じやすいので、撮ってから判断してもいいんじゃないでしょうか」と言われて、復活したのです。

あとは真木さん演じるゆかりが「似てるとか似てないとかってことにこだわるのは親の実感のない男だけだ」と良多に言う台詞も一度省いたのですが、真木さんから「あの台詞は言いたかった」と言われて戻しました。

それまで僕はずっと、作品は〝対話〟だと思っていました。誰かに向けてつくる、その人に届く言葉で書く、そのコミュニケーションを想定して脚本を書き、撮影していたわけです。でも『そして父になる』は、〝自問自答〟でつくっていった。自分の足下に向けて穴を掘り、主人公に自分のエピソード含め実体験を図らずも重ねすぎてしまった向きがあります。

特に撮影中は作品と自分との距離が測れなくなって、そのシーンや台詞がおもしろいのかどうかよくわからなくなってしまうので、確信の持てないまま書いたものを現場で引っ込めるというようなことをクランクアップまで延々とつづけてしまった。

だから、キャストみんなが客観的に見てくれたことは非常にありがたく、助けられました。

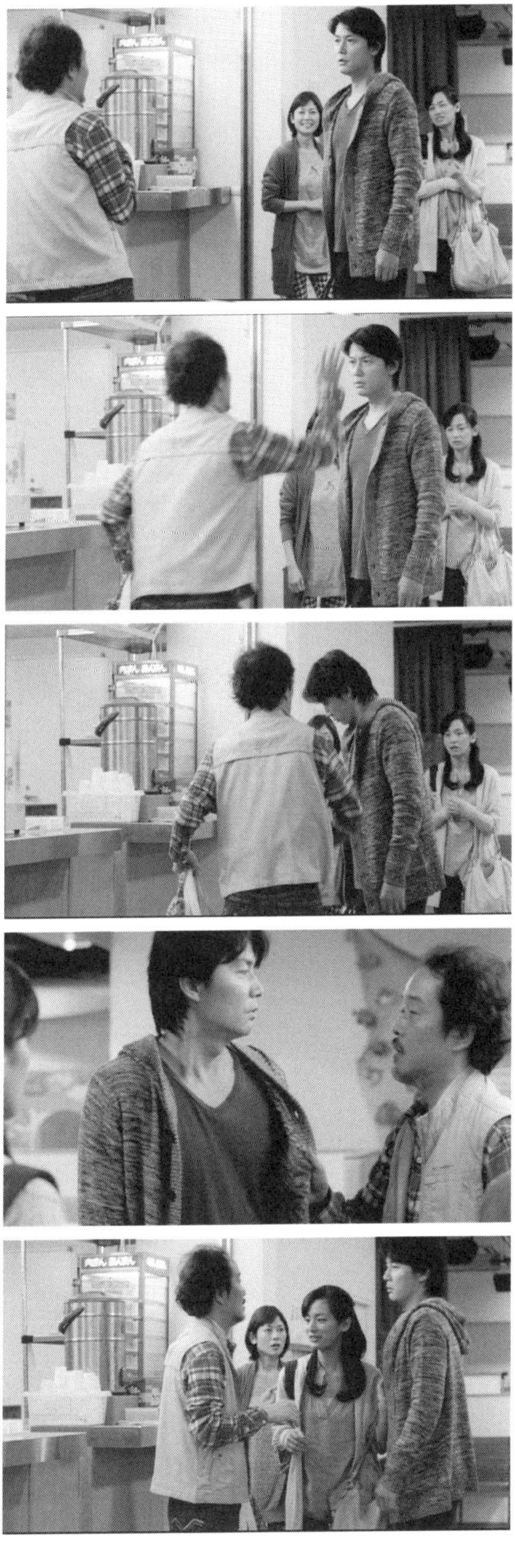

スピルバーグ監督に自分の名前を呼ばれて

『そして父になる』のワールドプレミアは五月のカンヌ国際映画祭でした。僕にとっては『誰も知らない』以来九年ぶりのコンペティションで、その公式上映を福山さん演じた野々宮家と、リリーさん演じた斎木家のふた組の家族と一緒に鑑賞できたことはとても嬉しかった。

十分以上つづいたスタンディングオベーションも、素直に嬉しかったです。映画にとっては最高のスタートを切れたのではないでしょうか。やはりカンヌのあの時間は特別。映画という豊かな文化のなかに自分の作品も含まれていて、大きな河の流れの一滴になっているというか、何か大きなものに包まれているという感じがとてもする場所です。だから、その時間をみんなで共有できたのは、本当に良かった。

海外の観客にも、細かいところまでヴィヴィットに伝わったと思います。たとえば良多が家出した実の息子を斎木家まで迎えにいったとき、真木さん演じるゆかりに「うちはふたりとも引き取ったってぜんぜんかまわないんですよ」と言われるシーンでは、客席から拍手が起きたのです。「ざまあみろ」とでも言うように。それは良多が映画の中盤で言った「ふたりとも引き取りたい」という不遜な台詞をしっかりと覚えているからで、観客の質が高いなあと福山さんとふたりで感心しました。

あとは子どもみたいですけど、授賞式でスティーブン・スピルバーグに自分の名前が呼ばれたのは、素直に感動しました。それまで冷静だったんですが、あのスピルバーグだぞ、と。

しかもスピルバーグ監督率いるドリームワークスによってリメイクされることも決まりました。リメイクの話を詰めるために彼のロサンゼルスのオフィスにお伺いしたときに、この作品の細かい部分まで話をしてくれて、それは幸福な時間でした。彼がそのとき言っていたのは「リリー・フランキーというのはいったい何者なのだ？　役者なのか？」ということと、「あの家の次男坊の男の子の動きはジーニヤス（天才的）だ」ということ。本当に良く見ているなと思いました。現段階では[*11]『アバウト・ア・ボーイ』の監督としても知られる[*12]ポール&クリス・ワイツ兄弟が脚色するそうなので、これもたいへん楽しみです。

そういえば、『そして父になる』はスペインのサン・セバスティアン国際映画祭にも招待されたのですが、そのときにたいへん腑に落ちたことがありました。

記者に「小津安二郎に似ている」と言われて、ああ、またかと思っていたら、「時間の流れ方が似ている」と言うのです。「あなたの映画はこの映画にかぎらず、時間が回っている。直線的ではなく、一周回ってちょっと違うところに着地している。それが小津の映画に似ている」と。それはとても貴重な意見でした。

確かに僕は映画の時間をそのように捉えているし、最初とは違うところに着地したいと思っています。その理由は、春夏秋冬という四季があって、時間は巡っていくものだという感覚が日本人にあるからなのかなと思い、「こっちの人には時間が巡るという感覚はないのでしょうか?」と尋ねたら、「ない。時間は直線的に流れていくものだ」と返されました。

だから、僕の作品が小津の作品に似ているとしたら、方法論やテーマではなく、時間感覚なのではないかと。日本人のなかにある円を描く時間感覚、人生も含めて「巡る」という感覚で時間を捉えていくことに、西欧の人は共通点を見出すのではないかなと思うのです。

そういう言葉をいただくと、自分の映画や日本人である自分自身の特徴みたいなものをあらためて考えさせられます。『幻の光』のころからずっと言われてきた小津との共通点も、やっとなんとなく受け入れることができました。

『海街diary』

2015

会った瞬間に感じた「すずがいる」

三人姉妹の住む鎌倉の家に中学一年生の異母妹がやってきて、共同生活を送るなかでさまざまな出来事を経て家族の絆を深めていく『海街diary』。[13]吉田秋生《あきみ》さんの[14]同名マンガを映像化した作品です。

僕は[15]『BANANA《バナナ》 FISH《フイッシュ》』や[16]『河よりも長くゆるやかに』[17]『櫻の園』など、もともと吉田秋生さんのマンガが好きで、二〇〇七年四月に発売された『海街diary』の単行本一巻もいち早く読み、「これを連ドラで映像化したい！」と思ったのですが、時すでに遅し。連載中に映像化権を押さえた人がいるとのことで、悔しいけれどいったん諦めたんです。

映像化権が戻ってきたと出版社からプロデューサーに連絡があったのは、『そして父になる』

の撮影前、二〇一二年だったと思います。初の連ドラ『ゴーイング マイ ホーム』を撮り終えたあとだったので、今度こそ、と映画化の話を進めました。

キャスティングは長女・幸《さち》に綾瀬はるかさん、次女・佳乃に長澤まさみさん、三女・千佳に夏帆《かほ》さん、四女・すずに広瀬すずさん。二〇〇七年に撮影していたら、このキャスティングは当然実現していないわけですから、何事も巡り合わせだなと思います。

広瀬すずさんは、進研ゼミ高校講座のCMに出演しているワンシーンをたまたま見て、オーディションに来てもらいました。二〇一三年秋のことで、当時はまだ無名に近く、映画のオーディションもまだあまり経験がなかった。少し大きめの制服にバスケットシューズを履いた姿は、いまほど垢《あか》抜けてはいなかったけれど、表情が豊かで、声がほんとに鈴のようで、十五歳という一瞬のきらめきをあざやかに全身に宿していて、大きな可能性を感じました。ほとんど会った瞬間に「(四女の)すずがいる」と、僕だけでなく、その場にいた人すべてが感じていたと思います。

『海街diary』

二〇一五年六月十三日公開**【配給】**東宝、ギャガ**【製作】**フジテレビジョン、小学館、東宝、ギャガ／一二六分**【あらすじ】**鎌倉に暮らす、長女・幸、次女・佳乃、三女・千佳の香田家三姉妹のもとに、十五年前に家を出ていった父の訃報が届く。葬儀に出席するため山形へ赴いた三人は、そこで異母妹となる十四歳の少女すずと対面。身寄りのいなくなった彼女に、幸は一緒に暮らすことを提案、すずは香田家の四女として鎌倉で新たな生活を始める……。**【原作】**吉田秋生『海街diary』(小学群れないで、きちんと大人に対峙してひとりで立っている雰囲気も、すず役にはぴったりでした。芝居でそれを出すのはとても難しいので、そういうタイプの子を探していたんです。実際に、撮影前のサッカーの練習後に同級生役四人で一緒に電車に乗ると、すずだけは他の三人と少し離れてつり革につかまっていた。仲が悪いとか協調性がないとかではなく、自然にふとひとりになる、そういう子でした。

　オーディションでは、三種類のお芝居を試してもらいました。幸ねえに梅酒をつくってあげるシーンは脚本を渡さないで口伝えする方法で、サッカーの練習のあとにコンビニで肉まんを買って帰るシーンはフリートーク。そして「三姉妹と喧嘩をしてひとりで橋の上にいると、中学時代の同級生が通りがかって、やりとりをする」という方言を混じえた会話は台本を渡して。すずはどれも上手にできたので、どれでやりたいか尋ねると、「たぶん他の現場では経験できないので、脚本はもらわずに口伝えでやりたい」と、すず本人が決めました。撮影後に「その場その場でお姉ちゃんたちの台詞や表情から何を読み取るべきかを考えないといけないので、耳を使った」と言ってもらえたので、良い経験になったのではないかと思います。

　とにかく広瀬すずの十五歳、瞬く間に通り過ぎていく貴重な一瞬をフィルムに収められる幸

館「月刊フラワーズ」連載）【受賞】サン・セバスティアン国際映画祭 観客賞、日本アカデミー賞 最優秀作品賞・最優秀監督賞・最優秀撮影賞・最優秀照明賞 ほか【出演】綾瀬はるか、長澤まさみ、夏帆、広瀬すず、大竹しのぶ、堤真一、風吹ジュン、リリー・フランキー、樹木希林 ほか【撮影】瀧本幹也【照明】藤井稔恭【美術】三ツ松けいこ【衣裳】伊藤佐知子【音楽】菅野よう子【フードスタイリスト】飯島奈美【広告美術】森本千絵

せを、スタッフはみんな感じていました。共演した三人も、「自分にもそういう作品がある」ということを思い出して、眩《まぶ》しく懐かしく四女を見つめていた気がします。あの三人の姉たちの存在があったからこそ引き出せたすずの表情、輝きだったことは間違いないですね。

四姉妹と家がこの映画の主人公

四人の女優に関しては、この作品は日々のディティールの積み重ねをどう楽しむかという話だと思っていたので、華やかな四姉妹が演じるべきだと思いました。イメージとしては、東宝お正月映画『細雪』*18です。そう仕立てることで、こういう一見地味な話も映画になるということが伝わったらいいなと。

キャスティングと同じくらい大切だったのが、香田家が暮らす家探しです。実は原作にあるような二階建ての木造で縁側がある家が、鎌倉周辺ではもうほとんど残っていなかった。残っていてもすでに資料館や店舗に改築されている場合が多かった。一度、極楽寺で武家屋敷みたいな古くて立派な日本家屋をロケハンしたのですが、インド人の方がそこでふんどしを売っていて、そこで「日本のふんどしがいかに素晴らしいか」という話をされ、「つけてみろ」と言われて、洋服の上からですがふんどしをつけられて、帰ってきた。不思議なロケハンでした。

こういう、一見無駄にしか思えない出来事も、もしかしたら次の作品につながるかもしれないと思って、楽しむようにしています。

鎌倉を諦めて別で探そうか、もしくは中庭と縁側だけは東宝スタジオにセットをつくるかという話も出たのですが、セットでつくると庭に風が吹かないから今回は避けたかった。それでもう少しだけ粘ってもらって奇跡的に見つかったのが、撮影に使ったあの家です。制作部が持っていた神奈川県の地図はほぼ真っ赤に塗りつぶされていました。

当初は「外観だけ」という許可をいただいていて、制作部とロケハンに行ったのですが、本当に理想的な家だったので、結局、居間から仏間、二階まですべてお借りすることとなり、まるまるこの家で撮影させていただきました（台所だけは新品に改装されていたので、セットです）。庭には梅の木を植えさせてもらいました。主演の四人も本当にこの家に馴染んで、撮影が終わっても縁側から離れないことがたびたびでした。

撮影後には嬉しい話がありました。雑誌で『海街ｄｉａｒｙ』の特集号を組むことになり、僕のインタビュー撮影の流れで久しぶりに訪れたら、「梅の花が咲いたので、どうぞ見て行ってください」と言われたのです。中庭へ行くと、そこにはきれいな白い花が咲いていました。数カ月後には「実が採れました」と梅酒にして送っていただいて。撮影中、家人の方々には不自由を強いてしまいましたが、四姉妹が庭から眺めた梅がこれからも毎年花をつけたり実をつけたりするのであれば、ちょっとだけ恩返しができたのかなと思います。

四つの季節と三つの葬式

『海街ｄｉａｒｙ』は現在も連載がつづいているマンガで、一巻で中学一年生だったすずも、七巻では高校進学を目の前にしています。

僕が脚本を書きはじめたときは六巻まででしたが、そのような長い話のうち、どの部分を切り取るのか、原作にある自分が惹かれた部分をどういうふうにきちんと残すべきか、せめぎ合いながら二時間の映画に仕上げるのは、非常にしんどかったけれども、初めての経験で新鮮だったし、とてもチャレンジし甲斐がありました。

映画には三つの法事が出てきます。山形で行われた四姉妹の実父の葬式、祖母の七回忌、そして「海猫食堂」の店主・二ノ宮さんの葬式です。

最初に書いた脚本では、父親の葬式で始まって、父親の一回忌で終わっていました。四姉妹で山形の一回忌に出席すると、父の再婚相手がいなくなっていて、すずが怒って橋の上に行き、最後に姉たちと四人でホタルを見るというシーンです。

しかし、改稿を重ねていくうち、これは鎌倉（海街）で四姉妹がこれから生きていくという話だから、最後は山形ではなくあの街で終わらなくてはいけないと思いました。

もうひとつ、法事を描きたかった理由は、原作の法事がすべて、お金が絡んでいたことにあります。人が亡くなって悲しいばかりではなく、父親のときは遺産をどうするか、祖母の七回忌では家を売るか売らないか、海猫食堂の店主の場合も裏には遺産争いがある。その描き方が非常にリアルでおもしろいなと思っていました。

それと前後して、映画はすずの目を通して街がだんだんと見えてくるようにしようというアイデアが生まれました。

最初の構想では、山形の駅で姉たちを見送ったあと、鎌倉の海辺を引っ越しのトラックが走るカットで秋のシーズンを始めようと思っていました。すずがあの街にやってきて、走るトラックから秋のお祭りや海辺を見る、つまり街を最初に見せようという発想だった。ところが、原作にも出てくる御霊《ごりょう》神社の面掛《めんかけ》行列は車を通行止めにするので、引っ越しトラックからは見られない。しかもいまは引っ越しする人をトラックの助手席に乗せないらしく、いかに自分が抱いていたイメージと現実が違うか愕然としたのですが、とにかく設定自体が不可能になったわけです。

だったら、せっかく季節を追うので、季節ごとに視野を変えていこうかと考えた。秋はまだすずの世界を家の中に閉じておいて、冬に初めて次女の佳乃と一緒に学校へ出かけるシーンで彼らが住んでいる街を見せ、春に初めて友人たちと海へ行く。すずの心が開いていくのに合わせて、視界を広げていくという発想に転換したのです。

同時に、最初の父の葬式は「四姉妹」のための葬式で、次の祖母の七回忌は「家」の葬式で、食堂店主の葬式は「街」の葬式だから、すずの視界が広がっていくのに合わせて三つの葬式が位相を変えて出せる、と思い、ようやく全体の構成が決定しました（ここまでが長かった！）。

四姉妹それぞれの生命力を描く

つくり手として懸念したのは、映画はマンガと違って、二時間でひとつの物語を見せていく媒体です。論理がないと本当にダイアリー的にエピソードの羅列に終始してしまうので、そこはいつも以上に考えました。もちろん、そのつくり手の論理が観客に透けて見えては困るし、二時間の間に葬儀が三回というとかなりタナトスに引っ張られてしまうので、次女にはエロスを担ってもらって肉体を撮り、三女には食を担ってもらってもりもりとご飯を食べるショットを大事に撮りました。四姉妹の生命力のあり方をそれぞれきっちりと描くことで、三つの法事と論理的組み立てが浮き上がらないように心がけたつもりです。

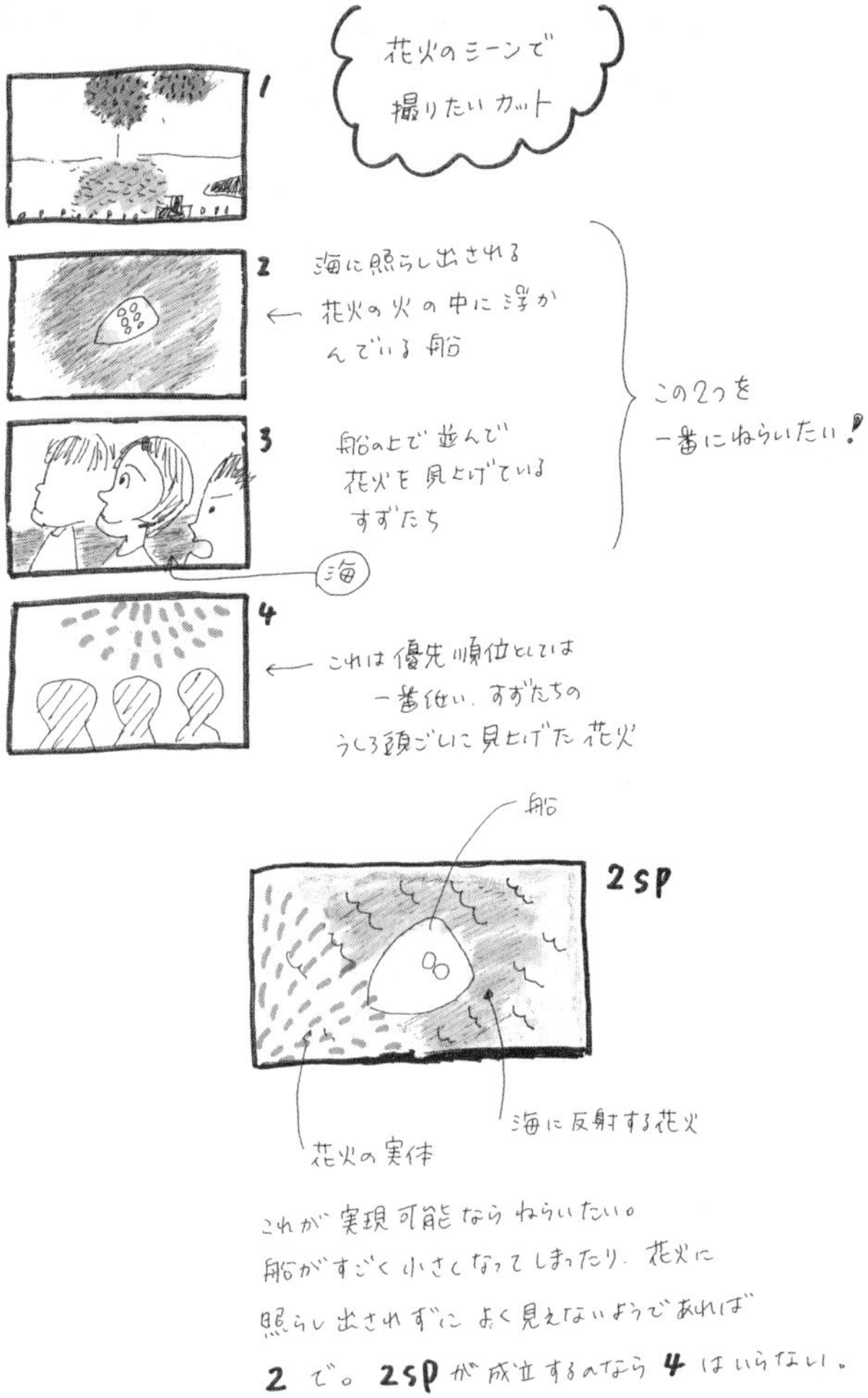

『海街diary』花火シーンの絵コンテ

ところで、祖母の七回忌を終えて、四姉妹と、上三姉妹の母親、伯母の六人があの家に帰宅するシーンがあります。自分で言うのもなんですが、あのカットは全編のなかでいちばん好きなカットです。

まず、家の引きの画のなかに長女が入ってきて、玄関先から声が聞こえる。そして部屋の空気を入れ換えるために窓を開けて、残りのみんながそのあとばーっと入ってくる。それぞれがいつもの位置につくのだけど、母親と長女が途中でちょっとぶつかりそうになる。いかにこの家にとって母親が邪魔か、つまり普段いない人間が動いていることによって幸が少しイラッとする感じが見えるシーンですが、居間、仏壇前、縁側、画面には映っていませんが台所と、家を広く使いながら女性六人を上手く動かすことができました。

そのシーンで、長澤まさみさん演じる次女・佳乃が、画面の右側でストッキングを脱ぎ捨てます。実はそのシーンを思いついたのは、撮影の前夜。助監督に相談したら「そんなの脱げないですよ」とあっさり言われたのですが、当日長澤さんにその場でお願いしたら、やってくれました。なんでも諦めないほうがいい、という好例かな？

失われたけれど受け継がれていくもの

『海街diary』は撮影するにあたって、ふたつの作品が参考になりました。

ひとつは何度も映画化されている『若草物語』[*19]です。父が従軍牧師として家を留守にしている一年の間、四姉妹と母親が支え合いながら慎ましく暮らすという話ですが、父親が戻ってくると、家庭はすごく安定します。古き良き家族観がベースにある、非常に古典的な物語です。『海街diary』はそれを逆手に取っているのではないかと僕は思いました。父親が愛人と逃げ、母親までいなくなり、いなくなった両親の穴を三姉妹で埋めながら、ようやく安定して暮らしているところに、父の訃報《ふほう》が届いてざわつき、母親が法事で戻ってきてまたざわつく。非常に現代的です。

僕が参考にしたのは、『若草物語』の映画の四姉妹の構図でした。四人並んで何かを見つめるというかたち。これがとても意識的に描かれていたので、僕も物語のどこかで四姉妹が同じ画のなかに収まるシーンを撮ろうと考え、冬の窓辺から梅の木を四人で眺めるシーンを描いています。

もうひとつは原作を読んだときに、これは小津安二郎の『麦秋』[*20]だなと感じました。原作者の吉田さんが意識しているかどうかはわからないけれど、ひとつはタイトルが『海街ｄｉａｒｙ』であって『鎌倉四姉妹物語』ではない、つまり「家族」の話ではなくて「街」の話であること。

僕自身は、成瀬巳喜男の映画に感じる小ささが好みなのですが、小津監督の世界は、実は家族の描写を通して、もっと広いもの――街だったり時間だったり――を描いている。その目線の広さというか時間感覚がたぶん小津監督の世界の豊かさであり、そこが『海街ｄｉａｒｙ』と相似していると思いました。

少し『麦秋』のあらすじを説明すると、北鎌倉に住んでいるひと家族の物語で、兄（笠《りゅう》智《ち》衆《しゅう》）は二十八歳で未婚の妹（原節子）を心配しており、親戚筋から四十歳の男との縁談話が持ち上がるのですが、結局、近所に住んでいた女性（杉村春子）の息子の男やもめと結婚することになるという話です。実はこの一家は長男を戦争で亡くしていて、男やもめがその長男の友人であるという筋書き。死んだ長男という存在が、お互いにとっても欠損で、その欠損を抱えた男女が結びついて夫婦になるのですが、幸せなはずなのに、ふたりが夫婦になることによって、親（菅井一郎と東山千栄子）が北鎌倉の家を離れて、奈良のほうに引きあげていくわけです。つまり、ひと組の家族が生まれることによって、もうひと組の家族は解体する。それほど単純なハッピーエンドではない。

小津監督自身も「ストーリーそのものより、もっと深い〝輪廻《りんね》〟というか〝無常〟というか、そういうものを描きたいと思った」と発言したそうですが、そういう「人間の営みが崩れて、また繰り返されていく」という視点が『海街diary』に重なるような気がしていました。

父は死んだけれど、父の血を受け継いだ「すず」がいる。母はいなくなったけれど、母と同い年の梅の木とともに残された「家」がある。海猫食堂の店主は亡くなったけれど、アジフライの味は「街」に残る。そうやって「失われたけれど受け継がれていくもの」というものが、法事を通して描かれている。だから、これは実はホームドラマではなくて、叙事詩と言うとちょっと大袈裟なのですが、もう少し長い時間についての物語であると捉えないと、原作の豊かさに届かないなと思った。それで間接的にではありますが、小津安二郎の世界観を参照しました。

作家ではなく、職人として

『奇跡』『そして父になる』『海街diary』の三本は、僕が「作家」よりも「職人」を目指してつくった作品といえるかもしれません。

いつだったか「職人になりたい」と言ったら「監督は作家でいてください」と返されたこと

があります。何が違うのか考えたのですが、たとえば「旬の旨《うま》い魚をどのように料理したら、素材の持つ味を活かしながら、お客様に満足のいくものとして提供できるだろうか」ということを考えるのが職人なのであれば、監督の仕事というのはやはりそれに近いのではないかと僕は思うのです。

もちろん僕はオリジナル脚本を書いたりするから、その部分で作家と言われればそうなのかもしれません。でも自分自身は「どんな素材でも俺のフレンチに仕上げてみせよう」というタイプではないことは確かです。

『奇跡』はオリジナル脚本ですが、「九州新幹線」というモチーフをいただけたことと、子役オーディションでまえだまえだの前田航基くん、旺志郎くん兄弟に出会い、彼らをどのように魅力的に見せるかというのに挑戦した作品です。

『そして父になる』も、主演の福山雅治さんをどのように描けば、いままでにない新しい魅力を引き出せるかということを考えました。そのために脚本はかなり福山さん演じる主人公を追い詰めていくつくりになっています。キャリア、高級マンション、高級車、美人の妻と一人息子という、すべてを持っている彼から、一つひとつ奪っていくというプロセスが脚本になっているわけです(まるでイケメンに対する呪いのよう)。

なぜ追い詰めてみようと思ったかというと、福山さんは黙っている顔がいちばん雄弁だと感じたからです。追い詰められて言葉が出てこないという状況に置かれたときに、いちばん感情が見える。これは映画俳優としてはもっとも大事な要素ですし、福山さんの大きな魅力のひとつはそこにあると僕は思っています。

『海街ｄｉａｒｙ』も、もともと好きだった原作をどう料理するか、そして主演の四人が輝くために何ができるか、というスタンスで撮っています。

これがもし、自分の世界観のなかだけでつくりつづけていくと、どんどん縮小再生産になって、「なんとかワールド」と言われるもののなかに閉じる気がします。それよりも、あまり接点がない人やものなどと出会ってつくっていったほうが、自分自身もおもしろいし、発見がある。僕のキャリアでは分岐点となったこの三作のおかげで、自分のキャパシティはとても広がった気がします。もちろん、監督の名で語られる作品を撮りたいとは思っていますが、せめて五十代のあいだくらいは意識的に外へ広げていきたい。

「映画はしばらくお休みします」と宣言した

ちょっと言葉は大袈裟かもしれませんが、先に少し触れたように、僕は「作家」をいったん諦めた時期がありました。というのも、『歩いても 歩いても』はかなり自分が思ったとおりに描けた作品だったのですが、配給会社のシネカノンが倒産したこともあるけれど、興行的にまったく成功しなかった。観客動員数は国内だけだと一五万人くらいで、まったく製作費が回収できなかった。

しかも僕を金銭面でも精神的にも支えてくれていたプロデューサーの安田匡裕さんが『空気人形』の完成直前に亡くなった。そういうことも重なって、「いままでのようにオリジナル脚本を書いて作家としてふるまっていると、周りに迷惑がかかるかもしれない」「人のお金で撮って、興行的に成立しないのでは、みんな幸せにならない」と、いろんなことを考えました。それでいったん立ち止まってこれからの方向性を模索するために、「映画はしばらくお休みします」という宣言をしたのです。二〇一〇年の一月のことでした。

ところが、そんなときに九州新幹線をモチーフに映画を撮りませんか？　という依頼が舞い込んできた。もし安田さんが亡くなっていなければ、もしくは『歩いても 歩いても』とつづく『空気人形』が興行的にうまくいっていたら、「企画モノは厭だな」と簡単に断っていたかもしれない。ただ、安田さんが生きていたらきっと「是ちゃん、こういうのもたまにはやってごらん」と言ったような気がして、思い切って引き受けてみたら、とてもおもしろかったわけです。「作家」というプライドや思い込みで大事にしているものなんてどうでもよくて、むしろ「新幹線をどう撮るか」ということのなかに作家性は現れると感じた。作家よりも職人でいるほうが、風通しが良くなって、作品が開いていく実感を得たわけです。これは、大きな変化でした。

映画を撮りはじめて二十年以上が過ぎました。

その間に、阪神・淡路大震災、地下鉄サリン事件、アメリカ同時多発テロ事件、東日本大震災と忘れられない大事件が起きました。自分自身も、父が亡くなり、結婚して、母が亡くなり、娘が生まれました。村木良彦さん、安田匡裕さんも鬼籍に入りました。当然、この二十年で僕は人としても変わっているし、世界の見え方も変わってきているはずです。

いまの僕は、自分の生活がどういうものの上に成り立っているのか、それをきちんと描きたいという気持ちがあります。時代や人の変化を追いかけるのではなく、自分たちのささやかな暮らしから物語を紡《つむ》ぐことをしたい。

ですから、自分の足下にある社会とつながる暗部に注視しつつ、もう一方で新しい出会いを大事にして、外部と向き合い、その良さを映画のなかにどう引き出すかということにこれからも挑戦していきたいと考えています。

『海よりもまだ深く』

2016

団地と台風の思い出

最後に最新作の『海よりもまだ深く』について、少し触れようかなと思います。

これは、大人になりきれない中年男性と年老いた母親を中心に、夢見ていた未来とは違う現在を生きる家族の姿を綴った作品です。その主人公ふたりを演じるのが、阿部寛さんと樹木希林さん。『歩いても 歩いても』でも親子を演じてもらったおふたりです。

この作品を撮りたかった理由はいくつかあって、そのひとつが「希林さんをもう一度きちんと撮る」ということでした。もうひとつは、僕は団地育ちなので、ずっと団地を舞台にした家族の話を描きたいと思っていました。だから、もちろん実話ではないけれど、エピソードのディティールはかなり実体験が入っています。

母親の留守に団地に戻って、父親の掛け軸を探すシーンがありますが、これは実体験。別にお金に困っていたわけではないですが。そうしたら母が「お父さんのものなんかお葬式のあとすぐに全部捨てちゃったわよ」と言って。ちょっとショックだったんですよね。そんな記憶をふくらませたシーンです。

嬉しかったのは、実際に自分が二十八歳まで住んでいた東京都清瀬市の旭が丘団地で撮影ができたこと。棟は違っていたのですが、同じ3DKの間取りの家にたまたま空きがあって、そこを借りて撮影ができた。自分が育った家の間取りを思い浮かべながら脚本を書いたので、実際に同じ広さの部屋で役者が動くと、台詞の長さや動きにまったくズレがなかった。たとえばベランダから六畳間に戻ってくる間に母親が布団を担いでしゃべっている台詞が、ちょうどそのストロークにはまるわけです。

『歩いても　歩いても』のときには、物語自体はかなり母親のエピソードを入れたのですが、撮影はお医者さんの家をお借りしたので、初めて人を動かしたときに台所から居間までお茶を運ぶ距離でこの台

©2016フジテレビジョン バンダイビジュアル AOI Pra ギャガ

『海よりもまだ深く』
二〇一六年五月二十一日公開【配給】ギャガ【製作】フジテレビジョン、バンダイビジュアル、AOI Pro.、ギャガ／一一七分【あらすじ】売れない小説家の良多は生活費のため探偵事務所で働いており、別れた妻・響子への未練も断ち切れずにいた。ある日、団地で一人暮らしをしている母・淑子の家に集まった良多と響子と十一歳の息子・真悟は、台風で帰れなくなり、ひと晩を共に過ごすことになる。【出演】阿部寛、真木よう子、小林聡美、リリー・フランキー、池松壮亮、吉澤太陽／橋爪功、樹木希林　ほか【撮影】山崎裕【照

詞は言えないというようなズレが生じ、現場で修正していきました。今回のように修正がほとんど必要ないという不思議な経験は、後にも先にもないでしょうね。

とにかく公団住宅というのはホームドラマの舞台としては本当におもしろい場所なんじゃないかと思っていたので、念願叶ってよかったです。

さて、第5章でも触れていますが、『歩いても 歩いても』の最初の脚本は一九六九年の「ブルー・ライト・ヨコハマ」が流行っている時代の、ほぼ自伝に近いものでした。

僕は九歳で団地に引っ越したのですが、それまで住んでいた木造の二軒長屋は、台風が来るとみんな大騒ぎ。普段、家で存在感を示すことのない父親が、このときばかりとでもいうように、屋根が飛ばされないようにロープで縛ったり、窓全体にトタンを打ち付けて覆《おお》ったりと、イキイキしていたのが印象に残っています。

そんな台風の日の父の姿を『歩いても 歩いても』の最初の脚本には描いていたのですが、改編を経て、台風の話ではなくなってしまいました。だから今回の『海よりもまだ深く』で、主人公が子ども時代の台風の思い出を息子に話すシーンを描けて、やっと僕のなかで完結した気がしています。

明】尾下栄治【美術】三ツ松けいこ【衣裳】
黒澤和子【音楽】ハナレグミ

〝作家〟に戻って書いてみた小さなお話

僕にとって『歩いても 歩いても』は、これまでつくった作品のなかでいちばん無理をしていない作品です。もちろん、ほかもすべて大事な作品ではあるけれど、『歩いても 歩いても』は、気負わず欲張らずに書くとこういう話になるという典型だった。

そういう、「自分の書きたい物語を書きたいように書く」ということを、もう一回やってみたのが、今回の『海よりもまだ深く』です。

僕も阿部さんも、この二作の間で父になり、歳を重ねて五十代になりました。なので主人公も、息子であり夫であると同時に父でもあるという、『歩いても 歩いても』よりも、もう少し複雑な人間関係の中に位置づけてみました。こうやって監督と役者と役がともに人生の時を重ねながら成長したり老いたりしていけるというのは、とても希有な幸せなことなんだろうと思っています。こういうかたちの映画づくりをまた六十代で阿部さんとやれたらと思います。

映画監督は作家なのか職人なのかというのは、おそらく監督自身にとっても意見の分かれるところだと思いますが、僕自身は少なくとも映画は自分の中から生まれるのではなく、世界との出会いを通してその間に生み落とされるものだと認識してきました。

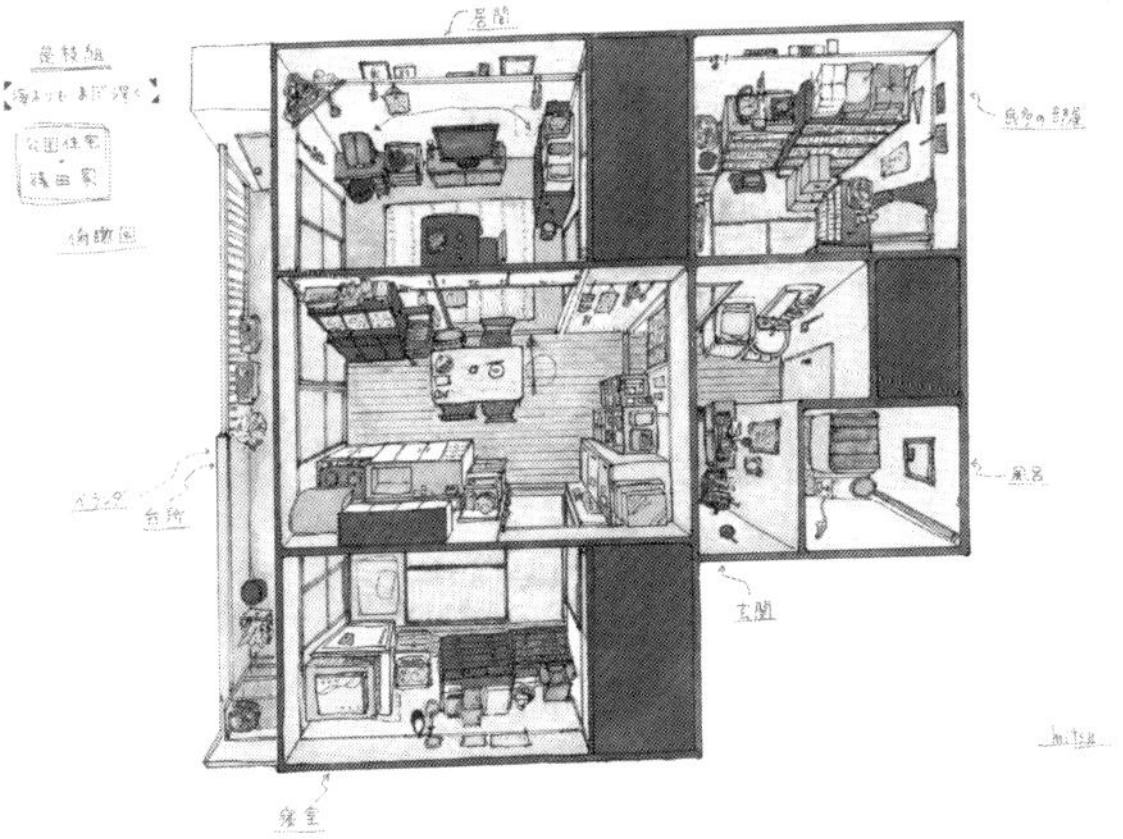

『海よりもまだ深く』団地デザイン画

前出の譬えで言うと、「料理人」であろうという意識が強かった『奇跡』『そして父になる』『海街ｄｉａｒｙ』の三作を経て、『海よりもまだ深く』では再び「作家」の映画に戻ったという感じがします。前三作で自分のキャパシティは非常に広がったけれど、そういうものしか撮らなくなると、それはそれでストレスが溜まってしまう。だからその一方でこのようなちょっと地味な作品を撮らせてもらえるのは、本当に贅沢なこと。こんな贅沢がもしつづいてくれたら、映画監督としては恵まれたキャリアを重ねていけるんじゃないかという気がします（つづいていくといいなあ）。

『海よりもまだ深く』には、僕が思う〝ホームドラマ〟というものを、すべて注ぎ込みました。この二十年の映画監督としてのキャリアだけでなく、子ども時代から観てきた、自分の大好きだったテレビのホームドラマへの偏愛と尊敬によって、この映画はできています。

それは、そこに自分のDNAがもっとも色濃くあるのだということを自覚したからですし、そのことを引き受けようという、これは自負の表明でもあります。集大成とか代表作という言葉がふさわしいような肩に力の入った映画ではありません。むしろ、全編にわたって肩の力が抜けていることによって、何かが露わになっている気が、つくり手としてはしています。

それはおそらく愛なのではないかと思います。これは半ば願望ですが、ホームドラマへの、そして団地への、団地で暮らしひとり死んでいった母への、さらには思い通りにならない今を生きている主人公の後悔やら断念をも含めての愛。その感情に満ちた眼差しでこの映画は凝視《みつ》められていてほしい、と思います。

愛は映るのだ、と気付いたのは大学生時代、早稲田のACTミニシアターで、フェデリコ・フェリーニ[21]監督の『道』[22]と『カビリアの夜』[23]を観た十九歳のときでした。愛の量や質や純度というものは他人と比べるものではないと思いますが、この『海よりもまだ深く』は、いまの僕自身の精一杯の愛を込めたつもりでいます。

註

1―『スタンド・バイ・ミー』
ロブ・ライナー監督による一九八六年製作のアメリカ映画。日本公開は八七年。

2―シナリオハンティング
脚本家が脚本を書く前に、舞台になる土地を訪ね、シーンを構成する場所を決めること。略称「シナハン」。

3―ロケハン
ロケーションハンティングの略称。撮影に適切な場所を探すこと。

4―蓮實重彦
フランス文学者・映画評論家・文芸評論家。一九三六年、東京生まれ。東京大学大学院人文科学研究科博士課程に進学。パリ第四大学に留学し、博士の学位を取得。七五年、東京大学教養学部で映画論ゼミ開講。八五年、季刊映画誌『リュミエール』創刊。教養学部長、副学長などを経て、九七年に東京大学総長に就任、二〇〇一年に退任。現・東京大学名誉教授。著書に『監督 小津安二郎』『反=日本語論』『映画狂人』シリーズ『ゴダール革命』『「赤」の誘惑 フィクション論序説』『映画崩壊前夜』『映画時評2009-2011』など多数。

5―万田邦敏
映画監督。一九五六年、東京生まれ。立教大学在学中に黒沢清らと自主映画製作サークル「パロディアス・ユニティー」で8ミリ映画を製作。九六年、『宇宙貨物船レムナント6』で監督デビュー。二〇〇一年、『Unloved』でカンヌ国際映画祭エキュメニック新人賞とレイル・ドール賞を受賞。代表作に『ありがとう』『接吻』『イヌミチ』など。

6―『英国王のスピーチ』
トム・フーパー監督による二〇一〇年製作のイギリス映画。日本公開は一一年。アカデミー賞作品賞など四部門を受賞した。

7―崔洋一
映画監督。一九四九年、長野生まれ。東京綜合写真専門学校中退後、照明助手として映画界に入り、大島渚監督作『愛のコリーダ』、松田優作主演作『最も危険な遊戯』のチーフ助監督を務める。八一年、テレビ映画『プロハンター』で監督デビュー。九三年の『月はどっちに出ている』が大ヒット。代表作に『マークスの山』『豚の報い』『クイール』『血と骨』『ス SOO』『カムイ外伝』など。二〇〇四年より、日本映画監督協会理事長。

8―日本映画監督協会
映画・映像分野の発展と映画監督の地位の向上を目的に活動している職能団体。一九三六年創設。

9―「東北発☆未来塾」
NHK Eテレで二〇一二年からスタートした、東日本大震災復興支援のための教育番組。

10―『ねじれた絆――赤ちゃん取り違え事件の十七年』
奥野修司著。一九九五年、新潮社刊。

11―『アバウト・ア・ボーイ』
ニック・ホーンビィの同名小説を映画化した、ポール＆クリス・ワイツ兄弟監督による二〇〇二年製作のイギリス・アメリカ・フランス合作映画。同年、日本公開。アカデミー賞脚色賞にノミネート。

12―ポール＆クリス・ワイツ兄弟
映画監督。兄のポールは一九六五年、弟のクリスは一九六九年、アメリカ・ニューヨーク生まれ。九九年『アメリカン・パイ』でデビュー。代表作に『アメリカン・サマー・ストーリー』『天国からきたチャンピオン　2002』『アバウト・ア・ボーイ』など。『イン・グッド・カンパニー』『アメリカン・ドリームズ』はポール単独、『ライラの冒険　黄金の羅針盤』『ニュームーン／トワイライト・サーガ』『明日を継ぐために』はクリス単独で監督を務めている。

13―吉田秋生
マンガ家。一九五六年、東京生まれ。武蔵野美術大学卒業。七七年、『別冊少女コミック』にて「ちょっと不思議な下宿人」でデビュー。八三年『吉祥天女』、二〇〇一年『YASHA　―夜叉―』で小学館漫画賞少女部門受賞。代表作に『カリフォルニア物語』『河よりも長くゆるやかに』『BANANA　FISH』『ラヴァーズ・キス』など。

14―同名マンガ
『海街diary』、吉田秋生著。二〇〇六年八月号より『月刊フラワーズ』で不定期連載中。既刊七巻（二〇一六年五月現在）。文化庁メディア芸術祭マンガ部門優秀賞、マンガ大賞、小学館漫画賞受賞作。

15―『BANANA FISH』
吉田秋生著。一九八六年、小学館刊。現在、小学館文庫刊。

16―『河よりも長くゆるやかに』
吉田秋生著。一九八四年、小学館刊。小学館漫画賞受賞作。

17―『櫻の園』
吉田秋生著。一九八六年、白泉社刊。

18―『細雪』
一九四八年に完成された谷崎潤一郎の小説で、五〇年（新東宝）、五九年（大映）、八三年（東宝）と、これまでに三回映画化されている。八三年版の四姉妹は、岸惠子、佐久間良子、吉永小百合、古手川祐子。

19―『若草物語』
一八六八年に出版された、アメリカの小説家ルイーザ・メイ・オルコットの自伝的小説で、テレビ映画を含め、一九一七〜九四年まで、七回映画化されている。

20―『麦秋』
小津安二郎監督による一九五一年公開の映画。小津の監督作において原節子が「紀子」という名の、同一人物ではない役を三作品にわたって演じた「紀子三部作」の二本目。

21―フェデリコ・フェリーニ
映画監督。一九二〇年、イタリア・リミニ生まれ。一九五〇年、『寄席の脚光』でアルベルト・ラットゥアーダとの共同監督にて監督デビュー。『甘い生活』ではカンヌ国際映画祭パルム・ドールを受賞。一九九二年、アカデミー賞名誉賞を受賞。代表作に『青春群像』『道』『カビリアの夜』『フェリーニのアマルコルド』など。一九九三年没。

22―『道』
フェデリコ・フェリーニ監督の代表作のひとつで、一九五四年公開のイタリア映画。アカデミー外国語映画賞を受賞。

23―『カビリアの夜』
フェデリコ・フェリーニ監督による一九五七年公開のイタリア映画。

終章

これから

「撮る」人たちへ

映画を黒字化するために

日本で原作のないオリジナルの映画をつくることは、ここ数年、かなり難しくなってきています。

撮影所システムがあった時代は、監督自身が資金集めをしなくてもよかった。いまは、誰が企画を動かしていくのかにもよりますが、監督自身がオリジナルの企画を自ら書いて映画をつくるケースはとても減っている。どういうパートナーシップを築くか、そのパートナーとどういう信頼関係を継続して構築していくのか、「製作費を出して良かった」と喜んでもらえるような結果をどのように出していくのかを念頭に置いて動かないと、つづけて撮っていくことができない状況です。

逆に言えば、そこまでできる監督しか撮りつづけられない時代だということでしょう。

僕は『そして父になる』で初めて放送局（フジテレビ）と組ませてもらいましたが、良いパートナーシップを築くことができたと思っています。それが次作の『海街ｄｉａｒｙ』にも良いかたちでつながりました。ただ、自分の映画の公開に合わせて、「電波ジャック」と呼ばれるようなかたちで、僕やキャストがテレビの情報番組やバラエティーにまで出つづけるという宣伝方法に関しては、納得しているわけではありません。やはり民放とはいえ公共の電波を使っているわけですから、映画の多様性の確保とは逆行したかたちに自らの映画が加担しているという後ろめたさはぬぐえないというのが本音です。しかし、シネコンや放送局と組まずに日本各地のアートハウスをつないで興行が成立していた時代が過去になってしまった以上、自分としてはやむをえない選択だったと思っています。批判を覚悟で、それでもつくりつづけることを選んだわけです。

終章では、ちょっと話しにくいお金の話も含め、これから「撮る」人たちへ、参考になるかもしれない話を書こうと思います。

少し、製作費と興行収入(興収)、配給収入(配収)についての話をしてみましょう。

たとえば一億円の製作費(宣伝費も含む)をかけて映画を撮り、劇場に三億円が入った場合、この三億円が興収となります。そのうち半分の一億五〇〇〇万円が劇場収入。これは契約の段階で五〇対五〇や五五対四五など、映画をつくった製作会社と劇場の力関係で決まります(製作会社が強ければ六〇対四〇、逆に劇場が強くて四〇対六〇という場合もあります)。

この劇場収入を引いて残ったものが、配収です。

たとえば一億五〇〇〇万円のうち、配給会社が取る配給手数料がだいたい二割で三〇〇〇万円。これに宣伝経費(二〇〇〇万円くらいで考えましょうか)が加わって引かれ、残り一億円が出資者、つまり製作委員会に戻ってきます。これが純利。

出資額が一億円で、一億円が戻るというのは、もちろん大成功の部類です（本来はここにDVDの印税や放送権が入ってとんとんになればOKです）。実際のところ、劇場だけで回収できている映画は一割くらいか、それより少ないはずです。テレビ局資本のものを除けば、劇場だけで回収できているのは三パーセントくらいではないかと思います。

また、黒字になった場合の成功報酬契約を結んでいれば、上限で純利の一五パーセント程度、製作会社がもらえます。一億円を出して一億二〇〇〇万円残ったら、二〇〇〇万円の一五パーセントで三〇〇万円が製作会社への成功報酬になるわけです。残りの一七〇〇万円は製作委員会で純利として分けます。監督がもし純利に対して三パーセントをもらうという契約を結んでいたとしたら、二〇〇〇万円の黒字で三パーセントだから六〇万円が支払われます。

これでなんとなく理解してもらえたと思うのですが、映画を成功させる（この場合は製作費をとんとんで回収できるか、それ以上の利益をあげる）というのは非常にたいへんなことです。監督が儲かるのはもっとたいへん。

日本の厳しい助成金事情

黒字になる可能性がかぎりなく低いので、別のかたち（たとえば受賞して評価されるとか）がないと、新人監督が二作目をつづけて撮れる保証はどこにもありません。実際にデビュー作だけで終わってしまう監督も少なくないのが実情です。新人監督だった僕が二作目を撮れたのは、実力以上に運が良かったことと、東京国際映画祭から二作目に与えられた四〇〇〇万円の助成金が非常に大きかったのです。

この助成金ですが、二十年前の東京国際映画祭には新人監督の次回作に四〇〇〇万円を出資する、返済義務なしの助成金システムがあり、『ワンダフルライフ』は幸運にもその助成に恵まれました。つまり、『ワンダフルライフ』の製作費は、テレビマンユニオンから四〇〇〇万円、CM制作会社のエンジンフイルムから四〇〇〇万円、助成金四〇〇〇万円の計一億二〇〇〇万円だったということです。

そのうち助成金を除く八〇〇〇万円を回収できればよかったので、僕は残りの四〇〇〇万円の予算分、いろいろと新しいことを試みることに決めました。そのひとつが演出部を育てるということです。

『幻の光』には僕と同い年の高橋巌さんが助監督として入ってくれたのですが、通常の映画では助監督チームはクランクインの三カ月前に入ってきて、クランクアップするとそれでおしまい。せいぜい三、四カ月の付き合いで、本人は撮影現場しか経験できません。

テレビドキュメンタリーであれば、企画立ち上げから関わってもらい、仕上げも含めて、放送日まで立ち会うので、一本の番組がどういう紆余曲折を経て企画書から放送まで辿り着くかを理解できます。

そんなことは映画監督が考えることではないと言われればそうですが、僕は演出部に現場以外も知ってもらいたかった。そこで『ワンダフルライフ』の演出部のチーフには引き続き高橋さんに、セカンドとサードはテレビマンユニオンのメンバーと西川美和さんに入ってもらい、アルバイトの学生を含め、リサーチの段階から完成まで一年くらいベタ付きしてもらいました。これは彼らにとっても良い経験になったのではないかと個人的には思っています。

いまは東京国際映画祭の助成金システムもなくなり、そのような多額の助成は日本ではほとんど見当たりません。文化庁が行っている「映画製作への支援（文化芸術振興費補助金）」も一億円以上の製作費に対して助成は二〇〇〇万円。日本も自国の文化を守るために、もっと国が積極的に助成すべきではないかと思うのですが。

たとえばフランスの場合、自動助成システムが確立されていて、映画館の入場チケット収入全体の一〇・七二パーセントが特別追加税としてCNC[*1]に還元され、それがフランス認可の映画製作に投入されています。非常にナショナリスティックなやり方ですが、そうまでしないと自国の映画を守れないという危機感がフランスにはあるのでしょう。

しかし日本にはその危機感がありません。「国がしゃしゃり出るのはつくり手にとって厭だろうから、サイドから応援します！」という感じで、もちろん主導されても困るけれど、いまのままだと日本のインディペンデント映画は他国とまったく闘えないどころか、同じ土俵にすら立てない。

実際、ここ二十年で日本国内の映画状況はかなり悲惨なことになってきました。地方はシネコンしか残っていないし、東京も数々の魅力的な映画を上映してきたミニシアターが次々と閉館に追い込まれています。本当になんとかしないと、これまで培われてきた豊かな映画文化の多様性は永遠に失われてしまうかもしれません。

フィルムもデジタルも選べるほうがいい

ここ最近、映画祭などで監督が集まると必ず「デジタルどう？」という話になります。いつぞやは山田洋次[*2]さんにも「是枝くんはいつまでフィルムでやるつもりなのかな？」と尋ねられました。実際のところ、日本ではフィルムで撮りつづけている監督は、山田洋次さんと小泉堯《たか》史《し》[*3]さんくらいしかいないからです。いま、フィルムが使えるのは映画よりもコマーシャルの現場のほうが多いですね。

デジタルで撮影してデジタル上映するのと、フィルムをデジタル変換してデジタル上映するのとでは、やはり暗部の表現や画の粒状性に違いがあるのですが、観客にはほとんどわからないレベルです。ですから、そこにこだわるのは製作費に余裕があるチームだけ。もしくは新しい技術の変化についていけない人たちです（僕は両方ですが）。

実は映画業界のデジタル化が進んでいるのは、「フィルムよりデジタルのほうが予算がかからない」という単純な理由ばかりではありません。

一般にはあまり知られていないと思いますが、フィルム上映できる映画館はここ数年で激減しました。二〇〇六年にたった九六しかなかったデジタル上映可能なスクリーン数は、二〇一五年末時点で全国スクリーン総数三四三七のうち、三三五一と増加。つまり、フィルムで撮っても、フィルムで上映できる映画館が激減しているわけです。

このデジタル上映への急激な移行は、製作側というより興行側の意向が強いです。

ひとつは、撮影費用、フィルムを扱う人件費、発送・保管にかかるコストを削減できること。ふたつ目は、将来的にはハリウッドの中央管理システムを取り入れようとしていること。フィルムをつくらずに中央管理にして、放送と同じような形態で劇場上映できれば、規格を統一する側からするとスピーディーで、便利です。何よりプリントを何百本もつくらなくてすむ。

一方で、ＤＣＰが何年保存できるか現時点ではわからないので、資金のある映画の場合はデジタルのマスターからフィルム版をつくって保存しています。本末転倒だとは思いませんか。将来、ＤＣＰが劣化するとわかったときには、もう取り返しがつかない。そのときにはフィルムそのものがないから、新しい会社をつくってまたフィルムを生産しないといけないし、技術者も再度育てないといけないでしょう。

僕の作品の場合は、『空気人形』までがフィルムで撮影してフィルムで上映で、『奇跡』からが、撮影はフィルムですが上映は基本デジタルです。『そして父になる』は一館だけフィルム上映しました。

僕個人としては、フィルムとデジタルの両方残ってよかったのではないかと思います。こんなに急激にフィルムの劇場がなくなってしまうというのは予想だにしなかった。

若い映画青年たちの「いつか16ミリフィルムで撮りたい」とか「いつか35ミリで撮りたい」という想いが失われたのも寂しいことです。８ミリがあって、ビデオがあって、デジタルがあって、16ミリがあって、35ミリがあるという、豊かなバリエーションがあったほうがいい。絵を描くときに、絵の具なのか、クレヨンか、色鉛筆か、木炭かを選べたほうがいいのと同じです。いまの映画界は、油絵の具とキャンバスは高いので油絵は選べなくなって、「画用紙に水彩でやってください」と言われているような感じがします。残念ですが。

これまでの二十年、これからの二十年

僕はあまり過去を振り返らない人間なのですが、この本を書くにあたってこれまでの二十年を振り返ってみると、本当に恵まれていたなとしみじみ感じます。

シビアに観客動員数を見てみると、『幻の光』から『奇跡』までは、『誰も知らない』の約一〇〇万人が特別多くて、他は平均一五万〜三〇万人程度です（『奇跡』と『花よりもなほ』は公開規模が大きかったので、もうちょっと多いかも）。興収でいうと一・五億〜三億円というところでしょうか。

それでも『幻の光』はシネアミューズで十六週というロングランヒットを記録して黒字、『ワンダフルライフ』は劇場配収は赤字でしたが北米での公開を受けて20世紀フォックスと大型のリメイク契約を結ぶことができて、一気に黒字に転びました。『誰も知らない』はとても大きな黒字を生んだので、他の赤字は埋められました。

映画をつくりはじめたころ、制作会社のオフィス・シロウズ代表・佐々木史朗さんに「インディペンデントで映画をつくりつづけるにはどうしたらいいですか」と尋ねたら、「一〇本つくって、六本は赤字、三本トントンで、一本大当たりすれば、会社が成り立つ」と言われたこ

とがあります。しかも「六本の赤字のなかで次の作家を育てる」のだとか。そうすると、いつか一本の大当たりを撮るようになって、意味のある赤字になるというのです。それはプロデューサーというよりも経営者の目線だけど、監督もたぶん同じなんだろうなと、当時の僕は感じました。

阪本順治さんも「監督は三割打者でいい」と言っていました。一〇割を目指すと失敗するけれど、一〇打数三安打で、三割バッターを目指せば成功に近くなるのだと。とはいえ、目指したからといってできるわけでもないのですが。

そういえば昨年（二〇一五年）の七月、西川美和さんが四十一歳を迎えたとき「知ってましたか。四十一歳ってバカボンのパパと同じなんですよ」と言ったのです。「俺は五十三歳だけど、誰と一緒なの？」と訊くと、調べてくれて「サザエさんの波平さんが五十四歳ですね」と。寿命が延びたからまだ大丈夫かなと思いつつ、五十代で撮りたいものがそのとおりに撮れるかというと、まったくそんなことはない、というのが正直な実感です。

この先の二十年で、何をどう撮るか。

たぶん撮れて一〇本かなと思うと、これまでに実現できていないプロットは一〇以上あるから、そのうちのどれかはできない。これからやりたいモチーフも出てくるでしょう。それに映画監督は本当に体力勝負なところがあるので、五十代でしか撮れない規模のものはこの五〜六年の間に撮っておきたい。もしできなかったら、同じ題材を六十代で別の切り口で撮るかもしれない。ホームドラマはたぶん七十代のおじいちゃんの目線でも、また撮れるかもしれない……。

そんなことを真剣に考えつつ、いま、新しい作品の脚本を書いているところです。

次は、少し「ホーム」から視野を社会に広げて、法廷モノにチャレンジしてみようと思っています。

註

1—CNC

フランス国立映画センターの略称。潤沢な資金でさまざまな助成を行っているが、最大は映画部門に対する自動助成。民間から拠出された資金を再分配する一種のリサイクルであり、フランス映画の基盤が支えられている。

2—山田洋次

映画監督。一九三一年、大阪生まれ。東京大学法学部を卒業後、新聞社勤務を経て、松竹に補欠入社。六一年、『二階の他人』で監督デビュー。六八年、フジテレビの連続テレビドラマ『男はつらいよ』の原案・脚本を担当し、翌年に映画化。他の代表作に『家族』『キネマの天地』『息子』『学校』『虹をつかむ男』『たそがれ清兵衛』『隠し剣 鬼の爪』『武士の一分』『母べえ』『おとうと』『東京家族』『小さいおうち』『母と暮せば』など。最新作『家族はつらいよ』が二〇一六年三月に公開された。

3—小泉堯史

一九四四年、茨城生まれ。東京写真短期大学（現・東京工芸大学）、早稲田大学を卒業後、黒澤明に師事し、二十八年間にわたって助手を務める。黒澤の死後、その遺作シナリオ『雨あがる』を二〇〇〇年に映画化し、監督デビュー。黒澤明の撮影テクニックを再現したと評価された。その後、『阿弥陀堂だより』『博士の愛した数式』『明日への遺言』『蜩《ひぐらし》ノ記』を監督。

あとがき　〜連鎖〜

もともとは僕の映画の撮影現場で助監督をしてくれていた監督の西川美和さん、砂田麻美さん。そしてエンジンフイルムの故安田匡裕会長の映画企画室にいた北原栄治さん、テレビマンユニオンに在籍していた福間美由紀さんらを中心に制作者集団「分福」を立ち上げて丸二年が過ぎた。

このメンバー構成にはこの本に記したつくり手としての僕自身の二十五年の、出自、DNAが色濃く反映されている。と同時に、自分がこの先に向かっていくべき方向を指し示してもいる。映画を、その核となる監督の企画をスタートにして展開していくこと。その「創造」のエネルギーに人々が集うことが制作に、仕事に、つまりはギャランティにつながっていくこと。その目論見。その試みはまだ始まったばかりではあるが、その小舟を漕ぎつづける体制はできた。テレビマンユニオンの村木さんが亡くなり、エンジンフイルムの安田さんが世を去り、つまりはふたりの父を失ってようやく誰かの庇護《ひご》のもとにいる息子であることに甘えない覚悟ができた。というか、そうするしかなかったわけではあるが。このキャリアの第二章は、ふたりの死に背中を押されて始まったことは間違いない。

そして、この二年の間に「分福」には新たなメンバーが七人加わった。

育てようとか、村木さんや安田さんの役割を担おうとか、そのようなことを考えているわけではない。自分が渡されたものを次へ継いでいく、縦の関係以上に、むしろ自分が鎖の輪のひとつになって誰かとつながっていくという横の関係に近い感覚かもしれない。自分ひとりの力で歴史を塗り変え、更新してみせるなどといった気負いははなから持ってはいなかった。意外だったのは、自分もまた百二十年つづいてきた映画という歴史の鎖の輪のひとつでしかない、という自覚が諦観である以上に、自分にとっては新しく故郷が見つかったような、不思議な安堵感につながっていたことだった。

そんな感慨に至るプロセスを、この本の中に詳《つまび》らかに記したつもりでいる。想定外の大著になってしまいやや心配しているのだが、ひとりでも多くの人にこの本を読んでいただき、その中からこれから記されるはずの第三章を一緒に書いてくれる新たなスタッフ（にかぎったことではもちろんない）が生まれ、その人たちとの「鎖」が連鎖していくことを夢想しながらひとまずペンをおきたいと思う。

最後に。八年という長きにわたり、この本の完成のために根気強く寄り添ってくれたライターの堀香織さん、ミシマ社の星野友里さん、そして三島邦弘さん。三人の相槌や疑問、感想、ため息に受け止めてもらわなかったら、ここに記された言葉はおそらく、このように紙の上に定着されずに雲散霧消していたはずである。三人の忍耐力に、最大級の感謝を述べさせていただきたい。ありがとう。

二〇一六年五月二十四日

是枝裕和

是枝裕和
これえだ・ひろかず

映画監督、テレビディレクター。一九六二年、東京生まれ。
早稲田大学卒業後、テレビマンユニオンに参加。
主にドキュメンタリー番組の演出を手がける。
一九九五年、『幻の光』で映画監督デビュー。
二〇〇四年、『誰も知らない』がカンヌ国際映画祭にて
史上最年少の最優秀男優賞(柳楽優弥)受賞。
二〇一三年、『そして父になる』がカンヌ国際映画祭審査員賞受賞。
二〇一四年、テレビマンユニオンから独立、
制作者集団「分福」を立ち上げる。
第八回伊丹十三賞受賞。
二〇一八年五月、『万引き家族』がカンヌ国際映画祭パルムドール受賞。
著書に『雲は答えなかった　――高級官僚　その生と死』(PHP文庫)、
『歩くような速さで』(ポプラ社)、
対談集に『世界といまを考える　1〜3』(PHP文庫)などがある。

映画を撮りながら考えたこと
2016年6月11日 初版第1刷発行
2021年12月7日 初版第7刷発行

著 者 是枝裕和

発行者 三島邦弘
発行所 (株)ミシマ社
〒152-0035 東京都目黒区自由が丘2-6-13
電 話 03(3724)5616
FAX 03(3724)5618
e-mail hatena@mishimasha.com
URL http://www.mishimasha.com/
振 替 00160-1-372976
装 丁 寄藤文平・鈴木千佳子(文平銀座)
構 成 堀香織
組 版 (有)エヴリ・シンク
印刷・製本 (株)シナノ

ISBN 978-4-903908-76-2

そんなことも
父親になれる
と言いながらも
署名で
式

ガガと金縛で
寝たれて
「やられた——」と
やれるかどうか

博多のダメなところは
実は俺に
（共有した時間の中で
似たのだ）
気付く

ロバッ子ロ

▽サイアーうア〜ロ

（文訂）

似てる